マンガからわかる 学問の世界

『聖☆おにいさん』
中村 光

初詣は神道、お墓参りは仏教、クリスマスはキリスト教の行事です。宗教って意外とみなさんの生活に身近なものですね。『聖☆おにいさん』はイエス・キリストとブッダが下界でルームシェアをするお話です。世界三大宗教から民族宗教まで、宗教学の分野について楽しく学べます。

文化学 P73

『宗像教授シリーズ』
星野 之宣

民俗学の大学教授が伝説や歴史の謎を調査し、奇想天外な仮説を展開する作品。日本文化の歴史を考え直し、日常的な風物の裏にひそむ意味を読み解く知的な面白さがあります。民俗学の他に、歴史学・文化人類学・社会学に興味のある人、研究職や学芸員などの職業に就きたい人にもお勧めです。

法律学 P82

『カバチタレ』
監修：青木 雄二
原作：田島 隆
漫画：東風 孝広

行政書士の見習いが主人公の作品。様々な案件が取り上げられ、様々な法律が出てきます。大学の講義やゼミでも、判例を基に適用された法律、その根拠と妥当性などを学びます。法律を勉強したい人は、この作品を読んで法律でできることを知っておくのもよいでしょう。

土木工学 P171

『ドボジョ！』松本 小夢

土木業界で働く女性を主人公にした作品。普段はなかなか見ることのできない"建設現場"の雰囲気がとても詳細に描かれていて、建築・土木関係の専門用語や基礎知識を学ぶこともできます。また、土木業界に関わらず、"働くこと"について学べる作品でもあります。

農学 P218

『もやしもん』石川 雅之

アニメやドラマにもなった、「農業大学」でのお話です。様々な種類の菌やウイルスが、学名（世界共通の名前）で登場します。小さな菌やウイルスがどんなはたらきをするのかを目で見ることができるので、知識がない人でも楽しく学べます。醸造を学びたいと思っている人にも勉強になる作品です。

医学 P188

『最上の命医』
橋口 たかし

天才外科医の主人公をはじめ、キャラクターや設定に脚色はありますが、手術の術式や難所が丁寧に描かれている作品です。医学部や看護学部を目指す人だけでなく、医療器具開発など医療関連の技術職を目指す人も勉強になるでしょう。他に、コメディタッチの『研修医なな子』、ジャーナリズム色の強い『医龍』『ブラックジャックによろしく』もお勧めです。

芸術学（音楽） P284

『のだめカンタービレ』
二ノ宮 知子

音大を舞台にした作品です。ここで描かれているように、実際の大学にも個人レッスンがあり、「学生オケ（オーケストラ）」に参加する機会もあります。後半部分では海外での活動など、卒業後の進路にまで触れられています。たくさんの楽曲が登場するところも勉強になります。他に、『天にひびき』もお勧めです。

獣医学 P224

『動物のお医者さん』
佐々木 倫子

実在する大学を舞台にしているだけあり、全てがリアルです。教授や院生との関わり、実習の様子などが描かれ、獣医学部の大学生活をイメージしやすいでしょう。「動物のお医者さん」というと犬・猫を思い浮かべがちですが、牛・馬などの大動物から微生物まで登場し、獣医学の研究内容の奥深さがわかる作品です。

改訂6版

大学の学部・学科が一番よくわかる本

四谷学院 進学指導部

アーク出版

◇はじめに◇

大学に進学しようと考えているみなさん。あなたが大学に進学する目的は何ですか？

友だちも「進学する」っていうから、何となく？

親に進学しなさいって言われたから？

みなさんが大学で過ごす10代から20代の4年間は、とても貴重な時間です。この4年間を充実した時間にすることができるか、それとも「とくにやりたいこともない」まま無為に過ごすかは、その後のあなたの人生にとって大きな違いを生み出すことになるでしょう。

大学生活は希望と可能性に満ちています。〝ただ何となく進学する〟なんてもったいない！

有意義な大学生活を送るためには、あなたの興味や関心に合わせた〝学部・学科選び〟が不可欠です。

でも、現実的には大学でどんなことを学ぶのかをよく知らないまま、イメージだけで学部・学科を選んでいる人が少なくありません。

そこで、四谷学院では、みなさんの学部・学科選びの一助となるよう「気軽に読めて、大学でどんな勉強ができるのかがよくわかる本」をつくりました。それぞれの学部・学科の特徴や勉強内容、卒業後の進路などについて、わかりやすく紹介してあります。

この本をパラパラとめくってみれば、「大学の勉強って、なんだか面白そう！」と思えるページがきっと見つかるはずです。

大学で研究されている学問の内容は日進月歩。技術の進歩と社会の変化に合わせて刻一刻と変わっていきます。

本書の大きな特徴のひとつは、各学問分野の「いま」のトピックについて、高校生のみなさんが理解できるよう、できるだけ平明な言葉で解説してあることです。

ことに自然科学系は、研究テーマの変化が著しい分野ですので、多くの事項を収録しました。高校生に向けた本で、これだけ広い範囲を簡潔にカバーしたものは本書以外にないと自負しています。

もちろん、ここで紹介している内容は一般的なもので、大学によって学ぶことができる内容は少しずつ異なります。詳細については、各大学のパンフレットを読む、あるいはオープンキャンパスに参加するなどして、確認してみてください。

この本をきっかけとして、みなさんの大学進学の目的が一日も早く明確になることを願っています。そして、夢の実現のために、最初の関門である大学受験を乗り越えましょう。その先には、楽しくて充実した大学生活があなたを待っています。

2021年7月

四谷学院　進学指導部

大学の学部・学科が一番よくわかる本／もくじ

1 人文科学系 ■ 人間がこれまで創り上げてきた思想や知恵、歴史、文化などを調査・研究する学問系統です……29

文学 文学作品を通して、歴史的な背景、宗教的な影響、作者のその作品に込めた想いなどを分析します。本を読むことの楽しさに改めて気づくことでしょう……32

語学 英語やフランス語など、現地でも通用するだけの語学力を養うとともに、その国や地域の文化を学びます。言語そのものを研究する「言語学」という分野もあります……40

歴史学 日本を含めた世界各国の歴史や社会の変化を学びます。「考古学」や「文化財学」では遺跡や美術工芸品なども研究対象にします……51

地理学 文献や資料を読み、GIS（地理情報システム）で解析したり、現地に足を運んだりして、その地域の特性を解明する学問です……57

心理学 人の「心」と「行動」を、実験や観察を通して科学的に分析・解明する学問です。社会が複雑化するなかで「心」の研究はますます重要度を増しています……62

哲学 この世のあらゆる「もの」や「こと」を考察の対象に「なぜ？」を理論的に追求します。「考えることが好きな人」に向いています……68

文化学 国や民族によって異なる伝統や風習、家族の形態から食生活まで、人間の生き方全般について研究する学問です……73

2 社会科学系

社会生活に必要なシステムやルールの問題点を調査し、解決策を考えていく学問系統です……79

法律学

社会のルールである法律を体系的に学び、リーガルマインドを養います。正義感をもつ人にふさわしい学問です……82

政治学

「どうすればより良い社会になるか」を考え、政治、法律、経済、国際関係などを幅広く学びます。世の中の役に立ちたいという人に向いています……89

国際関係学

国際化した社会のなかで、国と国とのさまざまな問題に対処するための知識を身につけ、世界の国々と共生していく道を探る学問です……95

経済学・経営学・商学

「経済学」では社会全体の経済活動を分析し、そのメカニズムを解明。「経営学」「商学」では個々の企業の経済活動を研究対象にします……101

社会学

社会で起きた事象をさまざまな角度から見つめ、変化の行く末、問題解決の方策などを探ります。家族、環境、メディアなどが主な研究分野です……114

3 自然科学系

■ 科学的な手法を用いて自然界の原理を解明し、生活に役立てることをめざす学問系統です …… 121

理学 …… 124

数学
あらゆる自然科学の基礎となる学問です。理論や概念を研究する「純粋数学」と工業分野への応用をめざす「応用数学」に分かれます … 125

物理学
物質の構造や空間の性質を研究し、自然界の法則を数式によって表現する学問です。他の自然科学と比べ、数学との結びつきが強いのが特徴です … 132

化学
ある物質が特定の状態においてどのように変化するかを解明し、理論化します。新しい物質を生み出す現代に必須の学問です。実験に興味のある人にお勧めです … 140

生物学
21世紀は生物学が生み出す技術が社会を変えると言われます。あらゆる生物を対象に、生命現象や生物行動の機能や法則を探る学問です … 145

地学
地殻、大気、海洋、地震、火山など地球の構造および地球を取り巻く宇宙を研究対象とする学問です。自然現象に興味のある人にお勧めです … 150

工学

……156

機械工学

「機械」を研究し、設計する工学の基礎とも言える学問です。自動車やエンジン、ロボットが好きな人、その構造や開発に興味がある人にお勧めです……157

電気・電子工学

電気エネルギーの生産・輸送方法や電気回路システムの効率的な利用方法などを考える学問です。世界でも最高レベルと言われる最先端技術を学びます……161

情報工学

現代社会を根底から支える「IT」について研究します。ハードウェアやソフトウェアの開発、新たな通信技術の開発など多様な領域があります……166

建築学・土木工学

「建築学」では日常生活の土台となる住環境や学校などを、「土木工学」では橋、ダムなどの「社会インフラ」の設計を学びます……171

材料工学・資源工学

資源を有効活用することを目的とした学問です。「材料工学」ではリサイクルしやすい素材の開発、「資源工学」では採掘方法の効率化などが期待されます……175

航空・宇宙工学

航空機やロケット、人工衛星、宇宙ステーションなどの設計・運用・整備を研究します。大学によっては操縦士の資格取得や航空機整備の実習も行われます……180

医　学
人体のしくみや病気について学び、医師の資格取得をめざすための学問です。新しい病気の原因究明や予防法、治療法の開発も重要な研究テーマです……188

歯　学
歯科医師をめざすための学問ですが、最近は「歯」だけではなく、食べたり、話したり、呼吸する「口」全体の健康や機能を対象とするようになっています……196

薬　学
「人間の病気を治療する薬の研究」を主軸に、病気の予防や原因となる物質の研究、さらには化粧品や洗剤までも扱います……201

看護学
看護師になるための技術や理論を学びます。たんに医療技術だけでなく、患者を精神的にケアするための素養を身につける必要もあります……206

保健衛生学
医師や看護師と協力して治療にあたる医療スタッフを養成します。「臨床検査技師」「臨床工学技士」「理学療法士」が代表的な例です……211

農　学
農林業、畜産業、水産業などを柱とした「食と環境、人間の生命を考える」学問です。バイオや環境など人類の将来を左右する学問として注目されています……218

獣医・畜産学
「獣医学」では家畜の病気予防など、「畜産学」では畜産物の安全な食肉生産などを目的としますが、野生動物やペットなども研究対象になっています……224

4 総合系

■従来の学問系統を横断しながら、学際的・総合的な視点で研究する新時代の学問系統です……233

教育学

教員養成は一要素にすぎず、地域の図書館などの社会教育施設から家庭教育まで、「教育」の目的や本質、制度などを理論的、体系的に考えます……236

環境学

住環境から地球環境まで、人間と環境が共生し、人間にとって快適な環境のあり方を学ぶ学問です。環境を改善したいという意識をもつ人に向いています……244

情報学

情報化社会を支える人材の育成を目的に、コンピュータの操作方法だけでなく、情報の社会に与える影響なども学びます……250

人間科学

従来の学問領域を超えて、さまざまな顔をもつ人間を、多角的に研究します。「人間」に興味がある人に向いています……256

スポーツ科学

スポーツを「する」だけでなく、「観る」「支える」「学ぶ」「運営する」など、あらゆる角度から科学的に研究する学問です。スポーツマネジメントも研究します……262

福祉学

人々が健康で幸せに生きる方法を考える学問です。福祉のエキスパートを育成するとともに、「より良い社会」を実現するためのサービスのあり方なども研究します……270

家政学・生活科学

「衣・食・住」の日常生活をより良くするために問題点などを科学的に検証し、より良く暮らすための工夫や実践をする学問です……278

芸術学

美術、音楽、書道などのほか、マスコミ、芸能など「ものごとを表現する」ことについて学ぶ学問です。実技や作品制作を重視する学科が多く見られます……284

教養学

地球規模で複合化した社会問題の解決をめざす現代ならではの学問です。複数の分野を幅広く学ぶのが特徴です……292

■プロの目から■

1 京都外国語大学　赤野一郎先生
「生きている言葉」を研究する……48

2 京都大学大学院　山内裕先生
教科書には載っていない「サービス」の秘密……112

3 筑波大学　八森正泰先生
空間の形を考える数学……130

4 名古屋大学大学院　白水徹也先生
数百年後も残る研究を通して宇宙の謎に迫る……138

5 九州大学　花田俊也先生
宇宙で深刻な「ゴミ問題」に立ち向かえ……186

6 慶應義塾大学　河上裕先生
たくさんの命を救うために……194

7 北海道大学大学院　坪田敏男先生
フィールドワークから「野生動物」の魅力に迫る……230

8 東京工業大学　松田稔樹先生
「よりよい学び」を追求する新領域…242

9 早稲田大学　鳥居俊先生
子どもの身体を通して人生の健康を考える…268

10 福島学院大学　内山登紀夫先生
自閉症・発達障害の支援のために…276

11 日本大学　佐藤徹先生
次世代デザインがよりよい日常をつくる…290

▼各学問の卒業論文例…297

カバーデザイン／石田嘉弘
本文ＤＴＰ／丸山尚子
本文イラスト／新保裕子

本書の使い方

本文で各学部学科の紹介をします

どんな学問ですか？

まずは「どんな学問ですか？」を見てみましょう。各学問で学べる内容をわかりやすく説明しています。自分が興味、関心をもっていることに合うかどうか読んでみましょう。

そこが知りたいQ&A

みなさんが知りたかった「本当はどうなの？」という疑問にスパッと答えます。また、よくある勘違いも取り上げているので必ずチェックしましょう。

最近の研究テーマは？

一見、その学問とは関係がなさそうな研究や最近注目の研究などを紹介します。「へぇー、こんなこともできるんだ！」と、学問の魅力を見つけられるでしょう。

卒業後の進路は？

各学問を学んだ先輩たちが、大学卒業後にどのような道に進んでいるかを紹介します。いままでみなさんがイメージしていたのとは違う学問もあることでしょう。実際はどうなのかを見てみましょう。

ひとことコラム、専門用語など

学問のエピソードや一歩踏み込んだ専門用語などを欄外に掲載しました。少し難しい話もあれば、最新の話題を取り込んだコラムもあります。

＊なお、本文中に「＊」のついた語句は、下段に解説があります。

注目ページも見逃さずに

プロの目から

いま研究されていることを、実際に大学の先生にお聞きしました。高校までの勉強との違いが感じられるはずです。大学の勉強は、興味深く、奥が深いことがわかるでしょう。

なお、先生方の肩書きは2023年4月現在のものです。

各学問の卒業論文例

大学生の研究の成果をまとめたものが卒論です。先輩たちがどんなテーマで勉強したのか見てみましょう。自分の興味に近いものが、どの学部で学べるのか参考になるでしょう。

プロローグ

可能性に満ちた大学時代を過ごすために

❖行きたい大学はあっても行きたい学部がわからない!?

この本を手にとったみなさんは、そろそろ大学受験を意識し始めた高校1、2年生でしょうか。それとも、いよいよお尻に火がついた受験生でしょうか。なかには「勉強しなければいけないと思うのに、なかなか身が入らない」と悩んでいる人もいるかもしれません。

「どうすれば受験勉強に集中できるのだろう」

そんな人には、逆に質問させてください。

「めざす大学は決まりましたか?」

「どんな学部の、どんな学科を志望するかは決まりましたか?」

「NO」と答えたみなさん。ひょっとしたら、受験勉強に身が入らないのも、志望校や志望学科が決まらないためかもしれません。

「受験生だから勉強しなくては」と思うだけでは、やる気が起きず、勉強がはかどらないのも無理はありません。「あの大学に行きたい」「あの学科で学びたい」、そして「こんな学生生活を送って、将来はこんな人間になりたい」という強い想いがなければ、何か月もの間、コツコツと勉強を続けるのはとてもむずかしいことなのです。

大学乱立とも言われる現在ですが、ネームバリューや校風、立地、学費などの点から絞り込んでいけば、志望校は比較的、簡単に決まるかもしれません。

悩みの種は、むしろ学部や学科の選択でしょう。

「文系、理系は決めたものの、その先は何を基準に絞っていけばいいのだろう?」

「この学科ではどんなことを学べるのかしら?」

ほんとうは、そうした疑問こそが大切なのです。

この本は、受験生のみなさんの素朴な疑問に答え、必要な情報をわかりやすく伝えるために編集されました。

❇「定員厳格化」により首都圏の私立大の難易度が急上昇

まずは昨今の大学受験事情をざっとまとめておきましょう。

大きな流れを見ると、少子化の進行にともなって大学の定員と志望者数との差が縮まり、事実上の「大学全入時代」が続いています。大学進学を望む高校生は、大学や学部を選びさえしなければ、ほぼ全員がどこかの大学に入学できるということです。

しかしそれは、「誰もが行きたい大学や学部に入れる」という意味ではありません。大学ごと、学部ごとの合格難易度は厳然として存在しますから、行きたい大学や学部に合格するためには、それなりの努力と準備をしなければなりません。

さらに、ここ数年の際だった現象として、私立大学入試の「定員厳格化」傾向が強まり（2016年より）、大学側が合格者数を絞るようになりました。これは「入学定員充足率（入学定員に対する入学者の割合）」の基準が年々厳しくなり、基準を超えると助成金が全額カットされてしまうためです。ただ、文部科学省は一定の効果が見られたとして厳格化を緩和する通知を出しました（2022年11月）。緩和の影響が出るのは2023年度からです。厳格化が進んでいた時期は首都圏の大学で合格者数を減らす傾向が強く、早稲田大学でも2年連続で2000人前後の減となりました。

早稲田の合格者が2000人も減れば、MARCH各校の難易度が上がります。そして、MARCHの難易度が上がれば、東洋大学や亜細亜大学の難易度も上がるという玉突き状態で、多くの大学に影響が広がりました。どの大学でも定員厳格化以降の合格者の「歩留まり」が読み切れず、合格者数の決定に苦労しました。

今後は、「東京23区内の私立大学定員抑制法案」の成立（2018年成立。10年間は定員増を原則禁止）もあり、さらに状況が厳しくなる恐れがあります。その影響で、地方の国立大学の人気が急上昇する可能性もあります。

いずれにしても、「たくさん受ければ、どこか引っ掛かるだろう」とか、「東京の名門大学は無理でも、地元の大学くらい受かるだろう」といった甘い考えは通用しない時代となりました。しかし、見方を変えれば、「大学進学」という本来の課題に立ち戻って、自分自身の将来について考えるよい機会となるかもしれません。

❇高校生に社会人となった自分の姿などイメージできるはずもないが……

そもそもみなさんは、どうして大学に行きたいと思うのですか？

「専門知識や高度な技能を身につけて、将来の仕事に活かしたい」という人もいるでしょう。「特定の学問を深く研究して学者や研究者になりたい」という夢をもつ人もいるでしょう。高校生の段階で、将来のことまで考えられるのはすばらしいことです。そういう人なら大学選び、学部・学科選びにも、さほど迷うことはないでしょうし、充実した大学生活を送ることもできるでしょう。

しかし、高校生の頃から社会人としての自分を具体的にイメージできるという人は、あまり多くありません。現実には「将来、何をめざしたらいいのかわからない」と悩んでいる人のほうが、はるかに多いのです。

だから、とりあえず「人間的な成長をめざして大学へ行く」――それもいいことです。大学は、知識や技能を身につけるだけの場所ではありません。高校時代と比べ、生活環境も行動範囲も人間関係も格段に広がります。みなさんが人間的な成長をしていくうえで、とても貴重で、大きな意味をもつさまざまな体験ができるはずです。

ただし、あなたがもし「今の時代、大学くらい出ておかなければ」とか「大学さえ出ておけばいい仕事に就ける」と考えているとしたら、それは大きな間違いです。

望めば誰でも大学生になれる「大学全入時代」を迎えたいま、もはや大学生は特別な存在ではありません。「大学を出ただけで何とかなる時代ではない」ということです。

これから大学へ進もうと考えている人たちは、そのことをよく理解しておく必要があります。なんの目標や明確なテーマをもたないまま、ただ漫然と大学生活を過ごしてしまうと、いざ卒業して社会に出ようとするとき、必ず大きな壁にぶつかることになります。

日本ではいま、高校や大学を卒業しても定職に就かない「フリーター」や、パート・アルバイト、派遣社員など非正規雇用の増加が社会問題となっていますが、下手をすれば大学生活そのものがフリーター生活の前段階となってしまうかもしれません。

❇では、どうやって学部・学科を決めるのか

それでは、大学生活をフリーターの前段階とせず、前向きなビジョンをもって過ごすためには、

どのようにして学部や学科を選んだら良いのでしょうか。

まずは、自分の適性、興味、能力を確認することです。

受験生のなかには「早稲田大学に入れるなら学部はどこでもいい」という人もいます。それはそれで強い動機となりますし、あこがれの大学でキャンパス・ライフを過ごすのはすばらしい経験となるでしょう。しかし大学では、4年間、一つの学問を専門的に勉強するのです。やはり自分に合った学部・学科で学ぶほうが幸せです。

みなさんの多くは中学、高校でいろいろな勉強をするなかで「自分は文系だ」とか「理系のほうが好き」などと感じてきたはずです。

大学の学部も大きく「文系」と「理系」に分かれています。

文系の学部はさらに「人文科学系」と「社会科学系」に分かれ、人文科学系には「文学部」「外国語学部」など、社会科学系には「経済学部」「法学部」などがあります。理系の学部は「自然科学系」とも呼ばれ、「理学部」「工学部」「農学部」「医学部」などがあります。さらに近年はこういったジャンルを融合した学際系（総合科学系）の学部・学科も増えています。

たとえば「自分は理系に向いている」という場合は、まず大雑把に自然科学系統を選びます。そしてさらに「具体的なモノをつくるのが好き」なら工学部、「数学や物理の理論を勉強したい」なら理学部というように絞り込んでいくのが一般的な考え方でしょう。

ただし、ここでいくつか注意しておかなければならないことがあります。第一は、中学・高校時代の得意科目が必ずしも大学での「適性」にはつながらないということです。実際に大学の授業を受けて初めて「この学問は自分には向いていない」と気づく人もいます。

おそらくそういう人は、「高校の頃、語学の成績がよかったから」とか「数学の問題を解くのが好きだから」という理由で学部を選んだのではないでしょうか。しかし、次に述べるように高校の勉強と大学の勉強は大きく違うことを知っておく必要があります。

❖高校の勉強と大学の勉強は大きく違う

中学や高校での勉強には、いつも「正解」がありました。数学でも、英語でも、国語でも、授業で出合う問題には必ず「正解」があり、一生懸命に問題を解いて「正解」ならばマルがもらえました。ところが、大学の勉強には正解がありません。それどころか、問題を与えられないことさえあります。そこが高校の勉強と大学の勉強の大きく違うところです。

たとえば数学なら、まだ誰も解いたことのない問題に挑戦する。あるいは、自分で新しい問題をつくって、自分で解いてみる——。答えが出ても、誰かが採点してくれるわけではありません。その答えがほんとうに正しいことを自分で証明して、周囲の人を納得させなければなりません。

文学部でも同じです。『源氏物語』における光源氏と葵の上の関係をどう解釈するかといった問題に正解はあるでしょうか。専門の研究者の間でも考え方は違うのですから、誰にも採点はできません。自分なりに正しいと信じる解釈を打ち出していくしかないのです。

ここまで読んで「面白そうだな」と思う人は大学での勉強に向いています。一方、「答えのないものを研究して何の役に立つのだろう」と思う人もいるでしょう。しかし、正解のない問題に取り組んだ経験が、後々、役立つことがあるのです。

たとえば、「自分は自動車が好きだから、将来は自動車関係の仕事に就きたい」と考える人がいるとしましょう。自動車関係の仕事にもいろいろあります。整備の仕事に就きたいのなら、大学へ行かずに専門学校で整備に関する基本的な技術をしっかり身につけるほうが近道です。

では、「F1マシンを設計したい」という人の場合はどうでしょう。世界最速のクルマを設計するには、現存する技術以上の新技術を生み出さなければなりません。まさにそのためには誰も手がけたことのない領域に飛び込む必要があります。まさに「答えのない問題」への挑戦です。そんなとき、大学で勉強した経験が活きてきます。

大学では、それぞれの興味や関心に応じて、かなり自由に研究テーマを選べます。高校時代のように厳しく叱咤激励する人もいませんから、楽をしようと思えばいくらでも楽ができるかわりに、本気で勉強しようとする人はどんどん自分の可能性を広げていくことができるのです。

❖文系学部でも数学が必要になる!?

次に気をつけたいのは、いざ志望の学部や学科に入ってみたら、意外な勉強がついてきたというケースがあることです。「経済学」と「心理学」がその典型です。

経済学も心理学も文系に分類されます。そのため「数学が苦手」という人が、経済学や心理学を選択することも少なくありません。ところが実際には、いずれの学問でも数学が必要になってくるのです。

経済学の場合は、経済状況を緻密に分析し、具体的な将来予測をたてるために統計学や微積分といった数学的手法が求められます。心理学でも、地道な実験を重ね、そこから得られたデータを論理的に分析するためには、やはり理系の論理性や数学的な知識が必要になります。

そうしたことを知らないまま「数学が苦手」という理由だけで経済学や心理学を選んでしまうと、入学してからたいへんな苦労をすることになるでしょう。

「経済学」は海外では理系に位置づけられていることも少なくありません。日本の大学でも近年、経済学部を中心に文系学部でも理系型の入試を導入するところが増えてきています。理系の素養のある人を大学が求めているのです。

また、「心理学」は、もともと「哲学」から派生した学問です。そのため従来は、ほとんどの大学で文学部内の一学科として設置されていました。ところが最近、「心理学部」として独立するケースが見られます。一つには、とくに女性の間で人気が高まったためです。「セラピスト」とか

「カウンセラー」のイメージから、専門性の高い魅力的な分野だと考えられるようになったのでしょう。

しかし、心理学はそもそも生理学や物理学を基礎として発達した実証的な学問であり、人の心の動きを科学的に解明していく理系的な要素を多分にもっている学問なのです。

❇「学際化」「二極化」が進む大学の現状を知る

大学の学部・学科はけっして固定されたものではありません。心理学が哲学から派生したように、今も新しい学問が次々に生まれています。そして新しい学問の多くは、心理学と同様、学際的・総合的な性格をもっています。従来の学問の壁を越え、もはや理系とも文系とも言いようのない学問もあります。その代表が「環境学」と「情報学」でしょう。どちらも近年、たいへん注目度の高い学問です。

また、学部・学科の分類は大学によって異なります。文学部や医学部、あるいは数学科や歴史学科のように、名前を聞いただけで研究内容がおおよそわかるところもあります。しかし「学群制」や「学類制」を採用している場合などは、なかなかイメージがつかみにくいはずです。たとえば、筑波大学には九つの学群と二十三の学類があるのですから、自分の行きたい学科が何類なのか事前のチェックが欠かせません。

さらに最近では各大学で学部の再編や統廃合が進み、新しい学科が続々と誕生しています。それこそ、星の数ほど選択肢があると言ってもいいくらいの状況となってしまいました。進路を誤らないためには、名前だけを見て決めるのではなく、その学科では具体的にどんな勉強ができるのか、どんな研究が行われているのかを正確に知っておく必要があります。

さて、当然のことですが、どの大学、どの学部・学科も、「行きたい」と願っただけで受け入れてくれるわけではありません。現実問題として、志望校や志望学部を選ぶ際には難易度も考慮しなければならないでしょう。

ところが、その難易度もけっして固定されたものではありません。難易度は、その時々の社会状況によって変動します。新しい学問が注目され、それに関連する学部が新設されると、その学部に受験生が殺到することもあります。また、不景気の時期には、資格を取得できる学部に人気が集まり、難易度が高まることもあります。

20年ほど前から「理数離れ」と言われ、理学部や工学部の受験者数が長期的に減少する時期があ

りました。本来、「工学部」は不況に強く、どんな時代でも就職率が安定した学部であるにもかかわらず、人気も難易度も下がり続けたのです。その後、文部科学省の講じた理科教育振興策の影響もあり、ふたたび理工系学部の人気が盛り返しました。

ただし、理工系の難易度が総じて下がった時期にも、東京大学や早稲田・慶應といった難関大学の難易度が下がることはありませんでした。「全体としては入りやすいけれど、むずかしい大学はさらにむずかしくなる」という「二極化」の傾向が、理系学部ではとくに顕著になっています。

一方、文系学部のほうは不景気の影響を受けやすいと思われているためか、就職難が長引くにつれて低迷気味となりました。しかし、ここ数年は就職状況が改善したため「文系回帰」の傾向が見られ、とくに社会学部の人気が高くなっています。

２０１９年度の東大入試では、文科Ⅱ類（経済学部）の合格者平均点と最低点がともに文科Ⅰ類（法学部）を上回り、「前代未聞の出来事」として報じられました。さらに２０２１年度では文科Ⅲ類の最低点が文科Ⅰ類を上回っています。従来は東大法学部から中央官僚をめざすのが文系の超エリートコースと考えられてきたのですが、最近の優秀な学生のなかには、官僚よりも外資系の金融・証券会社やコンサルタント会社を志望する人が増えているのです。

理系でも東大工学部からスタートアップに就職したり、自ら起業する学生も珍しくなくなりました。

もはや、従来の常識や価値観に縛られて進路を選ぶ時代ではなくなったのです。その時々の社会情勢や経済状況をにらみながら、自分の適性や能力、そして「自分がほんとうに学びたいこと」に合った学部・学科を選ぶべきでしょう。そのために不可欠なものは、自分自身の将来に対するビジョンと、正確な情報です。

❇与えられる情報を待っているだけでは進路を見誤る

今は情報があふれすぎていて、ほんとうに必要な情報が見つけにくいと言われます。しかし、情報が豊富にあるのは必ずしも悪いことではありません。めざす方向さえ決まっていれば、必ずどこかで必要な情報が見つかるからです。

たとえば、あこがれの大学があるのなら、インターネットでその大学のHPを調べてみましょう。どの学部にどんな学科や専攻コースがあって、どんな研究をしているのかがわかります。大学の歴史や学風についても知ることができます。コロナ禍の影響で中止となっていた対面式のオープンキャンパスも多くの大学で再開されていますから、チャンスがあればぜひ参加してください。実際にめざす学部・学科の講義や実験を体験することもできます。

気になる学問について詳しく知りたい場合は、本を読んでみるのもよいでしょう。書店に行けば、高校生向けにさまざまな学問をわかりやすく説明した本がたくさん並んでいます。また最近、どんな学問が注目されているのか、将来、どんな分野の仕事が有望なのかを知りたければ、新聞を読み、テレビのニュースを見てください。世の中の動きがよくわかってきます。

あちこちにアンテナを張って、意識的に情報を収集してみると、それまで抱いていた大学での勉強や生活、将来の仕事についてのイメージが変わってくることがあります。面白いことに、調べる前と後とでは志望校や志望学科がかなり変わるものなのです。だからこそ、みなさん自身の目と耳

と足と手を使って調べましょう。

多くのみなさんにとって、大学受験は自分の進路を主体的に決断する初めての体験でしょう。もちろん大学受験においてもご両親の意見や家庭の事情は影響するでしょう。しかし、学部・学科はかなりの程度、自分で選ぶことができるはずです。自分の判断、自分の責任において、後悔のない決断をするためにも、主体的に情報を探してください。ほかから与えられる情報を待っているだけでは、一般的なイメージ以上のものは得られません。

❇ただし、大学での勉強が人生を決めるわけではない

どんな人も、いつまでも高校生でいられるわけではありません。間違いなく近い将来、いずれかの時点で、自分が社会に出てどのような人生を送るのか、どういう形で社会に貢献していくのかを

決めなければならないときがやってきます。自分の世界を広げ、社会に出るための準備を少しずつ始めていくのが高校時代なのでしょう。

大学での勉強は、より具体的な形で将来の仕事と結びついていくためのものです。しかし、大学で勉強したことが必ずしも人生を決めるわけではありません。数学科を出たから数学の研究者や教師にならなければいけないというわけではありませんし、法学部を出たから裁判官や弁護士になると決まっているわけでもありません。「この分野は自分に向いていない」と気づけば、また別の将来設計を考えればよいのです。実際に大学のＨＰやパンフレットで卒業生の進路状況を見てみると、各学部からいろんな業種に進んでいることがわかります。

大学合格はゴールではなく、むしろ「スタート」なのです。

決断するのはあなた自身ですが、ご両親の意見やアドバイスにも素直に耳を傾けてください。社会に出て働くとはどういうことなのか、大学での勉強が仕事にどこまで役立つかなど、それまで親子で話し合ったことはないかもしれません。しかし、ご両親はいちばん身近にいる人生の先輩であり、あなたの将来を誰よりも真剣に考えてくれる人たちです。

当然、家庭の事情も考慮しなければなりません。親元を離れて下宿生活をしながら私立大学に通えば、授業料のほかにも多額の生活費がかかります。私立大学の医学部では、設備費なども含めて１年間で１０００万円以上かかるところもあります。

こうした問題に関しては、できるだけ早い段階でご両親とよく話し合っておく必要があります。そうすれば、「地元の大学をめざそう」とか「国立大学の医学部を受けよう」という形で志望校を絞ることができますし、いっそうがんばって勉強するモチベーションとなります。

逆に、これだけ多くの学部・学科があるわけですから、やりたいことが決まらない、一つには絞れないという人もいるかもしれません。最近はそういった受験生の意図をくんで、入学時には専攻を絞らずに、入学後に決める学部をもつ大学も増えてきました（たとえば、入学時には文系・理系も決めない大学、入学時に文理だけを決め、学部は2年から決める大学、入学時に大枠だけを決めて学部は後で決める大学、入学時に学部だけを決めて学科は後で決める大学など）。

ただし、入学時に学科を決めない大学は、たいてい1、2年次の成績の良い人から学科を選択するので、人気がある学科の場合は希望どおりに進めない場合もあるので要注意です。

いずれにせよ、自分の適性と能力に合った学部・学科を選べば、4年間の学生生活は可能性に満ちたすばらしいものとなるでしょう。ぜひともそのために、この本を活用してください。

1

人文科学系

- 文学
- 語学
- 歴史学
- 地理学
- 心理学
- 哲学
- 文化学

人間がこれまで創り上げてきた思想や知恵、歴史、文化などを調査・研究する学問系統です。

「人文科学」――なんとも不思議な名前です。初めて聞いたとき、「何、それ?」と思った人も多いのでは? 英語で言えば「ヒューマニティズ」(humanities)です。

具体的には文学、語学、哲学、歴史学などの総称です。しかし、これらの学問にどのような共通項があるのかと言うと、明確にお答えするのは案外むずかしい。文系学問のもう一方の柱である「社会科学」が人間集団である社会について学ぶのに対し、人文科学は個々の人間に着目した学問と考えることもできます。また、社会科学では政治、法律、経済など実社会のシステムやルールを学び、人文科学では個人的な文化活動を学ぶという見方もできそうです。歴史学の立場などは少々微妙かもしれませんが……。

いずれにしても「人間が創り上げてきた文化や歴史が好き」という人に向いた学問と言えるでしょう。高校で勉強した国語や英語、社会の延長線上にある学問と考えればイメージしやすいかもしれません。

カウンセラーなどをめざす場合の心理学や、語学力を活かす仕事をしたい人にとっての外国語学、さらにそれぞれの学問を専門とする教員・研究員などに就く場合を除くと、人文科学系の学科で学ぶことは、就職して実社会に出る際に、直接には役立ちにくいものです。同じ文系であっても、社会科学系とはこ

人文科学系の学問分野

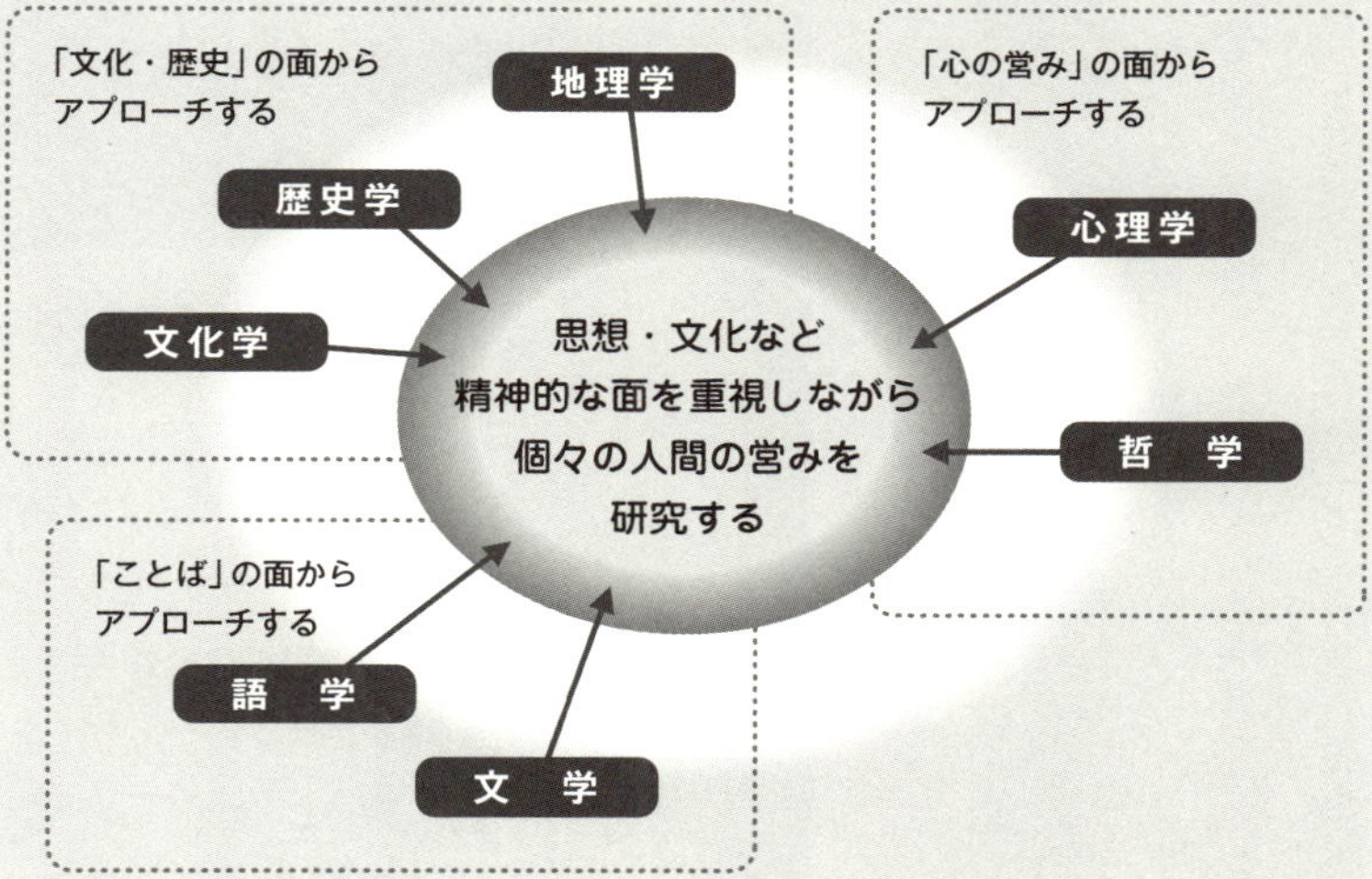

の点が大きく異なります。

したがって「興味のある学問領域について4年間勉強しよう」という意志をもたずに人文科学系に進んでしまうと、勉強が面白くないまま4年間を無為に過ごし、また就職の際のアピールポイントも得られない、ということになりかねません。

逆に、「中国の歴史を勉強したい」「日本の古典文学を研究したい」というような、しっかりしたスタンスをもっている人であれば、大学での勉強は高校に比べてぐっと奥深く、新鮮な喜びを与えてくれるでしょう。そして、大学で学んだ学問は、卒業して実社会に出てからも、教養として、またコミュニケーションスキルの一つとして、あなたの人格と社会生活を支えてくれるでしょう。

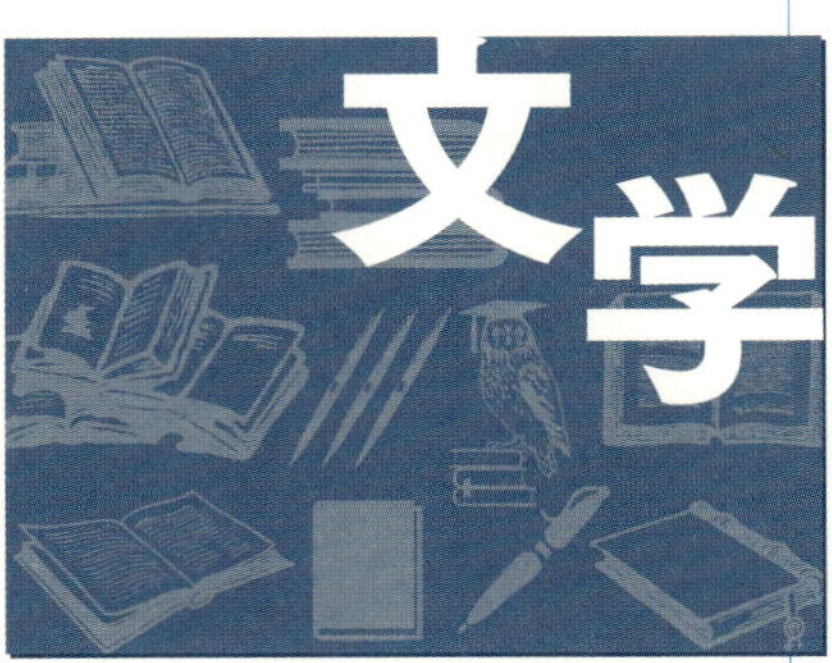

文学

文学は多くの場合、日本文学と外国文学に分かれ、小説や詩、戯曲などの文学作品を通して、人間そのもの、文化、思想、社会、歴史、民俗芸能、芸術、宗教、国際関係、言語表現などを学びます。外国文学では語学力の養成も重視されますが、文学はあらゆる学問と結びついているため、興味に応じてさまざまなアプローチが可能です。

どんな学問ですか？

「文学」はみなさんの日常生活にあふれています。たとえば、大ヒット映画『ハリー・ポッター』シリーズの原作は児童文学ですし、『ロード・オブ・ザ・リング』はイギリスで１９５０年代に出版された『指輪物語』が原作です。

文学研究で大切なことは、漫画でも小説でも、ストーリーを面白いと思うだけでなく、「どうして作者はこんな作品を思いついたのだろう」「なぜ私はこのストーリーを面白いと感じるのだろう」という素朴な疑問をもつことです。学問として「文学作品を読み解く」とは、作品をただ読んで楽しむこととは違います。文

ひとことコラム

源氏物語の作者は？

全世界で翻訳され、高く評価されている世界最古の長編小説といえば、もちろん『源氏物語』。作者が誰かと聞かれれば、誰だって「紫式部」と答えるでしょう。ところが、専門研究者の間では、『源氏

学の研究では、小説や詩、戯曲などの文章作品（テキスト*）を読み、歴史的な背景や宗教的な影響、そして作者自身について追求していきます。また、作者の考え、その作品に込めた想い、作品を通して表現したかったことなども細かく分析していきます。

作者の育った国や時代、作品が成立した時代の社会背景や政治的・国際的状況によって、一つの言葉に込められている意図も大きく違ってきます。「こういうことだったのか！」と驚き、言葉の裏にある思いがけない深みに触れることで、本を読むことの楽しさにあらためて気がつくこともあるでしょう。

文学は、研究の対象から、大きく「日本文学（国文学）」と「外国文学」に分類することができます。

1 日本文学（国文学）

日本文学を通して日本の文化、社会、歴史、日本人の精神性、日本語などを学びます。日本で創作された、あるいは日本語で書かれた物語、小説、詩、歌、その他の文章すべてが研究対象となります。古くは「上代」と呼ばれる奈良時代の『古事記』『風土記』から、夏目漱石、芥川龍之介など中学や高校の教科書に載っている小説家の作品、そして村上春樹など現代作家の小説、エッセイ、戯曲などもさかんに研究されています。

物語』は紫式部が一人で創作したものではなく、宮中に仕える大勢の女房たちなど多くの人々に読み継がれる過程で、さまざまなエピソードが付加され、その結果として壮大な物語になったという視点からも研究が進められています。このように、文章の内容を読み解くだけでなく、その作品が生まれた経緯を調べるのも文学研究の一つです。

専門用語を知っているかな？

テキスト（テクスト）* 教科書のことではありません。作品や文章そのもののことを指します。言語学や文芸評論の用語としても使われています。

大学によっては「伝承文学」を学ぶコースを設けているところもあります。「伝承文学」とは、日本に伝わる昔話を研究する学問であり、民俗学を中心に方言や言い伝えを研究します。「各地方の昔話の違いに関する研究」「河童の言い伝えについて」「桜のもつ意味」などが研究テーマとして挙げられます。

2 外国文学

日本以外の国で発表された、日本語以外の言語で書かれた文学作品が研究対象です。日本文学の場合と同じように、作品をただ読むのではなく、文章や表現の研究を通じてその作品の成立事情を推測し、その国の歴史、文化、思想、社会状況、言語などへの理解を深めます。

おもな学科として、英米文学科、フランス文学科、ドイツ文学科、中国文学科などがあります。

◎英米文学

イギリス・アメリカの文学だけでなく、カナダやオーストラリアなど英語圏の文学すべてを研究対象としている大学が多いようです。シェイクスピアの戯曲は現在でも多く上演され、重要な研究テーマとなっています。サリンジャーの『ライ麦畑でつかまえて』は、村上春樹による新訳が発表され、ふたたび注目されました。

英米語圏の作品は数が多く、バラエティに富んでいるため、古典から現代文学

たとえば こんな作品を 研究できます

代表作品

■英米文学
イギリス：シェイクスピア『ロミオとジュリエット』、スウィフト『ガリバー旅行記』、エミリー・ブロンテ『嵐が丘』
アメリカ：マーク・トウェイン『トム・ソーヤーの冒険』、ヘミングウェイ『老人と海』、サリンジャー『ライ麦畑でつかまえて』

■フランス文学
スタンダール『赤と黒』、ユーゴー『レ・ミゼラブル』、デュマ『三銃士』、サン＝テグジュペリ『星の王子さま』

■ドイツ文学
ゲーテ『ファウスト』、トマス・マン『魔の山』、ヘッセ『車輪の下』、カフカ『変身』、グリム兄弟『グリム童話集』

まで、また小説、戯曲、詩など幅広い作品と出会うことができます。

◎フランス文学

「芸術の国」フランスでは、文学も複雑で奥深く、芸術性の高い作品が数多く見られます。誰でも知っているサン＝テグジュペリの『星の王子さま』や、映画やミュージカルとしても有名なユーゴーの『レ・ミゼラブル』を原書で読むといった楽しみがあります。

◎ドイツ文学

ドイツ文学というと一見、縁遠い印象をもたれるかもしれません。しかし、おなじみのグリム童話もドイツの童話です。「ほんとうは残酷な話が多い」として話題になりましたが、自分なりに読み解いてみるのも楽しいでしょう。ほかにも『アルプスの少女ハイジ』や『小鹿のバンビ』など身近な作品がたくさんあります。

◎中国文学

中国では、漢字による独自の文学が発展してきました。紀元前に書かれた作品から20世紀の作品まで、幅広く取り上げることができます。ゲームや漫画でもおなじみの『三国志演義』や『西遊記』、杜甫、李白などの詩歌や戯曲など、中国ならではの芸術性の高い作品が数多くあります。時代によっては政治的な権力や思想などが大きく関わり、文学作品にそれらの特徴が色濃く出ているのも興味深いところです。

中国文学
司馬遷『史記』、羅貫中『三国志演義』、呉承恩『西遊記』、魯迅『阿Q正伝』

その他
ロシア：ドストエフスキー『罪と罰』、トルストイ『戦争と平和』
スペイン：セルバンテス『ドン・キホーテ』

◎その他

ロシア文学、スペイン文学、南米文学などを学べる大学もあります。

そこが知りたい Q&A

Q1 どのような人が文学に向いていますか?

A 「本を読むのが好きな人」と思うかもしれませんが、そうとも限りません。もちろん研究テーマに関する論文、文献など文章を読む機会は多くなりますが、それはどんな学部や学科でも同じことです。それ以上に、本を読んで「どうしてこういう本が書かれたのだろう」と、作品の背景にある歴史や文化などに興味をもったり、「このセリフ、かっこいい言葉だな」などと言葉そのものに魅力を感じたり、「もっと楽しく本を読めるようになりたい!」と感じる人が文学に向いていると言えるでしょう。

Q2 文学部の英文学科と外国語学部の英語学科は何が違うのですか?

A 文学部の英文学科では、英語が話せるようになることよりも、文学作品や作者の研究が重要なテーマとなります。英会話や現代英米語など、コ

1 人文科学系
2 社会科学系
3 自然科学系
4 総合系

ミュニケーションの手段として英語を学びたい場合は、外国語学部の英語学科への進学を考えたほうがよいでしょう。

Q3 英語が得意でなければ英文学科は難しいですか？

A 外国文学の原書*をおもな研究対象とするため、その国の言語の知識は必要となります。しかし、外国文学科の場合は外国語の授業も充実していますから、入学してから知識を身につけることもできます。日本語での翻訳書を併用しながら授業を進めることも多いので、フランス語やドイツ語の場合は受験する時点で知識がまったくなくても心配ありません。あえて言うなら、外国文学を学ぶときは世界史の知識、日本文学の場合は日本史の知識があると役立ちます。

Q4 文学部は就職に不利と言われますが、ほんとうですか？

A 就職試験では出身学部は問われませんし、「文学部だから就職に必要な能力が身につかない」ということもありません。「学生時代、何に意欲的に取り組んできたか」「自分の能力をどのように磨いたか」が評価されるのです。就職試験で「このことに一生懸命、取り組んできた」と自信をもって言えるようになるためにも、自分が何に興味をもっていて、

専門用語を知っているかな？

韻（いん）
詩の技法の一つで、似たような響きをもつ発音の言葉を詩の中に組み込む言葉遊びのこと。短い詩の中にリズムを生み出します。とくに、文章や句の最後に同じ韻の言葉をつける「脚韻《きゃくいん》」というスタイルは、中国の漢詩のほか、現在でもラップミュージックや欧米の歌詞に多く見られます。

原書＊
外国で出版された外国語の本のこと。大学によっては「原書講読」という講義があります。これは日本語に翻訳された文章を使用せずに、外国語で書かれたものを読み進めていく講義です。

写本
原本を書き写した本のことです。昔はコピー機がなかったので、書物を手元に残すには

大学ではどういうことを勉強していきたいのか、今のうちから考えておくといいかもしれません。

最近の研究テーマは？

文学の研究対象は文字で表されるあらゆる作品であるため、物語や小説だけでなく、音楽の「歌詞」に関する研究も行われるようになってきました。２０１６年にはアメリカのボブ・ディランがノーベル文学賞を受賞しましたが、特定のシンガーソングライターがつくった歌詞から、歌手の考え、その歌が流行した時代の生活や社会状況、その歌を支持した世代の意識などを読み解くことも研究の目的となります。

また、過去20年間のヒット曲の歌詞を統計処理し、各時代に流行っていた言葉と社会情勢との関わりを考えるというような「社会学」や「文化学」と結びついた研究も行われています。

このように、あらゆる「文章」が文学研究の対象となるので、みなさんも身の回りにある文章を新しい研究分野にできるかもしれませんね。

手で書き写すしかありませんでした。複数の写本を比べたり、写本の発生した場所や時代をたどったりすることが、もともとの作品の内容や成立した年代を特定するヒントになることもあります。

卒業後の進路は？

文学部に本が好きな人が多いことは事実ですが、就職先は本に関連していない場合がほとんどです。一般企業に就職する場合は、文学そのものの知識だけでなく、文学を勉強するうえで身につけた探究心や興味を活かすことができます。業種もメーカー、情報・通信業、小売業、卸売業、金融・保険業、飲食業など、じつにさまざまです。

「専門性を活かしたい！」という人の間では、出版などのマスコミ関連、広告代理店、航空関係、グランドスタッフ（航空会社の地上勤務職員）、外資系企業などが人気です。また、専攻を活かして中学・高校の教員や日本語教師をめざす人、大学院へ進学して研究を深める人もいます。

語学

コミュニケーションの手段として欠かすことのできない「言語」を研究する分野です。外国語学は、英語やフランス語などの専攻に分かれて勉強します。語学力を養うと同時に、その言葉が使われている国や地域の文化を理解するのが目的です。言語そのものの歴史や定義などを研究する「言語学」という分野もあります。

どんな学問ですか?

「語学」とは、言語を研究し、習得するための学問です。言語の習得とは、一般に「話す」「聞く」「読む」「書く」という四つの力を身につけることを指します。しかし、それだけでは、ほんとうのコミュニケーション能力を身につけたことになりません。

国が違えば話す言葉も違うように、それぞれの土地には独自の文化や習慣があります。たとえば、日本人は人を呼ぶときに手招きをしますが、このしぐさは欧米では「向こうへ行って」とか「さようなら」の意味になってしまいます。この

ひとことコラム

英語を使う人の78%は「ノンネイティブ」!

英語を話す人は世界中で約18億人と考えられていますが、そのなかで「ネイティブ

ように、日本ではあたりまえのことが外国では通じないのも珍しいことではありません。そうした文化の違いを認め合うことができて、初めて意思の疎通ができるのです。

したがって、語学では、言語そのものはもちろん、その言語圏の文化までが研究対象となります。

1 外国語学

「外国語学」は国際社会において、異文化コミュニケーションのスペシャリストとなることをめざす学問です。設置数では「英語学科」を設けている大学が圧倒的に多いのですが、ドイツ語、フランス語、中国語はもちろん、ポルトガル語やスワヒリ語といった、ふだん、あまり馴染みのない言語を学べる大学もあります。

◎英語学

英語は第二外国語として習得している人も含め、世界中で18億人近くの話者がいるとも言われています。将来、海外で活躍したいと考えている人にとっては必須の言語でしょう。

◎ドイツ語学

ドイツ語は英語と同じ系統の言語で、単語や文法に似た点が多く、日本人にとっては学びやすい言語だと言われています。英語との違いは「ä、ö、ü、β」

（母国語として使う人）」は約4億人です。つまり、英語を話す人たちの約78％は「ノンネイティブ」ということになるのです。

この事実を知ると、少し気持ちが楽になりませんか？

日本人には完璧主義なところがあります。中学、高校と、何年も英語の勉強をしているにも関わらず、「うまく話せないと恥ずかしい」「文法を間違えてはいけない」などと思って、なかなか話せない人が多いのです。しかし、大切なのはコミュニケーションやそこから生まれるものであって、言語はそのための「道具」に過ぎません。英語を身につけることがゴールではないし、話す言葉が流暢である必要も、完璧である必要もありません。何より大切なのは、伝えようとする気持ちです。

みなさんも間違えることを恐れず、外国語を使ってどんどん世界を広げてください。

の文字も使うことや名詞に文法上の「性」があることなどです。ドイツ本国のほか、オーストリア、スイス、リヒテンシュタインの公用語にもなっており、その周辺の国々でも話されています。

◎フランス語学

フランス語は、ベルギー、スイスやカナダの一部、アフリカの国々など多くの地域で公用語・共通語として用いられています。また、国際連合やＩＯＣ（国際オリンピック委員会）の公用語の一つともなっています。「世界で最も美しい響きの言語」と称されることもあります。

◎中国語学

中国語は、母語として話す人が全世界で最も多く、その数は13億人ほどで、「世界の人口の5人に1人」と言われています。中国語は漢字で表記されるので、一見、日本人には親しみやすい言語ですが、声調（声の高さ・低さ）によって言葉の意味が異なるなど、日本語と大きく異なる点も数多くあります。また、ひとくちに中国語と言っても、中国国内の南部と北部では言葉が通じないほど方言が多いため、通常は共通語とも言える「標準語（普通語）」を学びます。

◎スペイン語学

スペイン語は中南米（ブラジルを除く）でも広く使われ、国連の公用語の一つでもあるので、使用する機会は多岐にわたるでしょう。男性名詞と女性名詞がありますが、規則が決まっているので他の言語より識別は容易と言われています。

専門用語を知っているかな？

外国語副作用
外国語を使用するときは、脳内で言語処理を行うため、母語を使用するときと比べて思考力や判断力が低下してしまうこと。たとえば「Always picture yourself succeed-ing.」という英文を訳すのは簡単ですが、英語を母語とする人に比べたら理解力はどうしても劣ってしまいます。逆に「常に成功をイメージせよ」と日本語で言われたほうが、日本人にとって、はるかに理解しやすいでしょう。

ポリティカル・コレクトネス
「看護婦」「保母」という職業名は「看護師」「保育士」と呼ばれるようになっています。このように言語に性別などによる偏見をもたせないことをポリティカル・コレクトネス（政治的な妥当性）と言また、発音が日本のローマ字読みに近いため、日本人にとっては比較的勉強しやすい言語です。

2 日本語学（国語学）

日本語そのものを言語的な視点から研究します。私たちはふだん、あたりまえのように「日本語」を話し、読み、書いています。しかし、ほんとうに日本語を理解しているかというと疑問が残ります。日本語がどのようにして生まれ、どう変化し、他の言語と比べてどんな特徴があるのかまで深く考えることはありません。

日本語学は、その「あたりまえすぎる日本語」をルーツからたどり、文法、語《ご》彙《い》、音声、文字、方言といった切り口から理解しようとする学問です。

高校で勉強する古文がどのようにして現代語になっていったのかを研究するのも「日本語学」の分野です。日本語の文法において「鳥は飛ぶ」と「鳥が飛ぶ」はどのように違うのかを分析するといった研究例もあります。

また、外国人に対する日本語教育について研究するコースを設置している大学もあります。

3 言語学

世界には7000種類もの言語があると言われています。しかし、ポルトガル

います。多民族国家では、人種や宗教にも配慮があります。しかし、一方では言葉にまでそういった規制をかけるのは行き過ぎという意見もあります。

語やスペイン語、イタリア語などはすべてラテン語から派生した同系統の言語（ロマンス語）であって、実質的には「東京弁と大阪弁程度の差」しかないほど似ています。では、どうしてそのような違いが生まれたのでしょうか。そもそも言語と方言は何が違うのでしょうか。

　言語学では、そうした言語全般にわたる定義や歴史をはじめとして、言語そのものを研究していきます。

そこが知りたい Q&A

Q1 大学4年間で外国語を話せるようになるのでしょうか？

A 外国語学部では、1年次から徹底したカリキュラムで言語習得をめざします。少人数制の授業で、先生は外国人というところがほとんどですから、現地でも十分に通用するレベルの勉強ができます。また、外国語学科の多くは外国の大学と提携を結び、「交換留学生制度」を設けて、積極的に留学を奨励しています。そうした制度を利用している人は、やはり言語習得が速いようです（50ページ参照）。

日本人は一般的に「外国語習得が苦手な民族」と言われますが、なかには2年生で現地の新聞を辞書なしで読めるようになった人もいると言い

こんなカリキュラムで勉強します

外国語学部や外国語学科では、専門となる言語について、通常、1、2年次で徹底的に学習するとともに、さまざまな文化について学びます。授業は少人数のクラス編成で、先生は外国人という大学がほとんどです。

たとえば英語学科の場合は、読みや会話などの英語能力を養成するカリキュラムと並行して、英語が使われている国や地域の歴史、文化、社会、政治、経済、民族、風習、思想、文学などを学んでいきます。また、言語研究という授業では、英語史、音声学、統語論、音韻論、意味論、語用論などの授業を通して、言語としての英語そのものについて学んでいきます。

3、4年次では言語そのものの研究、専門語が使われてい

ます。言語習得は努力次第でしょう。

Q2 外国語学部は帰国子女や留学生ばかりで、レベルが高いのでは？

A 「外国語学部の勉強はレベルが高くてついていけないのでは？」という心配の声をよく聞きます。しかし、たとえば英語学科では「習熟度別授業」を導入している大学も多く、高校の勉強から復習できる場合がほとんどなので、安心して入学できます。また、ドイツ語やフランス語など初めて勉強する人が多い学科では、全員、基礎からスタートする大学がほとんどです。

言語習得にいちばん大切なのは「きっかけ」だと言われています。「将来は世界を舞台に活躍したい」「字幕なしで欧米の映画を観てみたい」など、動機は何でもいいのです。自分の言葉でコミュニケーションをとりたいという気持ちがあれば、充実した学生生活を送れるでしょう。

Q3 英語以外の言語を学んでみたいけれど、何がいいのでしょうか？

A 一般的には使用人口の多さや今後の経済発展への期待から、中国語の人気が高まってきています。一方、学習者の少ない言語を習得すれば、活躍するチャンスも増えてくるでしょう。また訪日外国人の多くが話す言

る言語圏の研究など、それぞれの専攻に分かれて研究を進めることになります。

葉を学べば、きっと多くの場面であなたの力が必要とされるはずです。

最近の研究テーマは？

言語の「血液型」とも言える〈主語（Ｓ）、目的語（Ｏ）、動詞（Ｖ）の語順〉など、言語間の類似点や相違点に注目し、言語のさまざまな規則性をあきらかにするのが「言語類型論」という研究分野です。こういった研究を通して、数々の興味深い事実があきらかになってきました。

日本語や韓国語、朝鮮語のように「私は・リンゴを・食べた」、つまり〈主語＋目的語＋動詞〉の語順をもつ言語を「ＳＯＶ型言語」と呼びます。このタイプの言語が世界でもっとも多く、全言語の約半数を占めています。２番目に多いのが、英語や中国語のように〈主語＋動詞＋目的語〉を基本語順とする「ＳＶＯ型言語」で、世界の言語の約４割が該当します。残りの１割は〈動詞＋主語＋目的語〉の語順をとる「ＶＳＯ型言語」で、ウェールズ語やサモア語、ヘブライ語などがあります。さらに、「ＶＯＳ型言語」「ＯＳＶ型言語」も少数ながら発見されています。

ひとことコラム

知っていますか？
世界の「こんにちは」

地球上に7000種類もあると言われる言語。挨拶の言葉は、そのすべてに存在するはずです。以下に挙げるのは、代表的な言語の「こんにちは」です。あなたはいくつ知っていますか？

英語…ハロー
フランス語…ボンジュール
ドイツ語…グーテンターク
イタリア語…ボンジョルノ
スペイン語…ブエナスタルデス
ポルトガル語…ボアタルジ
ロシア語…ズドラースヴィチェ
中国語（北京語）…ニイハオ
韓国・朝鮮語…アンニョンハセヨ
マレー語…スラマットゥンガハリ
タイ語…サワッディー
トルコ語…メルハバ

卒業後の進路は？

もっとも多いのは一般企業への就職です。おもな分野としてはマスコミ、商社、金融、研究機関などが挙げられますが、国内外を問わず活躍できるフィールドは広いでしょう。外交官を志望する人が多いのも外国語学部の特徴です。なかには実際に働いている職員を招き、職業説明会を開催する大学もあるようです。

もちろん、習得した語学力を活かして専門語学の言語圏で就職する人もいます。ＮＧＯ（非政府組織）やＮＰＯ（非営利団体）などで働く人も少なくありません。そうした仕事を志す人たちの間では、現地での就業体験（インターンシップ）を経験するケースが多いようです。習得した言語を教える仕事に就いたり、より深い研究をするため国内外の大学院に進む人も増えてきています。

アラビア語…アッサラームアレイコム

プロの目から 1

「生きている言葉」を研究する

❖「受験英語」という特別な英語はない

今、みなさんが大学受験のために勉強している英語は、「実際にはあまり使われていない英語」「硬い英語」と思っている人も多いのではないでしょうか。しかし、最近の大学入試では、珍問・奇問はほとんどありません。むしろ、きわめて自然な普通の現代英語の問題が増えています。つまり、みなさんが勉強している英語は、じつは今、実際に、バリバリ使われている英語なんです！　受験で英語をしっかり勉強してきた学生は、仕事などで英語を使う環境に出合ったとき、最初は苦労するかもしれませんが、絶対にやっていけます。

単語には決まったつながりがあります。ですから、コロケーション（よく使われる組み合わせ）として単語を覚えることが重要です。たとえば「傘」は英語で何と言いますか？　これは誰でも知っています。〝umbrella〟ですね。では、「傘」といったら絶対に言いたい表現は？　「傘をさす」でしょう。ところが、大学生でも、「傘をさす」を英語ではまず言えません。正解は〝put up my umbrella〟です。このように「使える英語」はフレーズで覚えることによって身につくのです。

京都外国語大学　名誉教授
赤野　一郎 先生

大学に行くことの大きな意味の一つに、自分に影響を与えてくれる先生や友人に出会えるということがあります。でも、そのチャンスは待っていてはダメで、自分からつかみ取ることが必要です。大学を名前で決めるのではなく、好奇心をもって、徹底的にやりたいことを追求して、自分の目的をいちばん実現できる大学・学部・学科に入ってほしいと思います。

❖「辞書の編纂」を仕事にする

「コーパス」とは、生きている言語、つまり、その言語が実際に使われている用例を集め、データ化したものです。「コーパス言語学」とは、そのデータを使って、ある言葉が実際にどのように使用されているかを明らかにする学問です。「コーパス言語学」で得られたデータは、辞書の編纂に応用することができます。

昔の英語の辞書には、不自然な例文や実際にはあまり使われていない例文が載っていることも多々ありました。しかし、コーパスによって、ネイティブスピーカーが自然に使う表現を利用することが可能になったのです。

私は辞書の編纂という仕事をするなかで、従来は知られていなかったことや貴重な情報を新しく発見したとき、そういうことを辞書に1行でも書き込めたとき、研究の面白さを感じます。

❖辞書の奥深さ

みなさんには、辞書に対する認識を深めて、自分に合った辞書を選んでほしいと思っています。語数が多いのがよい辞書かというと、じつはそうではありません。高校生のみなさんなら、まず5万語くらいの辞書からスタートし、自分の英語レベルに合わせて買い換えていくのがよいでしょう。

また、辞書は、どれだけ速く引けるかではなく、きちんと正しく使えるかがポイントです。

辞書を引いたとき、いちばん上の意味しか見ない人もいますが、辞書にも違いがあって、意味を発生順に書いているものと頻度順に書いているものがあります。たとえば〝press〟という単語。発生順で言うと「押す」→「印刷機」→「新聞」「記者会見」ですが、頻度順で言うと逆になります。実際には、「新聞」や「報道関係」という意味で使われることがもっとも多いのです。

留学について

留学は、自分が習得した言語を現地で試す貴重な機会となります。留学には、現地のホストファミリーの家で生活するホームステイや、大学間協定、姉妹都市の自治体による交換留学などがあります。一部、留学が必須の大学もありますが、多くの大学では任意であり、留学システムは大学によって異なります。ここでは一般的なケースを紹介しましょう。

1 長期と短期の違い

一般に短期留学（1ヶ月程度）と長期留学（半年以上）では目的が違います。短期留学が現地でのコミュニケーションを実体験することにより語学力の向上をめざすのに対し、長期留学は現地の大学の授業を受けることや、現地で仕事を体験するインターンシップを目的としています。

2 留学中の単位

留学先で取得した単位は、日本の大学の卒業単位として認定してもらえるケースがあります。認定の上限はありますが、長期留学をしても日本の大学を４年間で卒業することは可能です。ただし、協定を結んでいない大学への私的留学では、日本の大学を休学せざるを得ないこともあります。その場合は単位を認定してもらえない可能性があります。

3 学費

「留学したいけれど、多額の費用がかかるから無理」と思っていませんか？たしかに留学には、学費のほかに滞在費や旅費などの費用が必要なので、短期留学でも平均20万～30万円、長期留学では100万円以上かかる場合があります。しかし、大学には留学をサポートする制度もあります。たとえば交換留学協定を結んでいる大学に留学する場合には、在籍している大学もしくは留学先の大学のどちらかに学費を納めればよいケースがほとんどです。奨学金の給付や日本学生支援機構（JASSO）による支援を受ける人もたくさんいます。

4 留学の相談・情報収集

留学先の国や学校、手続き方法などに関する情報は次の機関で得られます。

- **留学制度や費用についての相談**
  独立行政法人日本学生支援機構、大学の学生課
- **留学先の学校についての情報**
  インターネット、留学先のパンフレット
- **現地での生活や社会情勢**
  留学先の国の大使館、外務省のHP

5 留学に必要な資格

留学に必要な資格はとくにありません。ただし、交換留学制度や奨学金制度など大学の制度を利用して留学する場合には、ＴＯＥＦＬやＴＯＥＩＣのスコアや、面接などの学内選考をパスすることが必要な場合がほとんどです。選考にあたっては、それまでの成績が評価に加味されることもあります。留学先の大学で求められる語学力のレベルも確認しておきましょう。

Q 外国語学部でなくても留学できますか？

A できます。留学の機会は全学部の学生に均等にあると言ってもよいでしょう。ただし制度によっては、留学先で取得した単位が日本の大学を卒業するために必要な単位として認定されない場合もあるので、注意が必要です。

歴史学

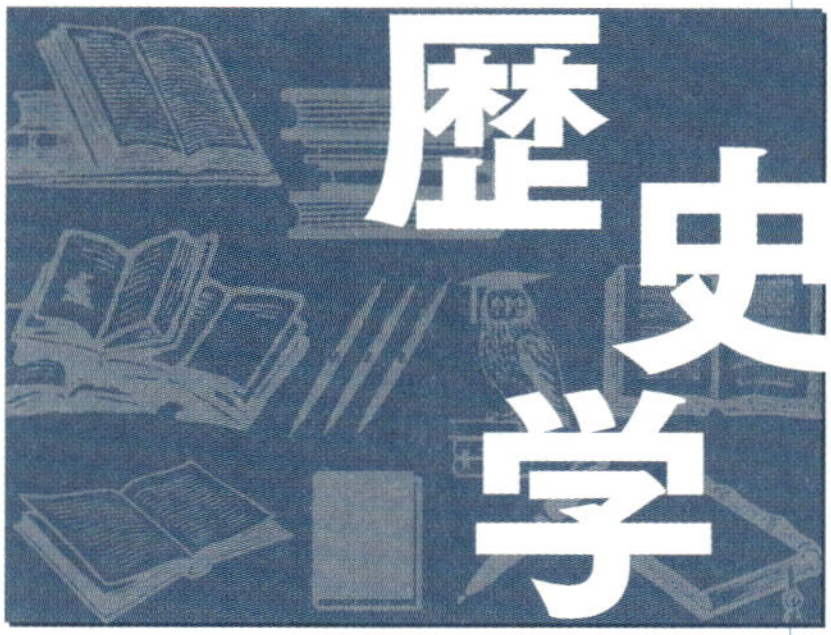

歴史学は人類の歴史や社会の変化を学ぶ学問です。日本を含めた世界各国の歴史だけでなく、「考古学」や「文化財学」では遺跡や美術作品なども研究対象となります。文学部のなかに歴史学科、または史学科として設置されるのが普通ですが、大学によっては、「歴史文化学科」「史学地理学科」「人文社会学科」などの学科名で設置されているところもあります。

どんな学問ですか？

過去から現代に至る人類の営みや社会の変化について学ぶ学問です。

歴史学では「史料＊」に基づいて過去の出来事を解明し、当時の人々の考え方や社会の状況、政治や戦争、福祉などといった、現代につながる問題なども考えていきます。しかし、史料は読む人によって解釈が異なることもあります。同じ歴史上の事件であっても、その人の生きた時代、生まれた国、信仰している宗教、

専門用語を知っているかな？

史料＊
歴史を研究する材料となるもの。文書だけではなく遺跡や遺物、ときには絵画や写真な

主義主張などによって、見方や考え方が違ってくるのです。歴史を学ぶとは、そういったさまざまな見方や考え方を幅広く知ることでもあるため、研究者の間でも自由で活発な論争が尊重されています。

歴史学の研究分野は通常、「日本史学」「東洋史学」「西洋史学」の三つのコースに分けられ、大学によっては「考古学」や、最近注目されている「文化財学」も加わります。

◎日本史学

日本の歴史を、古代、中世、近世、近現代などの時代別、地域別、さらには、政治、経済、社会、文化などのテーマ別に、さまざまな角度から実証的に研究します。たとえば、中国の歴史書『魏志倭人伝』に記されている邪馬台国に関しては、九州にあったとする「九州説」と、近畿地方にあったとする「畿内説」に分かれて、現在もなお論争が続けられています。こうした日本史上のミステリーに挑戦するのも研究の一つです。

◎東洋史学

中国、朝鮮、インドなど、アジア諸国、さらにイスラーム世界の歴史や文化について研究します。近年、中国や韓国とは歴史認識をめぐってさまざまなトラブルが生じています。近隣の国々とより良い関係を築いていくためには、それぞれの国が歩んできた歴史や、培ってきた文化の研究が不可欠です。

◎西洋史学

ども史料となります。史料を読み解き、当時の時代像をとらえるためにはそれぞれの読解法を学び、常に正否を検討しながら読み込んでいくことが必要です。これらの力を養うために「古文書学」「史料講読」といった講座があります。また、考古学では実際に土器や石器に触れることができます。

研究対象が広範囲に及ぶため、多くの大学では範囲をかぎって講座を設けています。ヨーロッパとアメリカの歴史が主流ですが、最近ではアフリカや中南米諸国の歴史を研究する大学もあります。漫画が原作で映画にもなった『テルマエ・ロマエ』は古代ローマと日本の入浴文化をテーマにした作品ですが、ローマと日本には風呂以外にも多くの共通点があることがわかります。そのような文化の共通点や違いを見つけていくのも歴史学の一手法です。

◎考古学

歴史の流れの中で人類が残した遺跡や遺物などの分析を通して歴史を研究する分野です。文献ではなく「モノ」が史料となるため、研究対象は文字のない時代にまでさかのぼります。たとえば、長い間「伝説」とされていた中国の夏王朝の遺跡が、近年、発見されるなど、予想もできない大発見があるのが考古学です。大学の考古学研究でも実習として遺跡の発掘作業に参加することがあります。

◎文化財学

美術工芸品から世界遺産をはじめとする建造物まで、さまざまな文化財*の保存・活用について学びます。歴史的背景や政策、まちづくりなどの観点からのアプローチと、コンピュータを使った製図や保存のための科学技術など理数系要素の強い面からのアプローチがあります。貴重な古文書や古美術品にじかに触れるチャンスもあります。

専門用語を知っているかな？

文化財＊
文化的、歴史的、学術的に価値があり、保存していく必要があるもの。文化財には建造物、絵画、古文書などの「有形文化財」、演劇、音楽などの「無形文化財」、信仰、年中行事などの「民俗文化財」があります。さらに文化財保護法により、有形文化財のなかでとくに重要と指定されたものを「重要文化財」と言います。大学では「文化財学」や「文化財調査法」などの授業で文化財の扱い方や鑑定法、保存技術、修復技術を学ぶことができます。

編年
考古学における用語で、遺跡や遺物の成立年代の前後関係をつくることを指します。編

そこが知りたい
Q&A

Q1 大学で学ぶ歴史学は、高校で勉強する歴史とどう違うのですか？

A 高校の歴史の授業は、歴史的出来事の名称や概要、年号、人名などを学び、暗記することが中心でした。大学の授業では、調査・分析方法を学び、自分で研究テーマを設定し、実際に史料を読み解きながら自分なりの研究を進めます。つまり、高校の授業よりも創造的に歴史を学んでいくことができるのです。

また、教室での授業のほかに、実際に現地に足を運んで調査するフィールドワークの授業も高いウェイトを占めています。

Q2 歴史学に向いているのはどんな人ですか？

A 「好きこそものの上手なれ」の諺にもあるとおり、「とにかく歴史が好き！」という人、古美術品や古文書に興味がある人、遺跡や古い神社仏閣を回るのが好きな人に最適です。

過去に生きた人々の生活や気持ちが知りたいという好奇心旺盛な人、社会はどのようにして発展してきたのかを解明したいという探究心の強い

年には木の年輪の幅によって年代を測定する年輪年代法、空気中の炭素の量によって測定する放射性炭素年代測定法、火山の噴火した時期を利用する火山灰編年法などがあり、さまざまな材料や視点から年代測定を試みていきます。

紙背文書（しはいもんじょ） いらなくなった文書の裏面に書かれ、それが捨てられずに残ったもの。内容の多くは日常的なことが書かれています。正式な文書からは読み取れない当時の日常の様子をうかがえるのが魅力です。

人にもお勧めです。

最近の研究テーマは？

歴史学と数学とは遠くかけ離れた学問だと思っている人は多いことと思います。しかし最近では、歴史の研究にも理数系の知識が多く利用されるようになりました。

たとえば古地図を読み解く際に、高校の数学で習う「コサイン」を使うことがあります。数学的な手法を使うことで、まだ近代的な測量技術も印刷技術もなかった時代につくられた手書きや木版刷りの地図から、そこに描かれている山の高さを推測したり、当時の遺跡を見つけたりすることができるのです。

考古学の調査や測量にも数学的要素は含まれます。年代を推測するための「放射性炭素年代測定法」などはきわめて数学的です。こういった手法を取り入れることで、史料中心の研究では知ることのできなかった歴史を解明することが可能となったのです。

ひとことコラム

誰でも歴史家になれる！

1900年、地中海のクレタ島で粘土板や陶器に書かれた文字が発見され、「線文字B」と名づけられました。この文字は当時まだ解読されておらず、1939年以降は史料が増えてきたものの、なかなか解読に成功しませんでした。そして1953年、この未解読文字の解読に成功したのはマイケル・ヴェントリス。歴史学者ではなく建築家だったのです。

これはとても珍しい例ですが、歴史学者だけではなく、誰しもが歴史を解明する可能性をもっていることの証明です。

卒業後の進路は？

歴史学を学んだ学生はさまざまな分野に進んでいます。歴史学に直接、関係のない職業でも、歴史学の研究で培った読解力や資料収集力、分析力、調査能力、推測能力などはさまざまな場面でアピールできる強みとなるのでしょう。もっとも多いのは一般企業への就職です。職種は、製造業、金融、サービス業など多岐にわたりますが、とくにマスコミや出版関係が人気です。

他の文系学部と比べると、公務員になる割合が高い傾向もあります。地理・歴史の教員や博物館の学芸員、図書館司書、文化庁の発掘調査研究員などをめざす人も多いのですが、募集人数がかぎられるため「狭き門」となっているのが現状です。より専門的な研究をするため大学院へ進学する学生の割合は大学によって差があり、多くて3割、平均して1割程度です。

専門用語を知っているかな？

世界遺産

1972年のユネスコ総会で採択された「世界遺産条約」に基づいて「世界遺産リスト」に登録された、人類全体で守っていくべき遺跡、自然、文化などのこと。エジプトのピラミッドや中国の万里の長城、アメリカの自由の女神、チリのイースター島などがあります。日本でも原爆ドームや法隆寺、屋久島のほか、2019年に登録された「百舌鳥・古市古墳群」を加え、2023年5月現在、25件の世界遺産があります。

地域の風土や産業、文化、環境、地質などあらゆる要因から、その地域の特性を解明する学問です。大きく「人文地理学」「自然地理学」「地誌学」に分類でき、文系と理系の両方にまたがる広大な研究領域をもっています。近年、コンピュータを駆使した高度な分析や解析も進んでいますが、昔ながらのフィールドワークによる研究も依然として重視されています。

どんな学問ですか？

「地理」と聞くと、机の上に地図帳を広げて、国や町の名前、そこで暮らす人の数、山の名前と高さ、海の名前と深さなどを暗記する学問を思い浮かべる人がいるかもしれません。しかし、大学で学ぶ「地理学」は、中学、高校で学習した地理とはかなり異なります。高校までの学習は知識を覚えることが中心ですが、大学の地理学は現場や現地に飛び出して、自分の目の前に広がる自然や社会をさまざまな視点から考える学問なのです。

「地理学」が扱う範囲はとても広範です。研究の対象となるものが地球の広さだけあるからです。この広く大きな地球に関係する物事や事物、事象に関心を抱いたなら、「そこ」から地域や場所を眺め直すことが、そのまま地理学につながります。

このように、非常に幅広い分野をカバーする地理学ですが、どのような視点から考察するかによって、次の三つの分野に分けることができます。

◎人文地理学

地域の歴史や文化、政治経済などの側面から研究を進めていく分野です。自分の暮らす町の古い地図と現在の地図を比較し、町がどのように変化してきたかを調査する「歴史地理学」、都市の立地展開や都市化などを研究し、ときには諸外国と比較しながら都市地域の問題を考える「都市地理学」などが含まれます。

◎自然地理学

地形や気象といった自然環境の側面から地理の研究を進めていく分野です。たとえば、生物分布とその地域の気候や地形との関係を研究する「生物地理学」や「なぜ大都市ではヒートアイランド現象が起こるのか？」などを調査する「気候学」も研究の一つとなっています。

◎地誌学

ある特定の地域について、地形や気候、人口、交通、産業、歴史、文化などから論じた書物を「地誌」と呼びます。そして、地域の特性や独自性、つまり「その地域らしさ」を研究する学問を「地誌学」と言います。

どの研究でも、文献を読んだり、統計や資料を読み解くことが基本的な手法となりますが、最近ではコンピュータのGIS＊（地理情報システム）やGPS（全地球測位システム）を使った高度な分析や解析も行われています。また、フィールドワークも重視されます。「フィールドワーク」とは、自分の足でその場所に出かけ、自分の目で観察し、自分の手足を使って測定し、自分の耳でその土地の人々の話を聞く研究のことです。

そこが知りたい Q&A

Q1 人文地理学と自然地理学の違いは何ですか？

A 「地域」を対象として研究する点では共通していますが、「人文地理学」は歴史や文化、政治経済に重点を置いて研究するため、文系要素が強い分野です。一方、「自然地理学」は自然環境に重点を置くため、理系要素を含む分野です。具体的には、人文地理学には「経済地理学」「社会

専門用語を知っているかな？

GIS＊
地理情報システムとも言い、コンピュータを利用して、さまざまなデータを地図の上に表現したり、分析する方法のことです。身近なところではカーナビやパソコン用の電子地図ソフトがGISを活用しています。

国土地理院
国の定めた法律に基づいて測量を行う国土交通省の特別機関です。「地形図」を発行していることで知られています。

地理学」「都市地理学」「歴史地理学」「文化地理学」「宗教地理学」などの分野があり、自然地理学には「気候学」「水文学」「地形学」「海洋地理学」などの分野があります。

Q2 地理学に向いているのはどんな人ですか?

A 地図を見るのが好きな人だけでなく、地理や地域に関心がある人や自分の手足を使って調査研究をしてみたい好奇心旺盛な人にお勧めです。地理学には、さまざまな土地を訪れたり、その土地に住む人々にインタビューしたりというフィールドワークが欠かせませんから、フットワークが軽くて行動力のある人にも向いているでしょう。また、地理学は文系、理系、両方の要素を含んでいます。一つの枠組みにとらわれず、幅広い視野で研究してみたいという人にも向いていると言えます。

最近の研究テーマは?

近年のテクノロジーの進歩には目を見張るものがあります。現在、多くの自治体が、大学との共同研究を通じて、ＧＩＳを用いた災害情報を提供しています。災害に関わる情報はさまざまです。地形、道路、河川、人口分布、住宅立地などに加えて、災害時に想定される事柄（洪水、火災、地震など）を含めた数多くの情報を一つの地図のなかに収めなければなりません。紙の地図しかなかった時代にはできなかったことですが、今ではインターネットを通じて、誰もが自宅にいながらそうした災害情報を知ることができるようになりました。

ＧＩＳやインターネットなどテクノロジーの進歩を利用することによって、地理学も大きく変化しつつあります。

卒業後の進路は？

大きく一般企業への就職と公務員の二つに分けられます。一般企業に就職する場合は、他の文系学部と同様、業種はさまざまですが、地理学の研究で身につけた専門知識を活かして、不動産関連や観光、交通業界へと進む学生が多いようです。コンピュータを使って情報を分析する経験を積んでいるため、情報・通信系への就職も比較的多いでしょう。

公務員としては、数のうえでは教員がいちばん多いのですが、各地方の環境調査や都市開発などの仕事に携わる人もいます。大学院に進んで、より専門的な研究を続ける人もいます。

心理学

人間の「心」と「行動」を実験や観察を通して科学的に分析・解明する学問です。社会状況や人間関係が複雑化した現在、「心」の研究はますます重要度を増しています。そのため、多くの大学で心理学関連学科の新設が相次いでいます。社会学科や人間関係学科のなかに心理学専攻コースを設置している大学もあります。

どんな学問ですか?

「この人は今、何を考えているのだろう?」「彼があのような行動をとったのは、なぜだろう?」「どうしたら人間関係がうまくいくのだろう?」――。おそらく、誰でも一度はこういった疑問を抱いたことがあるでしょう。

目で見ることのできない「心」のはたらきを、目に見える行動や反応をもとに、実験や観察を通して科学的に解明する学問、それが「心理学」です。研究手法として、統計という数学的な処理を行ったり、生理学の知識を用いることがあったり、パソコンと向き合う作業も多いため、文系と理系の両方の要素をもった学問と言われます。

もちろん、心理学を学んだからといって、人の心がすべてわかるわけではありません。しかし、客観的に相手を見る力や、データを分析する力を養うことはできますし、心理学的な視点から、悩んでいる人や苦しんでいる人の手助けをすることもできるでしょう。心理学の研究分野は大きく「基礎心理学」と「応用心理学」に分けられます。それぞれの代表的な研究分野を紹介しましょう。

1 基礎心理学

◎認知心理学

「モノはどのようにして見えているのか」「人の顔と名前をどのようにして覚えるのか」といった、認知のあり方に関する分野です。この分野の研究は、街で見かける広告や看板、危険を知らせる標識や商品のデザインなどに応用されています。「認知科学」や「脳科学」とも関連があります。

◎発達心理学

人間が生まれてから大人になり、一生を終えるまでに、心はどのように変化していくのか。また、何がきっかけで変化していくのかといった発達のしくみや発達を妨げる要因について研究する分野です。発達段階によって「乳幼児心理学」「児童心理学」「青年心理学」「老年心理学」などに分かれます。

専門用語を知っているかな？

PTSD (Post Traumatic Stress Disorder)
「心的外傷後ストレス障害」と訳されます。恐怖体験や心のストレスを受けた後に生じるさまざまな心理的障がいのことで、フラッシュバックや無感動、パニック発作、幻覚などの症状があります。東日本大震災や9・11テロの後遺症問題などで取り上げられました。

アダルトチルドレン
もとは「アルコール依存症の親のもとで育ち、成人した大人（Adult Children of Alcoholics）」という意味でしたが、現在ではアルコール依存症にかぎらず、虐待やギャンブル依存症の親のもとで育ち、成人してもなお精神的影響を受け続ける人のことを言います。

◎社会心理学

人は社会との関わりなしに生きることができません。社会心理学は、個人と集団の関係、集団における心の動きなどを対象とします。身近なところでは、「第一印象はどれくらいあてになるのか」「差別や偏見は心理学的にはどういう働きによって生まれるのか」「ブームや噂はどのようにつくられ、広まるのか」などもこの分野のテーマです。社会学的な要素も含まれます。ほかにも「生理心理学」「学習心理学」「知覚心理学」「行動心理学」「思考心理学」などがあります。

2 応用心理学

◎臨床心理学

深い悩みがある人を診断し、心理学的技術による問題解決や、治療の手助けを目的とした学問です。「精神医学」や「心身医学」に関する知識も必要となります。臨床心理学は、東日本大震災や凶悪犯罪などの衝撃的な出来事にかぎらず、日々の犯罪、うつ病、いじめなど、さまざまな問題を抱える現代社会で活躍の場が広がっています。

◎教育心理学

教育現場で起こるさまざまな事柄について、心理学の観点からアプローチを行い、教育の改善や問題解決に活かそうとする分野です。人格形成や知能の発達と教育との関係、教師と生徒との関係、児童特有の心理などについて研究します。

専門用語を知っているかな？

IQ／EQ
IQはよく耳にしますが、Intelligence Quotientの略で「知能指数（知的能力）」を表すものです。平均値を100とし、90～110が標準とされています。EQはEmotional Intelligence Quotientの略で「こころの知能指数」とも呼ばれ、人の気持ちを理解する能力、自分の感情をコントロールする能力、状況に応じて適切な行動をとる能力などを表すものです。近年では、社会で成功するためにはIQの高さだけでなくEQの高さも必要だと考えられ、EQへの関心が高まっています。

イド／自我／超自我
イド（エス）は無意識層の中心部分にある本能や欲望にあたるもの。自我（エゴ）は意識層の中心部分にある理性にあたるもの。そして超自我（ス

1 人文科学系
2 社会科学系
3 自然科学系
4 総合系

「発達心理学」や「社会心理学」とも関連があります。

◎産業心理学

産業活動に関連する事柄を心理学的な手法によって研究する分野です。たとえば、仕事に対する動機づけや、組織における個人の行動（リーダーシップ、意思決定など）、職場におけるストレス、消費者行動（購入する製品を決めるまでのプロセスなど）も研究テーマとなります。

応用心理学には、ほかにも「犯罪心理学」「コミュニティ心理学」「家族心理学」「スポーツ心理学」などの分野があります。

そこが知りたい Q&A

Q1 心理学に向いているのはどんな人ですか？

A 心理学は人間関係と切り離せない学問なので、人に興味がある人、人と関わるのが好きな人に向いています。臨床心理士やカウンセラーになりたいと考える人は多いのですが、現実には「狭き門」です。初心を貫くためには「悩んでいる人の助けになりたい」という強い意志が必要でし

ーパーエゴ）は意識層と無意識層をまたぐ機能で、倫理や良心、道徳にあたるもの。フロイトによって定義された精神構造の概念です。

こんなところでも学べます

心理学は幅広い分野をもつ学問です。文系のイメージが強いかもしれませんが、精神物理学や脳科学などの理系分野もあります。そのため、心理学の全範囲を網羅している大学はなかなかありません。心を脳の活動として研究したいのか、臨床心理学を学んでカウンセラーになりたいのかなど、自分の希望を明確にしたうえで大学選びをすることが大切です。「心理学科」以外に、「心理学」を学べる大学もあります。

ょう。また、分類上は文系の学問と考えられていますが、統計や分析などの面で理系の要素が強いことも忘れないでください。

Q2 心理学科を卒業しなければカウンセラーにはなれないのですか?

A 心の問題の専門家として社会的に認められ、活躍しているカウンセラーにも、さまざまな資格や職種があります。代表的な「臨床心理士」の資格は、心理学科を卒業した人でなくても、指定された大学院を修了すれば受験資格を得ることができます。しかし、大学院入試の難易度や競争率を考えると、やはり大学4年間でしっかりと心理学を学ぶのが最短コースと言えるでしょう。

最近の研究テーマは?

心理学にはさまざまな理論や心理療法がありますが、日本でとくに注目されているのが「箱庭療法」です。ユング派の精神分析方法の一つで、クライアント(悩みの相談にくる人)の前に砂の入った箱を置き、人形やオモチャを使って自由に箱庭をつくってもらいます。言葉では伝えきれないクライアントの内面世界を表現してもらい、それをカウンセラーが分析して治療するのです。

- 人間関係学科
- 人間環境学科
- 人間社会学科
- 人間形成学科
- 人間科学科
- 人間発達学科
- 総合人間学科
- 教育学科
- 行動科学科
- 児童学科
- 現代社会学科
- 人間福祉学科
- 臨床福祉学科 など

専門用語を知っているかな?

ロールシャッハテスト
10枚のインクの染みのような左右対称の図形を見せて、それが何に見えるかの反応によって心の深層を理解しようとする人格検査です。ほかに、木の絵を描かせるここの箱庭療法を授業のなかで体験できる大学もあります。学生たちは、箱庭をつくるクライアント側と、それを見守るカウンセラー側の両方を体験するのですが、カウンセラー側では、どうすればクライアントが安心して箱庭をつくれる環境を整えられるかを考え、さらに完成した箱庭がどのような心理を表現しているのかという査定の仕方まで学びます。

「遊戯療法」や「絵画療法」などの実習を行っている大学もあります。

卒業後の進路は？

心理学で学んだ知識や経験を活かせる分野はたくさんあります。心の問題の専門家として知られる「臨床心理士」をめざすため、認定協会指定の大学院進学をめざす人は多いのですが、競争率が高いことは覚悟しておいてください。

そのほかの資格として「社会福祉士」「認定心理士」「心理判定員」などがあり、就職先としては児童相談所などの各種相談機関、福祉施設、家庭裁判所などの行政・司法機関、少年鑑別所・少年院・刑務所などの矯正保護機関・施設などが考えられます。さらに現在では、職場で社員や従業員のカウンセリングを行う「産業カウンセラー」のニーズが高まっています。一方では一般企業に就職する人も多く、職種は他の人文科学系出身者と同様にさまざまです。

とによって人格を判断する「バウムテスト」、8枚の写真から好きな顔と嫌いな顔を選ばせる「ソンディテスト」などの人格検査があります。大学の授業で体験できることもあります。

単純接触効果
特定の対象に何度も接するうちに、好意的な感情を抱きやすくなる効果のこと。その対象は人に限らず、音楽や食事、広告などに対しても起こり得ます。

哲学

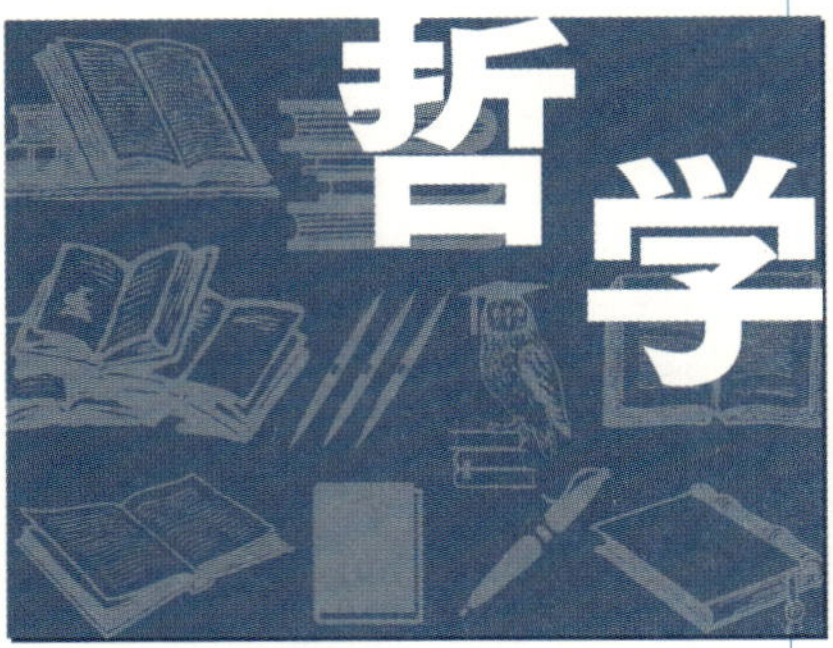

「哲学」は古代ギリシャ以来のとても歴史のある学問です。人間や世界に関わる「なぜ?」を考えるところから始まりました。元を正せば、あらゆる学問は哲学から派生したと言ってもよいでしょう。大学の哲学科では、この世のあらゆる物事を対象とした「なぜ?」を理論的に追求し、それらを動かす原理や基本的な思想を研究します。

どんな学問ですか?

「哲学」を英語では〝philosophy〟と言います。直訳すると「知恵を愛すること」という意味です。

もともとは人間や社会にまつわる「なぜ?」と考えることすべてを「哲学」と呼び、その「なぜ?」に答えるためにさまざまな学問が発達してきました。たとえば「なぜ、おなかが空くんだろう?」に答えるために発達したのが生理学、「なぜ、火は燃えるんだろう?」を考えたのが化学です。

しかし、世の中には簡単に答えが出せない「なぜ?」があります。「なぜ人間は生きているのか?」「なぜ悪いことをしてはいけないのか?」――。こうしたテーマを深く考え、答えを導き出そうとするのが哲学という学問です。

哲学では、知的好奇心のおもむくままに、あらゆる「こと」や「もの」を考察の対象にできます。ただし、大学では学問として理論的に答えを追求していきますから、そこでは「すでにどんな理論があり、それぞれどんな長所や欠点があるか」などを理解したうえで、選んだテーマについて考察を深めていきます。

研究分野としては、ヨーロッパの思想を中心とする「西洋哲学」と、中国やインドの思想を中心とする「東洋哲学」に大きく分けられます。また、考える手がかりや筋道によって、次のように研究領域を分けることもできます。

○存在論……「私」とは何か、「私が存在する」とはどういうことか?
○認識論……ものを「見る」、何かを「知る」とはどういうことか?
○倫理学……「善」とは何か、「悪」とは何か、人間の生命の価値をどう考えるか?
○宗教学・宗教哲学…「宗教」とは何か、「信仰」とは何か?
○美学・芸術学………「美」とは何か、「芸術」を体験するとはどういうことか?

そのほかに、ギリシャ思想や中国思想のような地域文明ごとの分類もあります。また宗教学の場合、仏教やキリスト教など宗派や教義で分類されることもあります。

こんなところでも学べます

哲学科以外にも、次のような学科で哲学を学ぶことができます。学べる分野は、各大学のパンフレットやHPを参照してください。

- キリスト教学科
- 神学科
- 禅学科
- 宗教文化学科
- 行動科学科
- 人間文化学科
- 人文学科
- 人文社会学科　など

そこが知りたい

Q&A

Q1 哲学も心理学も人の心を学ぶようですが、どこが違うのですか?

A 哲学における心の問題は「意思」「感覚」「信念」「認識」などとして研究されたり、「心」の存在そのものが研究対象になったりします。さらに、言語、意識、人工知能、倫理まで対象が及び、さまざまな角度から研究が行われています。

心理学では、さまざまな心理状態、心と脳や神経との関係、環境との関係など個別の事象を取り上げて研究します。

したがって哲学と心理学はどちらも「心についての研究」ですが、哲学が「心」の本質的な部分を研究対象とするのに対し、心理学は、より現象的な部分を対象にすると言えるでしょう。

Q2 哲学に向いているのはどんな人ですか?

A 「人間が存在する目的は何なのだろう?」「死とはどういうものなのか?」「宇宙とは何だろう?」などは、誰でも一度は考えたことがあるのではないでしょうか。哲学はこのような根源的、抽象的なテーマを扱う、広

ひとことコラム

ゼノンのパラドックス 飛ぶ矢は飛ばない!?

常識的に考えると、「飛ぶ矢」は飛んでいますよね? しかし古代ギリシアの哲学者ゼノンは、この当たり前のことに正面から挑戦しました。飛んでいる矢の、ある瞬間をとってみると、一点で止まっていますね。次の瞬間も、その次の瞬間も、どの瞬間をとっても矢は止まっています。このように、どの瞬間にも止まっているわけですから、静止状態をいくつ集めても矢は進みません。つまり、飛ぶ矢は飛ばないことになる、とゼノンは考えたのです。不思議ですね。

みなさんはこのパラドックスをどう考えますか?

い意味での「人間探求学」です。「自分が存在する意味」を知らなくても、私たちは生きていけます。ただ、それを考えずにいられないのもまた、私たちの生の基本に関わることなのです。

「考えるのが好き」な人はもちろんですが、「何より人間が好き」という人が、哲学に向いていると言えるかもしれません。

最近の研究テーマは？

「グローバル・エシックス」という言葉を知っていますか？　日本語では「国境を超えた倫理学」などと訳されています。

「グローバル・エシックス」とは、9・11テロ以降、さかんになってきた考え方で、「宥和《ゆうわ》（お互いに許しあうこと）」や「共生」の実現を哲学的な視点から考えていこうというものです。

たとえば、戦争していた国どうしが、終戦後にどうやって関係を修復していくかなどがテーマとなります。それまで「敵」であった相手を許し、戦争中における互いの非を認め合い、未来志向型の関係を築いていくためには、多くの倫理的な障壁を超えなければなりません。今も世界各地で宗教や思想の違いに起因する

専門用語を知っているかな？

超人
ニーチェの考えた理想的人間の典型像。獅子の精神と子どもの創造性を備え、強力な生命力をもった存在とされています。研究者の間でも解釈が分かれていますが、ニーチェはその具体例を「ツァラトゥストラ」という人物として描き出しています。

対立が続いています。そうした衝突のなかで、どうすれば互いを認め合い、尊重し合うことができるのかなど、とくに心における「ボーダー（国境）」を越える方法を取り上げていきます。

多くの国や地域、文化が複雑に関係し合っている今日、「グローバル・エシックス」の重要性はますます高まっています。

卒業後の進路は？

他の人文系学部と同じく、製造業、サービス業、出版業などの一般企業に就職する人が大半ですが、なかには原書の購読で身につけた語学力や読解力を活かして編集や翻訳などの仕事に就く人もいます。また、哲学を学ぶことで培った論理的な思考力を活かしてＩＴ産業に進む人もいます。公務員や教員、学芸員になったり、大学に残って研究者になる人もいます。

宗教学を専攻する場合、僧侶や牧師など宗教家を育成するためのカリキュラムを組んでいる大学、コースもあります。そうした学生の多くは、専門知識を活かして宗教関係の教育施設や宗教団体に就職しています。

専門用語を知っているかな？

輪廻、解脱

前世・現世・来世というように、人間は死と再生を繰り返すというインド古来の考え方。現世で悪いことをする、つまり悪い業（ごう、カルマ）を積むと、来世で報いを受けると考えられています。このような果てしない輪廻を苦しみととらえ、それを断ち切ることを「解脱（げだつ）」と呼びます。この輪廻、解脱の考えは仏教にも見られます。

日本や外国の「文化」について学ぶのが「文化学」です。複数の国や地域の文化を比較して研究する「比較文化学」や、文化を通して人間そのものを研究する「文化人類学」、そして「民俗学」や「民族学」も研究分野に含まれます。比較的新しく、また学際的な学問分野であるため、大学によって設置形態や分類などはさまざまです。

どんな学問ですか？

「所変われば品変わる」という諺があるとおり、土地が違えば風俗習慣も異なります。「文化」とは、人類が長い年月をかけて生み出してきた生活慣習の総体であり、「文化学」は、各地域の「文化」を研究対象とする学問です。

研究対象は「衣」「食」「住」などの日常生活にとどまらず、世界中のあらゆる国、地域の文化、人間の生き方全般にまで及びます。たとえば「アメリカ社会における日系人の生活」「東南アジアの民族がもつアクセサリーの色や形の意味」「おばあちゃんの原宿、巣鴨の街づくり」といった研究もあります。文化学を学ぶことで、それまで知らなかった日本やさまざまな国々、地域の意外な一面が見えてくるかもしれません。

代表的な研究分野としては、次のようなものが挙げられます。

◎比較文化学

共通のテーマに基づいて複数の国や地域の文化を学び、それぞれの違いを検証します。たとえば、寒い地域と暑い地域の「家のつくり」に関して、家の形や建材、立地がその土地の気候とどう関係するかを調べた研究もあります。

◎文化人類学

ある民族や特定の職業の人々の慣習や生活スタイルを実際に体験し、調査することで、文化をより深く理解し、人間の本質をとらえようとする研究分野です。興味深いテーマとしては「化粧」「宗教上のタブー」「祭り」「動物の声の聞こえ方」「美しさの基準」「感情の表現方法」などがあります。

◎民俗学

庶民の生活文化、とくに自分の国の「伝統」「伝承」「昔話」などについて研究する学問です。言い伝えやわらべ歌など、文章として記録に残っていない素材が多いのも、この学問の特徴です。そのため、現地の高齢者などに直接、取材をして、自身の体験を語ってもらう「聞《きき》書《が》き」という独特な研究方法も用います。戦

ひとことコラム

一つの国に一つの文化？

「日本文化」といっても、じつは一つだけではありません。たとえば「言葉」。日本語といってもいわゆる標準語だけでなく、各地に方言があります。なかには、ほかの地域ではまったく通じないものさえあります。

それから「食」。たとえばそばやうどんのつゆは、関西では薄味、関東では濃い味が好まれます。そのため関西と関東でつゆの味の濃さを変えているカップ麺のメーカーもあります。このような違いはなぜ、発生するのでしょうか。

それは文化が地域ごとに異なった気候や歴史の中で形成されたものだからです。つまり、ある地域の人にとってはあたりまえのことも、別の地域に住む人にはあたりまえでないかもしれないのです。そういった違いや共通点を見つけ、

争体験を取材するのもそうした例の一つです。

その理由を探っていくことも文化学の面白さの一つです。

そこが知りたい Q&A

Q1 文化学に向いているのはどんな人ですか？

A 文化に興味をもっている人はもちろんですが、外国の生活や人間そのものに関心がある人、外国文化のどういう部分が日本文化と違うのかを調べてみたい人などにも向いています。

身の回りの生活がすべて研究テーマとなるので、どんな小さなことにも興味を示せる好奇心旺盛な人、積極的にフィールドワークに飛び出せる行動派にもぴったりでしょう。

それぞれの文化の背景には古くからの歴史や伝統があります。日本の文化をあたりまえと思わず、その国、その地域の人々の立場で研究に取り組む姿勢も必要です。

Q2 外国の文化に興味があるのですが、英語が苦手でも大丈夫ですか？

専門用語を知っているかな？

クロスカルチュラル
複数の文化、価値観が共に存在している状況のこと。たとえば、国際結婚した夫婦のもとに生まれた子どもは、父親の文化と母親の文化の両方を見て育つことになります。また、海外に移住したり移住先から帰国したりする場合、自分がそれまでもっていた文化とは異なる文化を経験します。それもクロスカルチュラルの一例と言えます。

サブカルチャー
一つの国、社会の中で、正統派や大衆派ではなく、独自の文化や習慣をもった少数派の

A 結論から言えば、「英語が苦手」という理由だけであきらめる必要はありません。ただし、外国の文化を研究するには、やはり資料としてその国の文献を使用することが多いのも事実です。英語以外の外国語で書かれた文献を読まなければならないこともあります。そのため、多くの大学では第二外国語として英語以外の外国語を学ぶ授業を行っていますが、やはり基礎となるのは英語です。受験勉強で学ぶ英語の力も役立ちますから、しっかり勉強しておきましょう。

最近の研究テーマは？

ここ数年、日本の文化が海外で注目されていることをご存じですか？ 「寿司」や「カラオケ」はアメリカでも人気があり、〝sushi〟〝karaoke〟としてそのまま辞書にも載るようになりました。また、日本のアニメ『ポケモン』や『ドラゴンボール』などのアニメは海外でも放映されています。さらに、日本で制作された映画『Shall we ダンス？』や『リング』がハリウッドでリメイクされ、日本でも公開されました。こうした現象を「文化の逆輸入」と呼びます。

なぜ今、日本の文化が世界で注目されているのでしょう？ どのような点が外国の人々に受け入れられているのでしょう？ 国際化が進んだ社会において、そ

グループのことを指します。日本でいうと、「オタク」や「コスプレ」がこれに当てはまります。

表象文化
頭の中で考えられている目に見えないもの（思想・概念・記憶など）を、他人にもわかるように、具体的に目に見える形で表現したものです。象徴・シンボルの意味もあり、表現の仕方の一例として「すがすがしさ＝青色」「情熱＝赤色」などがあります。

こんなところでも学べます

文化学はまず名前に「文化」と入っている学科で学ぶことができますが、学科によって研究対象が大きく異なるので

うした「日本文化」がどのような役割を果たしているのかを研究するのも、文化学の研究の重要なテーマです。

卒業後の進路は？

文化学を学んだ学生の進路はさまざまです。大学で学んだ知識や経験を生かして新聞・出版・広告などのマスコミ業界に就職する人もいれば、美術館や博物館の学芸員になる人、旅行会社のツアー・コンダクターや航空会社の客室乗務員になる人、さらにＩＬＯ（国際労働機関）やＵＮＥＳＣＯ（国連教育科学文化機関）のような国際機関で働く人もいます。しかし、多くは銀行などの金融業界、保険会社、サービス業、情報・通信関係、運輸業などの一般企業に就職していきます。公務員や教員になる人もいますし、研究を続けるため海外に留学したり、大学院に進む人もいます。


注意が必要です。

たとえば、文化という大きなくくりの中から、とくに研究する対象を絞る学科（芸術文化学科・社会文化学科・言語文化学科・表現文化学科）、地域間の文化比較や一つの国の文化研究を行う学科（英米文化学科・日本文化学科・国際文化学科・地域文化学科・比較文化学科）、低学年時は文化学について広く学び、学年が上がっていくなかで自分の研究対象を絞っていく学科（文化学科、人間文化学科、人文学科）などがあります。

また名前に「文化」と入っていない学科でも、社会学科やコミュニケーション学科、人間科学科などで文化学を学べる大学もあります。

いずれの学科を志望する場合でも、自分が興味をもっている分野の研究がしっかりできそうか、ＨＰやパンフレットで必ず確認してください。

2

社会科学系

- 法律学
- 政治学
- 国際関係学
- 経済学・経営学・商学
- 社会学

社会生活に必要なシステムやルールの問題点を調査し、解決策を考えていく学問系統です。

文系学問のなかで、「人文科学」と対峙する学問群が「社会科学」です。英語では〝social science〟。

政治学、経済学、法学、経営学などがこの系統に属します。いずれも、人間が社会生活を営むうえで必要なシステムやルールに関する学問です。一部、高校の公民で学んだ内容も含まれますが、大学で学ぶ社会科学は格段にステップアップしています。「中学や高校では学んだことのない学問領域」と考えるほうがよいでしょう。

人文科学と比べて「実学」的な要素が強いのも特徴です。たとえば、経営学や商学では企業経営の具体的な手法や会計実務、流通・販売などについて学びます。そのため「就職に有利」と考える人が多いようですが、経営学部や商学部を卒業した人が必ず企業経営に携わるわけではありません。政治学部の出身者がすべて政治家になるわけではないし、法学部で学んだ人がすべて法律家になるわけでもありません。しかし、社会科学系の学部で身につけた知識や発想が、将来、どんな仕事に就いても役立つことは確かでしょう。

社会科学系の研究対象は人間が集まって構成する「社会」ですから、「社会」の変化に応じて、そのスタイルも変化します。とくに現代は、インターネットの普及によって、社会のあり方が大きく様変わりしています。インターネットを通じた情報のやりとりは、個人情報の漏洩事件や新しいタイプの犯罪を生み出しており、法

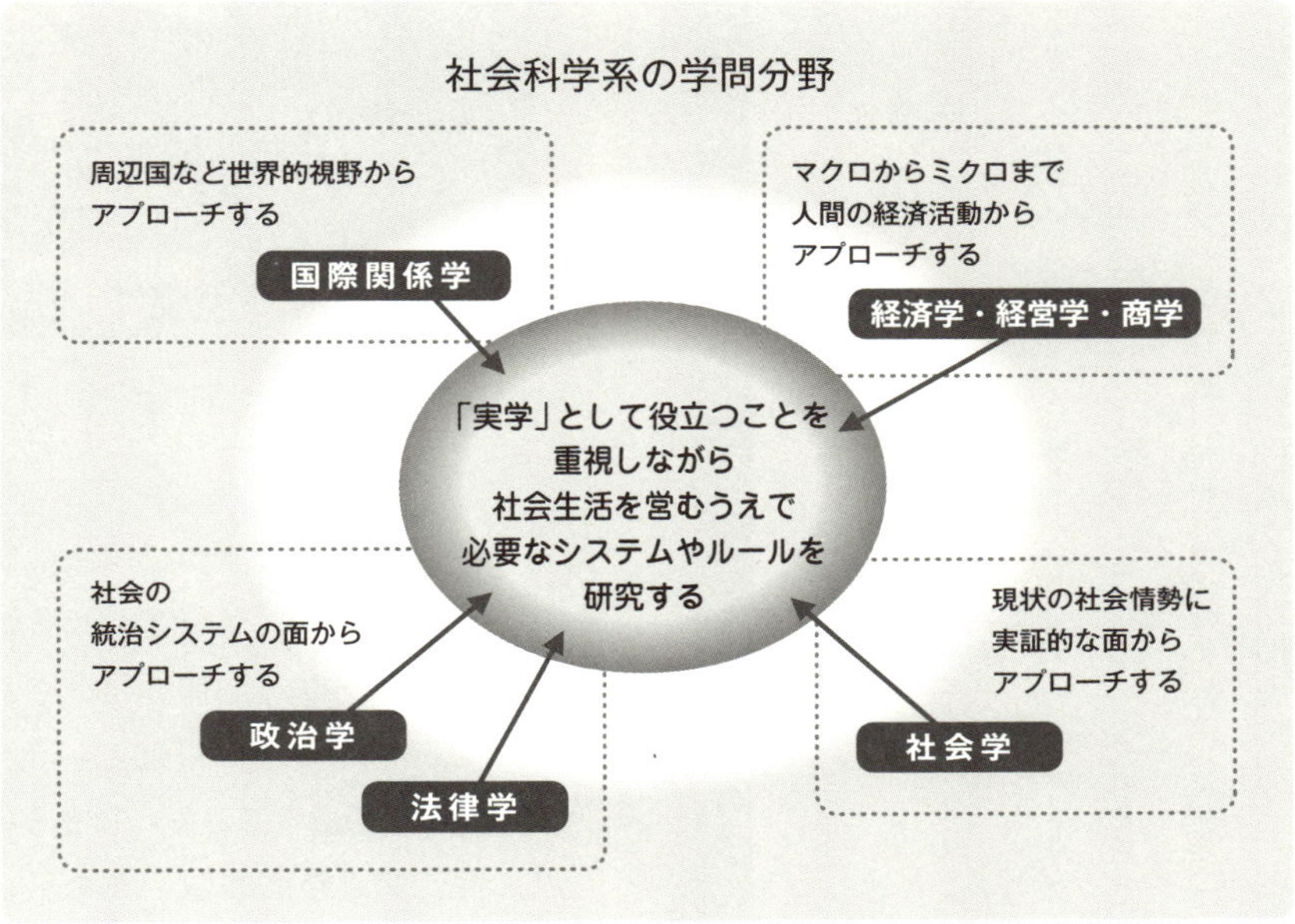

制度の整備が追いついていないことはよく指摘されています。

ブログやSNSによって政治家が支援者に向けてその活動報告を発信するスタイルもすっかり一般的になりました。アメリカの大統領選においてもネット世論の影響が報道されています。ネットによる株取引は経済動向の鍵を握っていますし、ネット上で発信・拡散するフェイクニュースが人々の行動を左右するまでになっています。

伝統的な社会科学が社会の変化に応じてどのような変貌を遂げていくか、あなたは大学での4年間でそれを肌で感じていくことになるでしょう。そして、企業に就職するにせよ、法律や政治の世界をめざすにせよ、さらに会社を興して新たなビジネスにトライするにせよ、大学で学んだ学問はあなたが社会生活を送るうえで大きな武器となるでしょう。

法律学

法学部や法律学科では法律を体系的に学び、社会で起こる問題の解決方法を法律の視点から研究します。「憲法」「民法」「刑法」をはじめ日本には多くの法律があり、扱う範囲が広いため、多くの私立大学ではさまざまなコースを設けています。たとえば「私法コース」と「公法コース」などに分けているケースです。

どんな学問ですか？

法律学の研究分野は、私たちの日常生活から国家間の争いに至るまで、あらゆる範囲に及んでいます。

もしバーゲンで買ったばかりの服に汚れがついていたら？　もしも駐輪禁止区域に止めておいた自転車が盗まれてしまったら？　実生活では、毎日、とても多くのトラブルが起こっています。トラブルを解決するにはルールが必要です。そのルールが「法律」であり、法律を学ぶのが「法律学」という学問です。

法律学の研究は、単に法律の条文や判例を暗記し、学説を学ぶことではありま

専門用語を知っているかな？

リーガルマインド＊
社会でさまざまな問題が起きた時に、最適な解決策を導き出すために求められる、法律家として身につけておくべき柔軟な思考力のこと。単に、法律・判例・学説などを知っているというだけでなく、法律学を学ぶ学生には「問題発

せん。法律や判例の学習を通して「リーガルマインド*」、つまり「法律を通してさまざまな出来事の本質を分析し、考察する能力」を身につけることが大切です。

日本の法律の柱となる『六法』とは「憲法」「民法」「刑法」「民事訴訟法」「刑事訴訟法」「商法」のことです。法学部や法律学科での研究もこれらが中心となります。

しかし、六法のほかにも「行政法」「労働法」「消費者法」などをはじめ、数多くの法律があります。それらは大きく「公法」と「私法」に分けられます。「公法」とは憲法や刑法のように国や公共団体に関わる法律のこと。「私法」とは民法や商法など市民の人間関係に関わる法律のことです。そのため、大学によっては、コースや専攻を「公法」と「私法」に分けたり、「法律」と「政治」などに分けているところもあります。「法律政治学科」「国際関係法学科」「経営法学科」「ビジネス法学科」などの学科を設けている大学もあります。

いずれにしても、まずは基本的な法律を広く学んだうえで、自分の専門分野を絞って研究することになります。

見能力」「論理的記述能力」「法的分析能力」「法的バランス感覚」を養うことが求められます。

善意、悪意

一般的には善い・悪いという意思を表すのに使いますが、法律ではある事情を知っていることを「悪意」、知らないことを「善意」と言います。たとえば、弟が兄のCDを勝手に中古ショップに売ってしまった場合、そのCDが弟のものではないとお店の人が知っていれば悪意者となります。ちなみに、一般的な意味の「悪意」を、法律上は「害意」と言います。

そこが知りたい Q&A

Q1 法律学に向いているのはどんな人ですか？

A 『六法全書』に書いてある法律を丸暗記することが法律学の勉強ではありません。過去の判例をすべて把握しなければならないわけでもありません。もちろんそうした知識を備えているに越したことはありませんが、法律や判例は調べればわかるし、後からいくらでも身につけられます。それよりも大切なのは「悪」を憎む心と「正義」を行いたいという真摯《しんし》な気持ちです。法律学は正義感をもった人にふさわしい学問と言えるでしょう。

Q2 司法試験を受けるには法学部を卒業しなければいけないのですか？

A 裁判官、検察官、弁護士の「法曹職」に就くには司法試験を突破する必要がありますが、法学部を卒業したかどうかは関係ありません。受験資格を得るには、法科大学院（ロースクール：88ページ参照）を修了するか、司法試験予備試験に合格するのが条件となります。法科大学院は

こんなカリキュラムで勉強します

大学では、基本的に以下のような流れで学びます。

●1～2年生
教養科目
基本科目

教養科目では法律にとらわれず幅広い分野について学びます。また、法学部の基本となる憲法・民法・刑法を中心に、それぞれの法律の考え方から学んでいきます。

●2～4年生
専門科目

憲法・民法・刑法をさらに分野ごとに詳しく学びます。

例）[憲法]統治、人権 [民法]物権、債権、家族法 [刑法]詐欺とは何か、強盗とは何か、など

また民事訴訟法・刑事訴訟法・商法・行政法・経済法などのさまざまな法律を学んでいきます。

1 人文科学系
2 社会科学系
3 自然科学系
4 総合系

2004年から設置されるようになった法曹養成専門機関です。標準修業年限は3年ですが、法学部などを卒業した「法学既修者」は2年で修了することが可能です。司法試験予備試験は2011年から実施されるようになった国家試験で、これに合格すれば法科大学院を修了したと同じ学力があるとみなされ、司法試験を受験することができます。

Q3 司法試験に合格した後、法曹職に就くにはどうすればよいですか？

A 法曹職に就くためには、合格後さらに二つのステップがあります。まず、最高裁判所司法研修所で1年間、司法修習生として研修を受けます。そして、司法修習生考試という最終試験に合格すると、「判事補」「2級検事」「弁護士」になる資格を得ることができます。

次のステップは、法曹のどの道をめざすかにより異なります。

裁判官をめざす場合は、司法修習期間中に最高裁判所に採用される必要があります。まず判事補として各裁判所で働き、およそ10年後に判事として任命されます。

検察官をめざす場合は、司法修習期間中に法務省人事課に採用される必要があります。まず2級検事として働き、8年以上の経験を積んで1級

●3~4年生
ゼミ（演習）
それまでに学んだ法律分野から、とくに深く学びたいものを選んで勉強するために、ゼミ（演習）を設置している大学もあります。その道のプロである先生のもとで判例について議論し、法律への理解をより深めていきます。

検事になる資格を得ます。

弁護士をめざす場合は、司法修習修了後、弁護士事務所に就職するのが一般的です。しかし最近は、司法修習生の数が増え、受け入れ先が不足気味なため、すぐに独立開業したり、企業弁護士となる人も増えています。

最近の研究テーマは？

◎被害者学

犯罪に関わる「刑法」という法律は、「罪を犯した人をどのように処遇するか」という観点から考えられています。裁判では、その犯罪がどういう状況のもとで行われたかを考慮しながら刑法に基づいて刑罰が科されます。

しかし近年、被害者の視点から犯罪や刑罰を考えようという研究が注目されるようになりました。被害者の心理や実情、被害者支援、被害者と司法制度の関係などを研究する「被害者学」です。

この被害者学の成果として、被害者やその家族が裁判に参加して自分の気持ちを述べられるようになったり、補償金制度や精神的ケアが充実したりと、実社会にもさまざまな影響を与えてきました。複雑な犯罪が多発する今日、被害者学は

ひとことコラム

市民の意識を裁判へ！「裁判員制度」

裁判員制度とは、2009年から実施されている裁判のしくみです。選挙権をもつ国民から無作為に選ばれた裁判員が、裁判に参加します。対象となるのは殺人や放火、誘拐などの犯罪のうち、とくに重大とされる事件で、①被告人が有罪か無罪か、②有罪ならどんな刑が適当かを、裁判員6名と裁判官3名で判断していきます。さまざまな知識、経験をもつ一般市民が参加することで、その視点や感覚が反映され、裁判がわかりやすくなる、集中審理によってスピーディになるなどの効果が期待されます。裁判員制度の導入で、司法の世界はより身近なものになりつつあります。

社会にとって必要な学問となっていくことでしょう。

卒業後の進路は？

法学部や法律学科を卒業した学生の進路は多岐にわたります。多くの人がサービスや流通、金融、製造業といった一般企業に就職します。

「法学部卒」と言うと弁護士や検察官などを思い浮かべる人がいるかもしれませんが、法律学の知識を活かせる職業は法曹職にかぎりません。国際化や情報化が進み、社会がどんどん複雑化するなか、どのような企業でも法律知識は必要とされているからです。

法学部の学生の間では官公庁への就職も人気があります。法律の知識はもちろんですが、行政関連分野での研究は公務員としての仕事にも活かせますし、職業としての安定性も魅力なのでしょう。

ロースクール（法科大学院）について

さまざまなトラブルが起こる現代社会において、法曹（裁判官・検察官・弁護士）が不足しているという社会問題に対処するため、法曹の質を維持しながら、その人数を増やすことを目的として設立されたのがロースクール（法科大学院）です。ロースクールの入学試験、カリキュラムなどを見ていきましょう。

1 入学試験

全国一律の適性試験と大学院独自の二次試験の２段階に分けられます。適性試験は判断力・思考力・分析力などの資質を測るものです。二次試験は、大学院ごとに異なります。一般的には、「法学既修者コース（２年制）」と「法学未修者コース（３年制）」に分けて試験を実施します。法学既修者コースでは小論文や面接試験に加えて法律科目の試験が課されるのに対し、法学未修者コースでは法律科目試験が課されません。

2 カリキュラム

標準修業年限は3年ですが、法学既修者は２年で修了が可能です。大学によっては、３年制のみ設置している場合もあります。講義内容は、法律の基本科目はもちろんのこと、少人数ゼミによる討論や模擬裁判、リーガルクリニック（法律相談や事件処理の実際を学ぶ臨床法学教育）などを行うこともあり、実務的な教育を重視している大学院が多いのが特徴です。

3 授業料

大学院によってかなり異なります。私立では年間100万～150万円程度、国公立では70万～80万円程度です。補助金制度、奨学金制度、教育ローンを利用できる場合もあります。

4 司法試験

法科大学院修了者および司法試験予備試験（※）合格者を対象に行われ、受験期間・回数に制限があります。出題されるのは短答試験と論文試験の２種類です。

（※）法科大学院卒業者と同等の学力を有するかどうかを測る試験。司法試験の受験資格を得るには、法科大学院を卒業するか、予備試験に合格する必要があります。

司法試験合格者数トップ10　（令和4年）

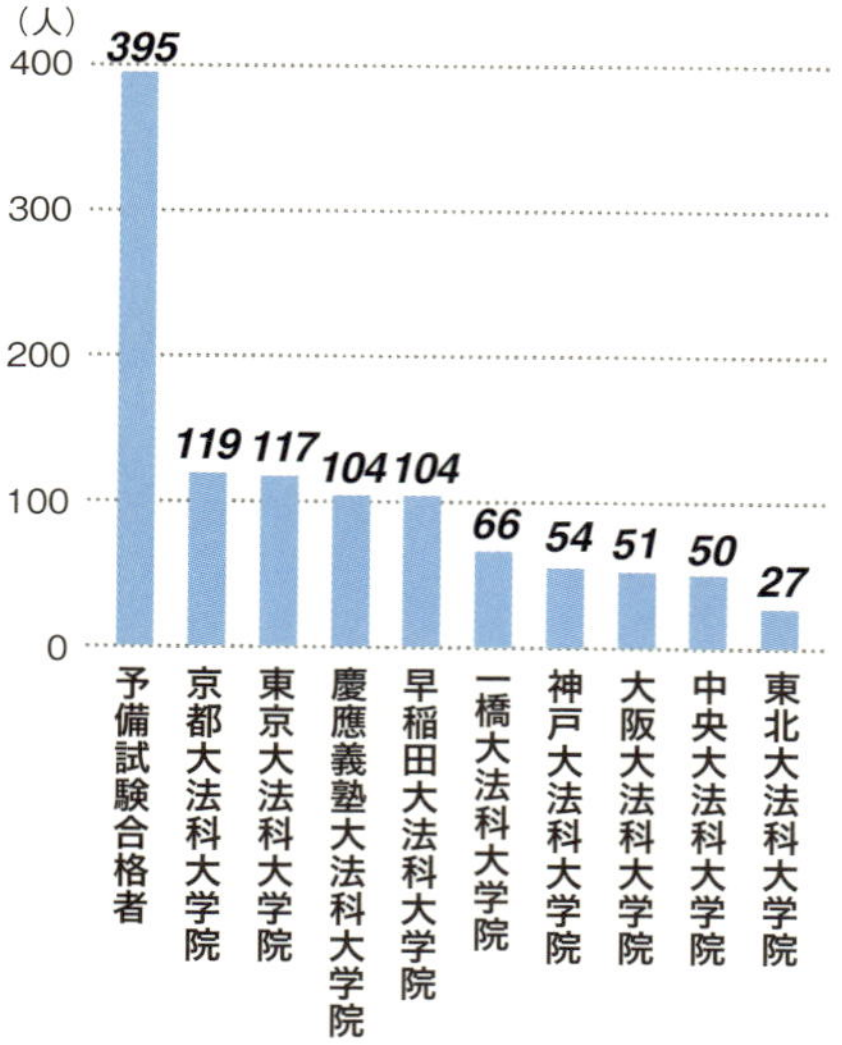

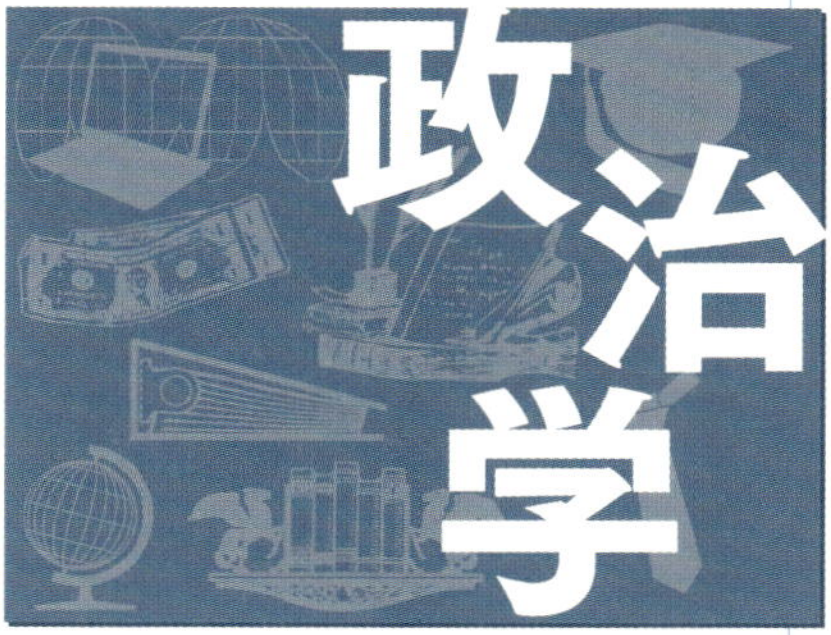

政治学は、人々と社会や組織、集団との関係を学ぶ学問です。理論、制度、政策、歴史、社会、思想、国際関係など多くの領域に関わり、法律学や経済学、社会学とも関連する幅広い知識を身につけることができます。多くの大学では「法学部政治学科」として設置していますが、「政治経済学部」など経済との関係を重視した学部、「総合政策学部」「政策科学部」など社会問題の解決策を学ぶ学部、「国際政治経済学部」などとして国際社会とのかかわりを中心に学ぶ学部として設置している大学もあります。

どんな学問ですか？

「政治」とは、利害や意見、主張の対立を調整し、まとめていく作業です。

中学や高校での文化祭の出し物はどのようにして決めるでしょうか。人によってやりたいことは違いますから、多くの場合、クラス全員で話し合い、それぞれの意見を出し合い、最終的には多数決で決めるのではないでしょうか。そのように、いろいろな意見があるなかで、少しでも多くの人が納得できる答えを出すこと。それこそが政治の基本です。

近年、関心の高まっている環境問題について考えてみましょう。「この問題を放置しておいたら大変なことになる」という認識は誰にでもあります。しかし立場や価値観によって、どのくらい早急に、どのような対策をとるべきかという意見は違います。自分や子どもの健康を考えて今すぐ厳しい規制を求める人もいれば、費用の企業負担を重視して極端な規制を望まない人もいます。それでも社会全体として何らかの形で環境対策をしていかなければなりません。さまざまな意見を調整しながら、社会全体の秩序を保ち、より良い状態に高めていくのも政治の役割です。

「政治学」は多くの領域に関係する学問であり、具体的な研究分野としては、次のようなものがあります。

◎政治学、政治史・政治学史・政治思想史

「国家」「権力」「政党」「政治行動」「政治過程」など、政治を行ううえでの概念や政治作用そのものを研究するのが「政治学」です。政治学の周辺には、各国の歴史を学ぶことでさまざまな政治制度の長所や短所を考える「政治史」や、過去の政治学の軌跡をたどり、古今東西の政治思想について学ぶ「政治学史」「政治思想史」などがあります。

◎行政学、政策科学

行政機関、つまり中央省庁や地方自治体などのあり方について学ぶのが「行政

ひとことコラム

みんなの1票が日本を変える！「18歳選挙権」

２０１５年、選挙権年齢が20歳以上から18歳以上に引き下がることが決まり、２０１６年の選挙から18歳以上の人が投票できるようになりました。つまり、高校3年生でも投票できる人がいる、ということです。みなさんの中には「政治のことはわからない」「自分には早すぎる」と思う人が多いかもしれません。しかし世界を見てみると、18歳以上で選挙権を持つ国はアメリカ・イギリス・フランス・ドイツ・イタリア…など、約9割にものぼります。決して早すぎるということはないのです。大切なのは、自分の頭で考えようとすること。みなさんも18歳を迎えたらぜひ選挙に行ってみてください。

学」です。一方、「政策科学」では、実際に行なわれている政策の効果を評価したり、自分で政策を立案、実践したりします。これらの学問は公務員の仕事に直結することもあるので、公務員をめざす人にとっては得ることが多いのではないでしょうか。

◎比較政治学、地域研究

世界各国・地域の政治制度を研究、比較、分析する分野です。「大統領制」「議院内閣制」「連邦制」「君主制」「共和制」など、政治制度はその国の規模や歴史、民族構成などに大きな影響を受けます。さまざまな国や地域の政治制度を比較研究することで、地域の特質や政治制度の特徴を考えます。

◎国際政治学、国際関係論

国家間で起こるさまざまな問題や現象を扱い、国際政治の歴史や国際法、国際機関の制度や理論について学びます。「安全保障」や「紛争」といったテーマだけでなく、政府開発援助などの「国際協力論」、貿易や為替に関わる「国際経済学」、メディアに焦点を当てた「国際ジャーナリズム論」などを学ぶこともできます（95ページ「国際関係学」参照）。

専門用語を知っているかな？

オンブズマン制度（オンブズパーソン制度）
オンブズマンとは、スウェーデン語で「代理人」を意味する言葉。そこから、市民の代理人として、行政が不正や不当な行為を行っていないかを監視し、必要に応じて是正を求める組織を指すようになりました。もともと19世紀にスウェーデンで始まった制度で、日本では1990年に川崎市が「市民オンブズマン条例」を制定して導入されたのがはじまりです。民間による市民オンブズマンや、各自治体に設けられた自治体オンブズマンなどがあり、地方自治体の収支の情報公開を求めるなど、行政の透明化に大きな役割を果たしています。

そこが知りたい Q&A

Q1 政治学に向いているのはどんな人ですか？

A「どうすればよりよい社会にしていけるか」をさまざまな分野から考えていくのが政治学です。その研究動機となるのは、みんなが豊かで幸せに暮らせる社会をつくりたいという願いでしょう。ですから、世の中の役に立ちたいという人にとっては、うってつけの学問です。「外交について学びたい」「国連の職員になりたい」などと思っている人には「国際政治学」、「国家公務員になりたい」「政治家になりたい」「マスコミについて学びたい」などと思っている人には「行政学」や「政策学」をお勧めします。変化し続けるタイムリーな問題を研究するとともに、政治学と合わせて「社会学」や「法学」などさまざまな分野について学べるため、幅広い知識と教養が身につきます。

国債
国が財源を調達するために発行する債券のことで、簡単に言うと国の借金のことです。政府は毎年、予算を組んで国のお金の使い道を決めていますが、税金で調達できない分は国債を発行することで埋め合わせています。日本の国債残高は増え続けており、将来世代の負担が問題視されています。

最近の研究テーマは？

政治学系のなかで最近、とくに注目されているのは、国際関係に関する分野と地方自治に関する分野です。

◎国際政治学、国際関係論

国際関係に関わる研究は以前から人気を集めてきましたが、最近になって民族間、宗教間の争いをはじめとする地域紛争がますます激しくなり、日本国内でも改めて国際貢献についての議論や研究が重視されるようになっています。「海外でボランティア活動をしてみたい」「東南アジアや南米の国々に興味がある」「国連の職員になりたい」などと考えたことがある人には、とくにお勧めです。実際に海外で活動している教授も多いため、現地の生の話を聞けたり、仲間と一緒に海外で学ぶ機会も得られるでしょう。

◎地方自治論

地方自治の大きな特徴は、地方独自の税金の導入や個性的な条例など、その地域ならではの政策を推し進められることでしょう。東京都で実施されている「宿泊税」や、一部の自治体で施行されている「路上喫煙禁止条例」などもその一例です。最近では少子高齢化や過疎化によって都市と地方間の格差が広がっているため、市町村合併の推進や「大阪都構想」など、新しい行政区画のあり方も検討

専門用語を知っているかな？

道州制

現在の都道府県制度を廃止して、全国を10程度の新行政区画（「道」と「州」）に分け、地方自治体により大きな権限を与えようとする制度。地域行政を効率的に行えるという長所が主張される一方、地方の道州では税収が減って財政の自立性が低下し、その地域固有の文化や伝統が失われるのではないかという懸念もあります。かならずしも新しい提案ではなく、明治時代から幾度となくさまざまな案が検討されています。

されています。

地方自治では住民が知事や議員を選ぶだけでなく、条例の制定や議会の解散なども直接、要求することができます。一般市民の果たすべき役割もそれだけ大きく、積極的に政治に参加できるということです。そのような地方自治のあり方や、住みやすい環境について考える学問が「地方自治論」です。

卒業後の進路は？

政治学では政治、法律、行政、経済、社会、国際関係などを幅広く学ぶため、進路は多岐にわたります。多くの学生は政治とは直接関わりのない分野、たとえばマスコミ関係や金融機関、総合商社などに就職します。公務員をめざす人のための「行政コース」を設けている大学もあり、公務員になる割合も高いと言えるでしょう。法科大学院に進学して法曹関係の仕事をめざす人も増えています。専門性の高い分野としては、政策科学などの知識を活かして民間のシンクタンク（研究機関）に就職したり、国際政治の研究を活かすため国際機関やＮＧＯに就職する人も見られます。

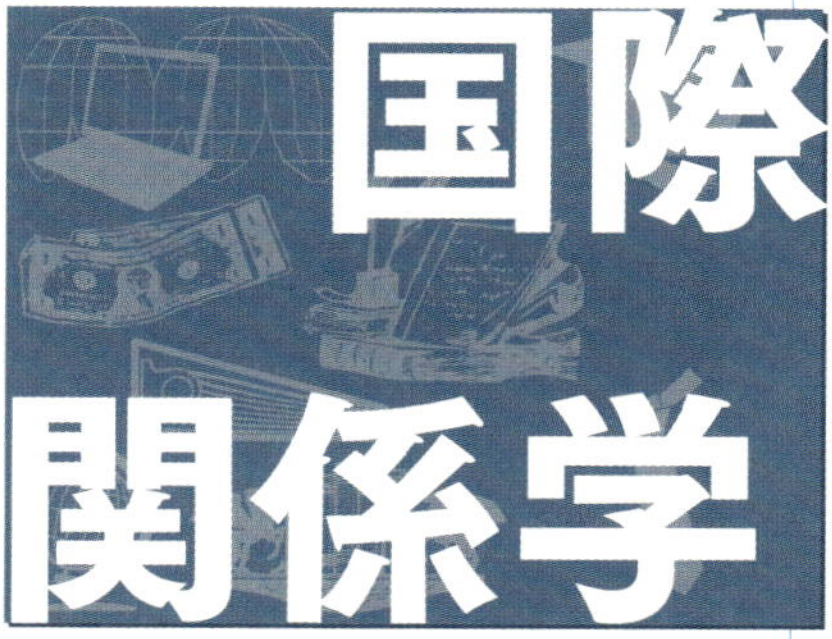

国際関係学

国と国との関係を考える——遠い世界の話に思えるかもしれませんが、近年、多くの大学で新設されているのが国際関係学を学べる学部・学科です。国際化した社会のなかでさまざまな問題に対処するための知識を身につけ、世界の国々と共生していく道を探る学問です。諸外国との交流が進むなか、国際性を身につけることは、社会のどの分野においても急務とされています。

どんな学問ですか?

いきなり「国際関係」などと言うと、スケールが大きすぎてイメージがつかみにくいかもしれません。まずは、学校生活を思い浮かべてください。いつも意見がぶつかり合い、まとまりにくいクラスと、クラス全員が理解し合い、一致団結してものごとに取り組めるクラスがあるとしたら、どちらが安定した状態と言えるでしょう。「国際関係学」は、後者のような誰もが望む状態を世界規模で考え、追求する学問です。

国際化が進んだ現代でも、地域間の紛争は絶えません。環境問題や核問題など各国が力を合わせて取り組んでいかなければならない問題も山積みです。しかし、それぞれの国の文化や歴史、制度の違いなどが、問題解決をむずかしくしています。国と国とが理解し合い、協力しながら平和で豊かな世界の実現をめざすにはどうすればいいのか。こうしたテーマを多角的に探っていくのが「国際関係学」です。

国際問題を理解するためには、従来の学問分野を越えた広範な知識と視野が必要です。そのため、「国際関係学概論」のほか「法学」「経済学」「社会学」などの基礎科目を学んだ後、以下のような分野に分かれて専門的な研究を行います。

◎国際関係学分野

世界の国々の政治や経済を中心に学びます。現在の世界は、政治の面では「核保有国」と「非核国」、経済の面では「先進工業国」と「発展途上国」に分化されますが、そうした状況が生み出す摩擦とその解決策などが研究対象となります。また、国どうしが積極的に協力し合うことで実現する安全保障、食物や資源などの相互援助、国際協力の要である国際連合についても学びます。

◎国際社会学

世界を変えていくのは「脱国家的存在」、つまり「国家」という枠組みを超えた「個人」であるという視点から国際関係について考えていきます。国境を越え

ひとことコラム

え！ そんな意味があるの!?

近年、日本では10~20代の若い世代を中心に、ピースサインを逆にした「裏ピース（逆ピース）」というポーズで写真を撮る人が増えています。しかしこのポーズ、海外では中指を立てるポーズと同じように相手を侮辱する行為になってしまうことがあります。「ピースサイン」や「OKサイン」がよくない意味を表す国や文化もあるようですから、写真撮影を頼むときやSNSにアップするときは注意が必要です。

私たちにとっては「あたりまえ」でも、文化が違う人たちにとってはとんだ失礼にあたることが意外に多いのです。「電車で隣に座った人が外国人」という状況も珍しくない現在、世界中の人々とよい関係を保つ方法を学ぶ国際関係学は、じつは身近な学問です。

て活動するNGO（非政府組織）や市民運動などがこれに当たります。

◎国際文化学、比較文化学

国ごと、地域ごとに異なる文化について比較研究する学問です。言葉をはじめ、人々の生活習慣やふるまい、食生活など、その国や地域の文化は人々の意識に深く根づいています。そのため、国境を越えて人が触れ合おうとするとき、文化の違いは大きな障壁となりがちです。そうした違いを理解し、互いの文化を受容しやすくすることが、この学問の目的です。

ほかにも、外交の歴史を学ぶ「国際関係史」、アメリカ、アジア、イスラム諸国など各国・地域・文化圏を多角的に研究する「地域研究」などがあります。

そこが知りたい Q&A

Q1 国際関係学に向いているのはどんな人でしょう？

A 国際関係学を研究するためには、比較的大きな問題に関する総合的な知識を身につけ、多様な情報を収集・分析する能力が求められます。しかし、最初からそうした能力が不可欠なわけではありません。世界に目を向けてさまざまな国際問題を解決したいと思う人、将来は海外も視野に入れた仕事をしたいと考えている人、また、純粋に文化や制度の違う国について知りたいと思う人など、国際的な関心が強い人であれば大丈夫です。他の国や地域について興味をもち、しっかり学んでいくことが、多角的な視野をもった国際人になるためにいちばん必要な資質です。

Q2 政治学とはどう違うのですか？

A 政治学では、おもに「一国をどう統制していくべきか」そして「それを実現するためにはどういう政策をとるべきか」を中心に考えます。これに対して国際関係学では、「それぞれ独自のシステムをもった国どうしがどのようにして良好な関係を保っていくか」について考えます。近年は、政治学部でも「国際政治学科」などを設置する大学が増えてきました。政治学を学ぶうえでも、国際的な視点が重視されていることの表れでしょう。

Q3 国際関係学部で語学を身につけられますか？

A 国際関係学部で学んだ知識を実社会で活かすためには、語学の力も必要です。世界共通語である英語はもちろん、中国語、韓国語などアジア地

専門用語を知っているかな？

G7／G20
日本・アメリカ・イギリス・フランス・ドイツ・イタリア・カナダの7ヵ国。毎年、G7の首脳および欧州連合の欧州理事会議長と欧州委員会委員長が集まり、「主要国首脳会議（サミット）」を開催しています。2023年には広島サミットが行われ、これで日本での開催は7回目となりました。当初は経済問題が議題の中心でしたが、現在では広島サミットでのロシアによるウクライナ侵攻など政治・社会問題も取り上げられます。また、中国・韓国・インド・ブラジル・南アフリカなど12ヵ国と欧州連合を加えた20ヵ国・地域のG20サミットも開催されています。

域の言語や、フランス語、スペイン語、ロシア語、アラビア語など主要な言語を学べる大学も数多くあります。少人数のクラスでディベートやディスカッションの練習をするなど、外国語で自分の意見を主張できる人材を育成するための体制を整えている大学が多いことも、国際関係学部・学科の特徴です。

最近の研究テーマは？

国際化が進み、日常生活のあらゆる場面に「外国」が入り込んでくるにつれ、もう一度、「世界のなかの日本」を見つめ直そうとする研究が注目されています。たとえば、外国の人々は、日本をどんな国だと認識しているのでしょう。それを知るために、さまざまな国の教科書で日本がどのように紹介されているかを調べる研究があります。実際にいろいろな国の教科書を読んでみると、「日本では家のなかに家具がない」などという記述もあって驚かされます。

また、海外旅行などに行くと、外国の人たちはよく「日本はどういう国ですか？」という質問をしてきます。よくわかっているつもりなのに、実際に説明しようとすると言葉に詰まってしまう人もいるでしょう。

さまざまな国を理解し、より良い関係を築いていくためには、まず自分が生ま

難民
もともとは政治的・宗教的な迫害により生活の根拠を奪われ他国・地域へ避難する人々を指す言葉でしたが、近年では自国の武力紛争や人権侵害から逃れるために国を離れる人々が急増しています。近年、ドイツは110万人もの難民を受け入れましたが、そのことがドイツ国内だけでなく避難経路となる周辺の国々にも影響をもたらしました。UNHCR(国連難民高等弁務官)を中心に、世界各国が協力して早急に取り組むべき問題の一つとなっています。

マイノリティ
ある社会集団の中で少数派の人々のことです。その多くは、社会的、経済的、文化的地位が低い現実があります。この言葉が生まれたアメリカでは、黒人が差別の撤廃を求めてデモを行ったり、R&Bやジャズなどの黒人音楽、ラテ

れた国についてよく知る必要があります。日本の文化や歴史、そして現在の政治・経済システムや社会状況を理解し、外国の人たちにきちんと紹介できることは、国際人をめざす人にとって不可欠な素養でしょう。

卒業後の進路は？

一般企業へ就職する人が多く、業種は情報・通信、運輸、旅行業などのサービス分野、銀行、商社などさまざまです。海外に進出している、もしくは今後、進出する可能性がある企業にとって、国際関係学を通して身につけた広い視野と国際感覚は需要の高い人材と言えるでしょう。

国際関係学の専門性を活かして、日本の外交を担う外交官や国連などで活躍する国家公務員、また新聞記者などマスコミ関係に進む人もいます。大学院に進んでさらに研究を深める人もいます。

ンミュージックが流行ったり、黒人を父にもつ大統領が誕生したりと、マイノリティの地位の向上や彼らの文化を認めることをめざす動きがあります。

歴史教科書問題
歴史の認識が国によって異なることから生じる国際問題の一つ。たとえば、太平洋戦争中に日本が中国や朝鮮半島に対して行った政策への認識は、三国間で大きく異なります。教科書の記述がどの立場から書かれるべきかが問題となっています。

1 人文科学系
2 社会科学系
3 自然科学系
4 総合系

経済学・経営学・商学

いずれも経済・産業分野に関する学問ですが、おおまかに言って「経済学」が社会全体の経済活動や経済政策を研究するのに対し、「経営学」や「商学」は個々の企業の経済活動を研究対象にするという違いがあります。経済学部と商学部を別個に設けている大学、経済学部のなかに商学科や経営学科を設置している大学など、学部・学科の形態は大学によりさまざまです。

どんな学問ですか?

「経済」や「経営」というと、「難しそうな学問だな」と思ったり「自分には縁遠い世界だ」と感じたりする人は多いでしょう。経済学と経営学の違いがピンと来ない人もいるでしょう。中学や高校では詳しく勉強していないのですから、無理もありません。まずは、それぞれがどのような学問であり、何を学ぶのかを明確にしておきましょう。

1 経済学

簡単に説明すると、社会におけるさまざまな経済活動、たとえば「生産」「流通」「消費」といった活動を分析し、メカニズムを解明しようとする学問です。こう言うとかえって難しいイメージを抱いてしまうかもしれませんが、本来、経済学は、私たちの日常生活に直接、関係する身近な学問です。

たとえば「インフレーション（インフレ）」や「デフレーション（デフレ）」という言葉を聞いたことがあるでしょう。これらは物価の上昇や下落を指す経済用語です。あまり身構えず、どこにでもあるモノの値段の問題として考えてみましょう。それまで１００円だったハンバーガーが１５０円に値上がりすれば、物価が上昇したわけですから「インフレ」、50円に値下がりすれば「デフレ」です。

では、なぜハンバーガーの値段は上がったり下がったりするのでしょう。インフレやデフレはどうして起こるのでしょう。社会にとって、企業にとって、あるいは消費者一人ひとりにとっては、どちらが有利なのでしょう。

デフレになって物価が下がるのは良いことのように思えるのに、テレビのニュース番組では「良くない状況だ」と解説しています。それはいったいなぜなのか、知りたくなりませんか？　経済学を学び、物価の変動、インフレ・デフレのメカニズムを理解すると、その背景にあるものを読み取れるようになるでしょう。

専門用語を知っているかな？

リフレーション（Reflation）
デフレーションからは抜け出したが、インフレーションには達していない状態。また「リフレ」とも呼ばれます。「リフレ政策」というと、デフレから抜け出すために中央銀行がどんどんお金を発行（金融緩和）し、お金の価値を下げ、モノの価値を上げようとする政策のことを指します。「リフレ政策をします」と公表することで、人々がインフレになるのを予測し、デフレの間にものを買っておこうとする行動からデフレ脱却を図るという側面もあります。

経済学は、大きく基礎理論（理論経済学）と応用分野に分けられます。基礎理論は文字どおり経済学全体の基礎となる原理を研究する分野で、もっとも基本的な理論を学ぶ「経済原論」や経済の歴史を学ぶ「経済史」などがあります。

これらを学習して基礎知識と経済学的な思考方法を身につけた後、現実の経済活動の研究に応用していくのが一般的です。応用分野における研究範囲は非常に広く、しかも研究対象は時々刻々と変化しています。ここでは、その一部を紹介しましょう。

◎財政学

日本やアメリカなど国家レベルでの予算や収支を考えていきます。

◎国際経済学

世界各国の経済情勢を分析し、国際経済の発展を追求します。

◎金融論

銀行のメカニズム、外貨（外国の貨幣）の影響などを研究します。

2 経営学

企業活動の一連の流れを中心に勉強します。企業活動の大きな要素となるのは「ヒト」「モノ」「カネ」の三つだと言われます。まず、その企業を実際に動かしているのはヒトであり、ヒトをいかにうまく使いこなし、組織をいかに効率的に

専門用語を知っているかな？

クラウドファンディング

クラウド（crowd　群衆）とファンディング（funding　資金調達）を組み合わせた造語。資金を必要としている個人や企業、プロジェクトに共感した不特定多数の人が、インターネットを通じて出資し、支援する仕組みのことです。絵本の出版や映画製作などの芸術活動、学校づくり、特定の病気の患者さんの支援といった社会性の強いもの、ロケットを飛ばすような壮大なものまで、さまざまな分野への出資に活用されます。企業への株式投資と異なり、自分が共感できる特定のプロジェクトに対して、少額から気軽に出資や支援できることが特徴で、国内の市場規模も急速に拡大しています。

1 人文科学系
2 社会科学系
3 自然科学系
4 総合系

運営するかによって企業活動の成果は大きく違ってきます。

一方、企業活動の目的を考えると、「モノを売る」という行為が重要であることがわかります。「販売なくして企業なし」と言われるように、良いモノを市場に提供し、結果として、より良い社会をつくることこそが企業の使命なのです。

最後に、カネは企業を動かす原動力です。カネがなければ、ヒトを採用することができず、モノを生産することもできません。

現代社会においては、もう一つ、きわめて重要な要素があります。それは「情報」です。社会の状況、国際経済の動向、市場や消費者のニーズや傾向……。これらに関する最新の情報を分析し、的確な判断を下すことができなければ、企業は勝ち抜いていくことができません。その意味で、情報を扱う部門はいまや企業にとっての心臓部とも言えるでしょう。

経営学では、以上の四つの要素を柱としながら、より良い企業運営の理論と方法を研究していきます。具体的には「どのような組織をつくり、社員をどう配置すれば、無駄を省き、人材を有効活用できるか」「どのような商品を誰に向けて売るべきか」「どうすれば低いコストでたくさんの商品を生産できるか」などを考えていきます。

3 商学

商学部や商学科では経営学をベースとして、生産者と消費者をつなぐ「流通」

ひとことコラム

経済の役割とは？


森を乱伐するのが経済か、森を守るのが経済か——？

森に生息している植物は、人間の手によって乱伐され、お金に変えられています。なかでも発展途上国の森林伐採は著しく、深刻な問題と言えるでしょう。森林伐採が行われる背景には、かならず経済活動による需要があります。

一方、経済がさらに発展すれば、森を守ることが可能になるという考えもあります。森を保全したり、再生したり、木の代わりになるものを開発するための研究費が生まれるというのです。

経済は、けっして消費するだけのものではなく、何かを守ったり、生み出したりする力も秘めています。経済の役割を正しく理解し、人類を含めた地球全体の発展をめざすのが、経済学の真の役割ではないでしょうか。

や「マーケティング」を中心とした商業活動について学びます。

経営に関わる大きな要素の一つである「モノ」が流通する過程では、必ず生産者と消費者が存在します。「つくる人」と「買う人」がいるわけです。多くの場合、両者の間には卸売業者、小売業者といったたくさんの仲介業者が存在します。モノは消費者の手に届くまでに複雑な流通過程をたどるわけです。また、生産者がモノの用途や魅力を消費者に的確に伝え、広く知らしめるためには、綿密な市場調査（マーケティング）を行ったうえで、「宣伝」や「販売促進」を展開する必要があります。商学部では、それらの企業活動を具体的に研究します。

また「今年1年でどれくらいの商品が売れ、儲けはいくらだったか」を明らかにする「会計学」も経営学・商学の分野に含まれます。

商学は経営学とほぼ同じ領域を対象とするため、共通した内容の講義が多く設定されています。たとえば、代表的な分野として次のようなものが挙げられますが、それぞれの内容を、自動車販売会社の運営を例にして見ていきましょう。

◎マーケティング論

現在、市場ではどんな自動車が好まれ、求められているかを分析し判断します。

◎経営戦略論

マーケティングの結果に基づいて、どんな性能、どんなデザインの自動車を仕入れ、どのようにして売るかを決めます。

◎流通システム論

仕入れた自動車をどのようなルートで流通させれば、消費者に早く、効率的に届けられるかを分析し、最適なシステムを考えます。

◎会計原論

仕入れた自動車の総売上から、仕入れ原価、流通コスト、宣伝・販売促進費などを差し引き、実際に「いくら儲かったのか」を計算します。

◎人事労務論

従業員の能力や性格、得意分野・不得意分野まで考慮したうえで、最適な配置、配属を考えます。

◎経営情報論

現実にどれくらいの自動車が売れ、どれくらいの在庫があるか、今後の注文に対処していけるかなどをコンピュータで管理します。

◎経営管理論

今後の自動車の仕入れ台数や広告宣伝方針、流通システムの見直しなどを考えます。

そこが知りたいQ&A

Q1 経済学・経営学・商学の違いを教えてください。

A 経済学では企業や消費者の経済活動、政府の金融政策、市場のしくみなどを学ぶのに対し、経営学や商学では組織、とくに企業などの具体的な運営や経営のノウハウを学びます。また、経済学では「世界の景気動向」などを幅広い視点で研究しますが、経営学や商学はあくまで個々の組織の活動を研究対象としています。こうした目的の違いをわかりやすく言うと、経済学では「世の中のお金の流れを学ぶ」のに対し、経営学・商学では「どうすれば（企業などが）利益を高められるかを学ぶ」ということになります。

Q2 それぞれの学問には、どのような人が向いていると言えますか？

A 「円安・円高は企業や個人の生活にどんな影響を与えるのだろう」などと考えている人には経済学が向いています。一方、「どんな広告宣伝をすれば商品はよく売れるのか」といった問題に興味を感じる人には経営学・商学が向いています。いずれにしても、経済学・経営学・商学を学

ひとことコラム

人事担当者に聞く！採用したい学生ナンバーワンは……

企業の人事担当者のアンケートでは、「自分の会社に欲しい学生」として、経営学・商学部出身者がよく挙げられます。それは、企業の求める学生像が「即戦力になる人材」であり、〝企業〟を研究対象とする経営学・商学を学んだ学生はそういった人材になり得る可能性をもっているからでしょう。

また、経営学・商学部は、企業に就職するためだけではなく、「自分で企業を興したい」「経営者になりたい」という大きな夢をもっている人にも適した学部と言えます。企業運営のしくみやマーケティング、流通といったこれらの学

ぶことによって、国内外のさまざまな時事問題について自分なりに考えられる応用力がつくはずです。家業を継ぎたいと考えている人、自分で起業したい人、商社マン・金融マンなどとして活躍したい人にとっても、これらの学部で学んだ知識は大きく役立つに違いありません。

最近の研究テーマは？

経済学の応用分野や経営学・商学では、経済状況の変化にともない、次々と新しい研究が生まれています。とくに注目されている二つの研究を紹介しましょう。

◎証券市場に関する研究

経済学では、証券市場の構造や歴史だけでなく、株式投資などによる資産運用についても具体的に学ぶことができます。２００８年に起こったリーマン・ショックは、「１００年に1度」と言われるほどの金融危機でしたが、規模の小さい金融危機は過去にも10年～20年に1度くらいの割合で起こっています。日本でもバブル経済の崩壊、アジア通貨危機などは記憶に新しいところです。

そのような歴史があるにもかかわらず、リーマン・ショックでは多くの金融機関や個人投資家が正しいリスク分析をせず、「投資ゲーム」に乗せられて痛手を被りました。しかし逆に、長く証券市場に携わっている専門家のなかには、何年

部で学ぶ分野は、将来必ず必要になってきます。このように、ビジネスパーソンとしての自分の未来を最も現実的かつ具体的に見ることができるのが経営学・商学なのです。

も前からそうした事態を予測し、警告していた人がいたのも事実です。資産運用は正しい知識とリスク分析を行うことで初めて成り立つことを忘れてはなりません。

大学でも、この分野についての研究がさかんに行われています。たとえば、学生どうしでチームを組み、「一定の資金を運用することで、期間中にどれだけ増やせるか」を体験できるゼミもあります。投資における戦略はきわめて複雑であり、必ずしも「模範解答」が存在するわけではありません。しかし、この研究の魅力は、何よりも「実利的」なことでしょう。資産運用のノウハウをマスターしておけば、将来の投資活動や人生設計そのものが有利になるばかりか、投資信託などでファンドマネジャーとして活躍することも夢ではありません。

◎CSR（Corporate Social Responsibility）

「CSR」とは「企業の社会的責任」のことです。一時期、食品メーカーの異物混入問題や誤表記問題などの不祥事が相次いだこともあり、企業のモラル低下が大きな社会問題となりました。企業の本来の役割は、企業活動を通じて社会に貢献すること。不祥事を起こし、社会に迷惑をかける企業は、本来の役割を果たしていないのです。

CSRの研究ではこのような問題を分析し、どうすれば企業がモラルを維持し、健全な経営を行うことができるのか、そして社会にどう貢献できるかを考えます。食品メーカーの異物混入問題を例にとると、「なぜその企業は賞味期限の切れた原料を使ったのか、単なるミスだったのか」「それは意図的なものだったのか」「生産工場の管理体制はどうなっていたのか」「不祥事を隠す企業体質はどこにあったのか」「どうすれば同じような不祥事が起こるのを防止できるか」などを追求します。

企業の不祥事を防ぐしくみや、利益を社会に還元するシステムについて研究することは、腐敗した企業の体制を立て直す過程で重要なカギとなるはずです。

卒業後の進路は？

文系学部のなかでも、経済・経営・商学部出身者の卒業後の進路はとても幅が広いと言えます。一般企業への就職が圧倒的に多いのですが、それは研究対象が実社会そのものだからかもしれません。

たとえば経済学部では銀行、証券、保険など金融関係への就職が目立ちますが、製造、流通、情報関係、サービス業に就職する人もいますし、公務員になる人もいます。大学での勉強を活かして「ファイナンシャル・プランナー」「証券アナリスト」などの資格を取る人も増えています。

経営・商学部出身者もあらゆる業界に進出していますが、経営企画やマーケティングの知識を活かしたいという思いから、製造、流通、サービス業などを志望する人が多いようです。資格としては「公認会計士」「税理士」「中小企業診断士（経営コンサルタント）」などに人気が集まっています。

教科書には載っていない「サービス」の秘密

❖現代の経済を動かしているものは?

経営学の研究分野は「会計学」や「マーケティング」などいろいろありますが、私が研究しているのは「サービス」です。

みなさんが中学校で学んだ第一次産業、第二次産業、第三次産業の分類においては、現代の就労人口の約7割が第三次産業に従事しており、そのほとんどはサービスに関連する分野だと言われています。さらに、今は野菜や機械を売っても利益の出る世の中ではないので、第一次産業も第二次産業もサービスで利益を出す時代に変わりつつあります。現代の経済においては、「サービス」について考えることがとても重要なのです。

❖「お客さまは神さま」じゃない?

さて、サービスの教科書を読むと、「お客さまを満足させること」が中心に書かれています。それは間違いではないと思いますが、顧客のニーズに合わせるとか、笑顔で対応するなどという記載を見ると違和感を覚えます。

京都大学大学院　経営管理大学院　経済学研究科
山内　裕 先生

私は高校生のときに、コンピュータで多くの革新を生み出したアメリカの研究所に関する本を読んで感動し、大学では情報工学を専攻しました。しかし、大学院に進むときに「なんか違うな」と思い、経営学に専攻を変えたのです。そして、おもしろいことに、その後、本で読んだ研究所に経営学者として就職しました。みなさんに伝えたいのは「分野にこだわらなくても大丈夫」ということです。「これ、おもしろいな」と思ったことは、「こうしないとできない」わけではなく、遠回りでも最終的には近づけるはずです。あまり自分を押し込めずに進路を選んでみてください。

ある高級なお寿司屋さんを想像してください。メニュー表もなければ、値段も書いていない。親方は、愛想がよいというより威圧感がある。それでも、人々は高いお金を払うわけです。教科書にある理論では説明がつきません。

このように、顧客の行動には矛盾したところがあるのです。考えてみれば、昔から人間の行動には矛盾があります。なぜ、ホラー映画を観るのか、とかですね。サービスにはその矛盾が直に出てきます。だから、サービスやお店をつくるときには、そういった矛盾を捉えないといけないし、成功しているサービスはやはりそれを捉えています。

私がとくに重要だと思うのは、「価値をどう創るか」です。ただ単にお客さんを喜ばせるだけでは価値は生まれません。お寿司屋さんの例のように、ちょっとした居心地の悪さが必要な場合もあるのです。「価値」は非常に複雑なものであり、だからこそ、やればやるほど発見があり、研究のしがいがあります。

❖ヒットには理由がある

何でもないものがヒットするわけはありません。流行るのには理由があります。また、人気のカフェやホテルも、もし10年前だったら流行っていなかったかもしれません。時代や文化的背景など、さまざまな要素を理解したうえで創り上げられたものが、人々を魅了するのです。

今、「こんな便利なものができた」と言っても、商品は売れません。なぜなら、世の中は商品の宣伝であふれかえっているため、ほんとうに良いものだったとしても、消費者には信じてもらえないのです。商品やサービスを創る人や経営者になりたい人は、時代の流れを理解し、その中で何が価値をもつのかを考えることが必要です。

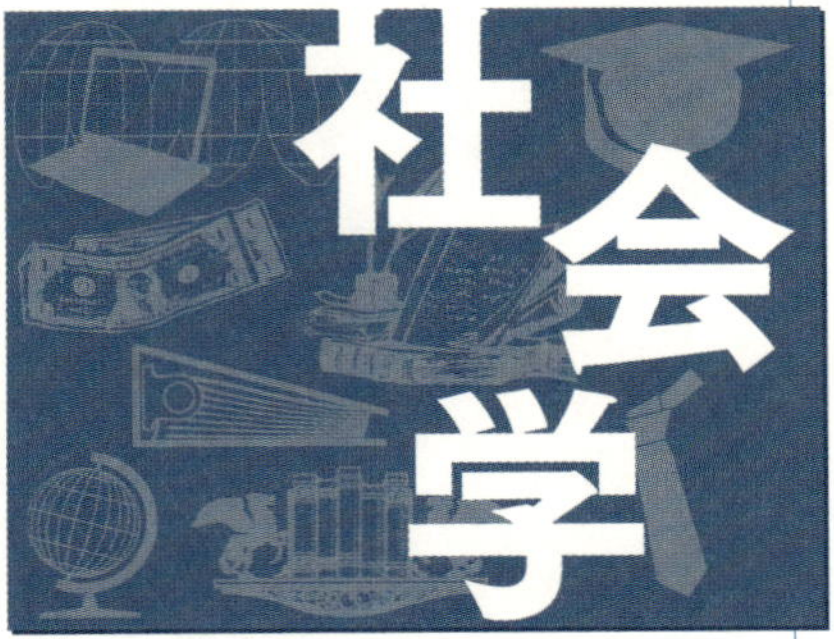

社会学

「社会学」が研究対象とするのは社会で起こるすべての事象です。そして、起きた社会現象を、さまざまな角度から見つめていきます。これから社会がどのように変化していくのかを見きわめ、さまざまな社会問題を解決するには何をする必要があるのかを解き明かしていきます。主な研究分野として、家族や環境、メディアなどがあります。

どんな学問ですか？

「社会学」は、個人と社会の関係についてさまざまな角度から学ぶ学問です。たとえば「自動車」について社会学的に考えてみましょう。まず、マイカーで会社に通う人にとって自動車は、「通勤時間を短縮できる便利なもの」です。社会的な地位のある人にとっては、「自分のステータスの一部」という面があります。しかし、環境問題に取り組んでいる人からみれば、「地球温暖化の原因の一つ」となるでしょう。もっと広く経済的な視点から考えると、自動車は「多くの企業に利益をもたらし、そこで働く人々の生活を支えるもの」となります。

社会学

このように、社会学では一つの事象に対して、複数の角度からアプローチすることで、問題を正確に理解しようとします。そして、より良い社会をつくるためにはどうすればよいかを考えていきます。

学問の対象が広いため研究分野も多岐にわたりますが、代表的な分野を見ていきましょう。

◎家族社会学

「家族」を成り立たせる人と人との関係や「家族」と社会との関係などを研究します。たとえば1960年代と現代の家族構成を比較すると、「大家族」から「核家族」へという変化が見られます。このような変化は、経済的、社会制度的、法律的、人口学的な理由だけでなく、女性の高学歴化や社会進出といったいくつもの要素がからみ合って起こった現象だと考えられています。「家族構成の変化」だけでも、いくつものアプローチがあることがわかります。とくに男性と女性の役割に関する「ジェンダー論」は、家族社会学を考えるうえで欠かせない視点です。

◎環境社会学

温暖化や砂漠化といった地球規模の問題から、河川の汚染や騒音などの身近な問題まで、環境問題が大きな注目を集めています。これらの問題は何が原因で発生し、私たちにどんな影響を与えるのか、これまでどのような対策が講じられてきたのか、こうした環境問題にまつわる一連の流れについて、社会構造やシステ

専門用語を知っているかな？

フリーライダー
必要な労力やコストをかけずに、その利益だけを受け取っている人のことを言います。たとえば、教室の掃除は大勢の人でやったほうが早く終わりますし、きれいになります。しかし、掃除が終わったあとの教室は、掃除をサボった人でも使うことができます。この「掃除をサボったけれどきれいになった教室を使用している生徒」がフリーライダーです。

リスク社会
科学技術が発展し、便利で豊かになった現代社会。その一方で、自動車は交通事故を、工場は環境汚染を、IT技術の発展は個人情報漏洩《ろうえい》問題を

ムの問題に焦点を当てながら探求していく分野です。

◎**メディア社会学**

「メディア」とは情報媒体のことです。テレビやラジオ、新聞、雑誌、広告などが含まれます。これらメディアそのものや、メディアが流す情報が社会においてどのような役割を果たし、人々にどんな影響を与えるかを明らかにするのが「メディア社会学」です。近年は、インターネットに関する研究がさかんに行われています。

そこが知りたい Q&A

Q1 社会学に向いているのはどんな人ですか?

A 「新しいことは何でもやってみたい」「もっといろいろなことを知りたい」という好奇心旺盛な人なら、自分の興味とうまく組み合わせて、ユニークな研究をすることができるでしょう。また、「社会現象について考えるのが好き」「社会構造を調べてみたい」「人間の行動に興味がある」という人にも向いています。ただし、研究できる分野が広いだけに、何をやればよいのかわからなくなってしまうこともあります。自分が取り組みたいテーマをしっかり考えて選ぶことが大切です。

引き起こしました。また、進路や職業、情報や生活様式などを自由に選択できる機会が増えたことで、選択への責任や選択を失敗したときのリスクが生まれました。このように豊かさを追求し、それに成功した社会ゆえに生まれたリスクを抱える社会を「リスク社会」と言います。1980年代から注目されるようになり、今も議論がさかんなテーマです。

Q2 社会調査とはどのようなことをするのですか？

A 社会学には決まった答えがないので、自ら問題意識をもって研究テーマを設定し、自由な発想で研究できます。反面、データをそろえて実証し、人を納得させることが必要です。そのため、アンケートやインタビューなどを用いて調査を行います。こうした調査のことを「社会調査」と呼びます。

多くの大学では「社会調査実習」という講義を設置し、調査の企画立案、調査活動、調査結果の分析方法、報告書の書き方などを指導しています。大学で社会調査士認定機構が指定する科目の単位を修得すると、「社会調査士」という資格を得ることができます。より高い専門性、実践的な力を身につけた大学院修了者に与えられる「専門社会調査士」という資格もあります。

Q3 将来、マスコミ関連の仕事に就くには、どうすればよいですか？

A 新聞や雑誌、テレビ、ラジオなど、多くの人に向けて情報を発信するマスコミ・マスメディアは社会学の研究対象の一つです。さまざまなものに興味をもち複数の視点から追求すること、現場に足を運んで自分の目で確かめること、自分の考えを相手が納得できるように伝えることなど、社会学を研究するうえで必要な能力や心がけはマスコミ関連の仕事でも欠かせません。そうした理由から、社会学を専攻する学生のなかにはマスコミ志望者が多いようです。

ただし、研究だけで満足せず、情報をつくる自分自身を磨くことも大切です。多くの人と会い、さまざまな考え方や発想を取り入れる習慣をつけましょう。マスコミで働いている先輩と知り合いになって、どんな仕事をしているのか見学させてもらうのもお勧めです。

最近の研究テーマは？

注目を集めているのは、メディア研究、とくに「インターネット」に関する研究です。

テレビや新聞など従来のメディアでは、多くの人は一方的に提供される情報を受け取るだけでした。ところがインターネットでは、自分の興味ある情報だけを選んで受け取ることができます。また、ＨＰやＳＮＳなどを通して、自分の意見を主張することもできます。

こうしたインターネットの普及は、人間関係や企業活動など、社会システムそのものに大きな影響を与え、変化させたと言われます。

そこで社会学部でも、映像を制作したり、画像を加工したり、自分で情報を発信したりするために必要な技術を身につける「表現実習」がさかんに行われるようになりました。それらの実習を通して、情報を発信する側の立場を理解し、情報の取捨選択を行う能力を身につけることも重要視されています。

卒業後の進路は？

他の学部と比べ、テレビや新聞、出版、広告などマスコミ業界に進む人が多いのが特徴です。社会問題についてさまざまな角度からアプローチするという学問の様式が、多様な事柄に目を向ける必要があるマスコミ業界の性格と合っているのかもしれません。しかし実際の進路は、製造、流通、金融、情報通信、サービス業などいろいろな業界に就職する人がいて、進路に大きな偏りはありません。

社会学で取り上げる分野は広範なため、人それぞれ自分に向いた業種を探して進路を決めるようです。大学院に進む人や公務員・教師になる人もいます。

社会学の研究領域

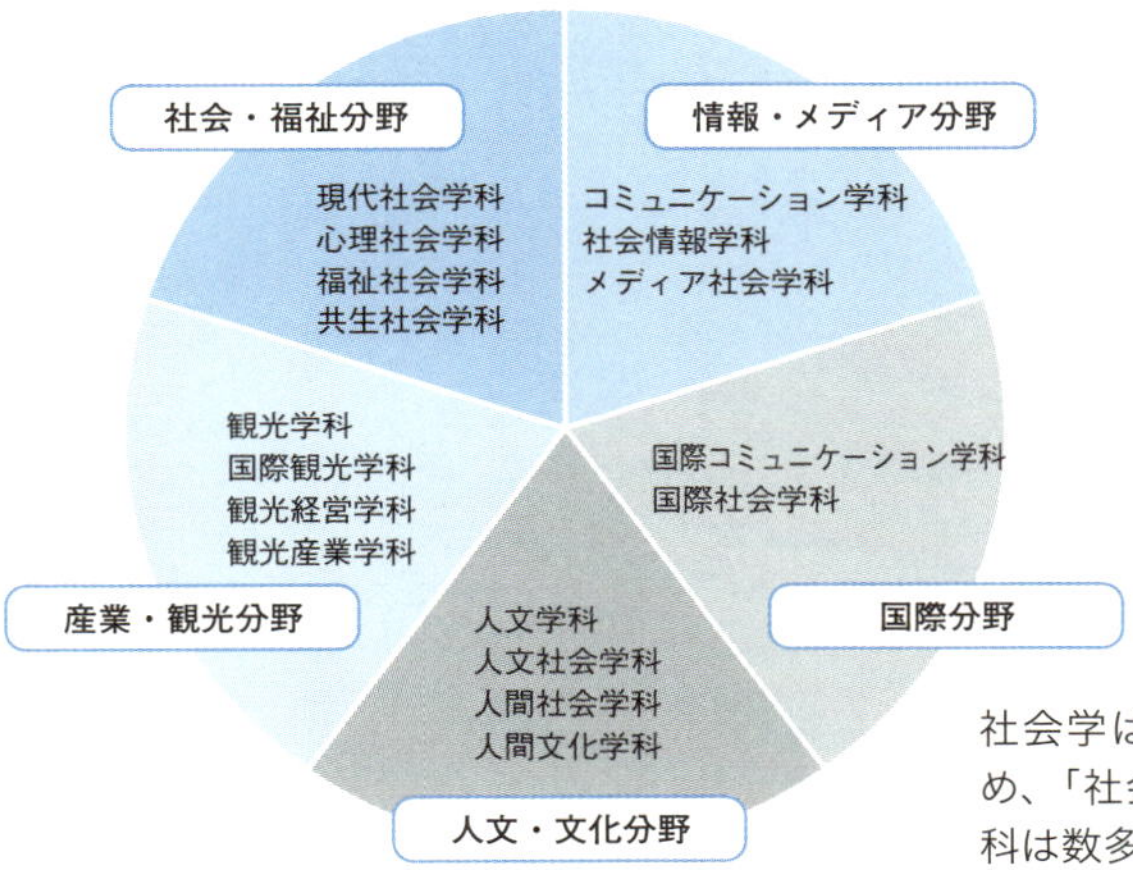

社会学は研究領域が非常に広いため、「社会学科」以外にも学べる学科は数多くあります。図は一例です。

大学で学ぶにはこれだけの費用がかかる!?

国公立大学では入学料と年間の授業料、私立大学では通常、入学料と授業料に加えて施設設備費がかかります。それぞれの平均額や目安を紹介しますが、正確な金額については大学ごとの資料やHPで確認してください。

●国立大学

以前は全国すべての大学、学部、学科で同じ額の入学料・授業料が設定されていましたが、平成16年度からは、国立大学の独立行政法人化にともない、一定の範囲内（標準額の120%以内）で各大学が独自の料金を定められるようになりました。しかし、現在もほとんどすべての大学が標準額と同じ金額を設定しています（標準額は別表のとおり。ただし一部の大学では特別研究のために標準額自体が異なる場合がある）。

2021年度の初年度納入金

授業料	535,800円
入学料	282,000円
合　計	817,800円

●公立大学

大学や大学を運営している自治体によって入学料も授業料も異なるため、別表では昼間部大学の平均額を紹介します。大学を運営している自治体の出身者とそれ以外の者とで金額が異なることもあるので注意してください。

2021年度の初年度納入金
（95大学平均値）

授業料	536,363円
入学料	228,613円（地域内）
合　計	764,976円

●私立大学

入学料、授業料、施設設備費とも、大学により、また学部によりかなり異なります。とくに医歯薬系の学部では開きが大きく、医学部では初年度納入金（授業料と入学料、施設設備費の合計）が約360万円の大学から約1400万円の大学まであります。ただし、大学によっては成績上位者に対して学費の一部免除を認める制度を設けているところもあります。

2021年度の初年度納入金平均額

区　分	授業料	入学料	施設設備費	合　計
文科系学部	815,069円	225,651円	148,272円	1,188,991円
理科系学部	1,136,074円	251,029円	179,159円	1,566,262円
医歯系学部	2,882,894円	1,076,278円	931,367円	4,890,539円
その他学部	969,074円	254,836円	235,702円	1,459,612円
全平均	930,943円	245,951円	180,186円	1,357,080円

また自治医科大学と産業医科大学には全学生を対象とする学費貸与制度があり、卒業後、貸与を受けた1.5倍の期間、指定された地域で勤務（自治医科大学）、あるいは職位につけば（産業医科大学）返還を免除されます。

3

自然科学系

理学
- 数学
- 物理学
- 化学
- 生物学
- 地学

工学
- 機械工学
- 電気・電子工学
- 情報工学
- 建築学・土木工学
- 材料工学・資源工学
- 航空・宇宙工学

- 医学
- 歯学
- 薬学
- 看護学
- 保健衛生学
- 農学
- 獣医・畜産学

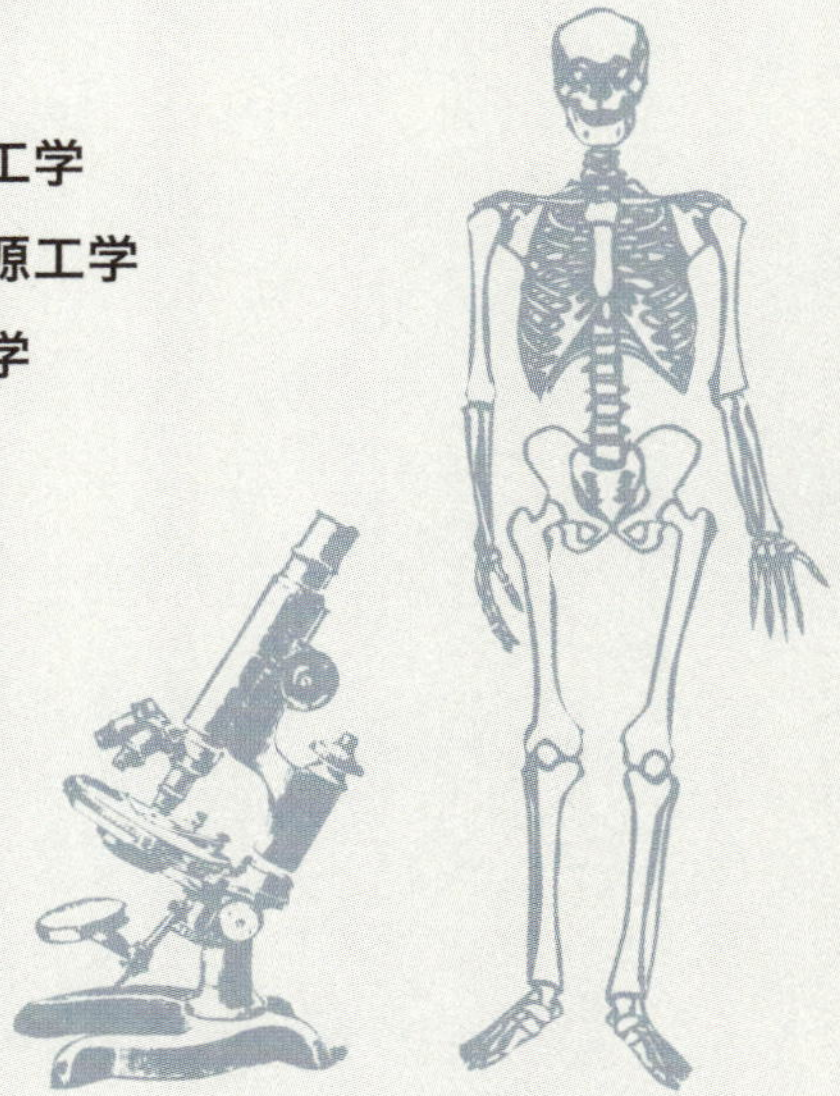

科学的な手法を用いて自然界の原理を解明し、生活に役立てることをめざす学問系統です。

いわゆる「理数系」の世界、高校で学んだ数学と理科の延長線上にある学問領域です。英語では、〝science〟ですが、人文科学や社会科学に対して〝natural science〟と呼ぶこともあります。

自然科学系の学部は、大きく四つに分けられます。数学や物理学、化学の法則性を学び、さらに深く研究する理学部。それらの理論や研究成果を、自動車、家電製品、コンピュータといった具体的なモノづくりに応用する工学部。人間の健康を守り、病気を治療するための医・歯・薬学部や看護学部。そして「食」や「環境」を考える農学部、畜産学部などです。

「理数離れ」が心配されていますが、この領域にある学問は、日本経済の発展、高齢化対策、地球温暖化問題の解決などのために重要な学問ばかりです。

理工学系統や農学系統への進学を考えている人は、大学修了後の大学院についても、ある程度心に留めておいたほうがよいかもしれません。大学院は通常、修士課程2年間と博士課程3年間からなりますが、研究者をめざす場合にかぎらず、これらの系統に進む人は、大学院修士課程まで修了してから就職することが少なくないからです。

現代の科学技術は高度に専門化しており、一般企業においても、より深い研究知識や技能をもった人材が求められています。

自然科学系の学問分野

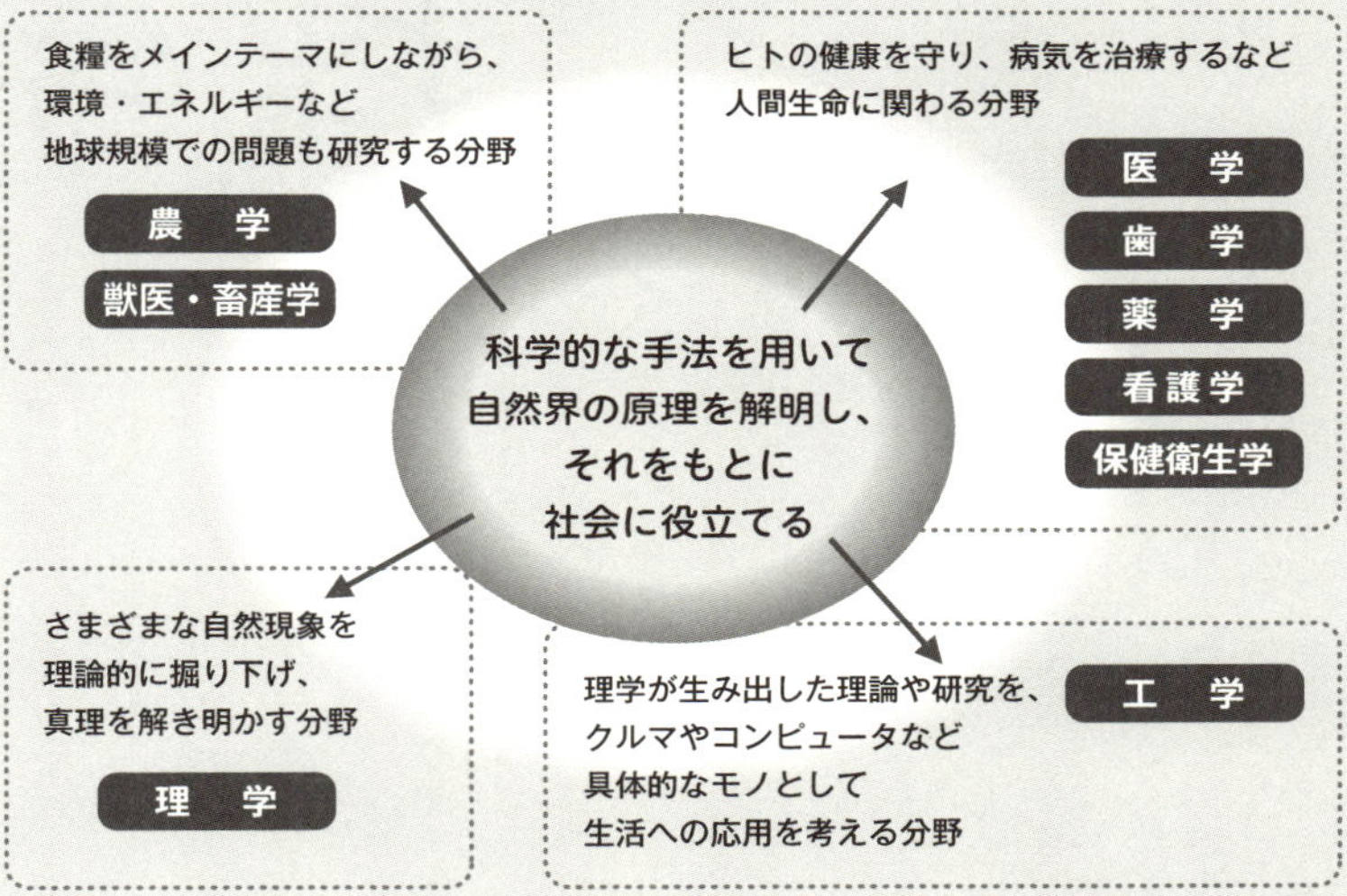
食糧をメインテーマにしながら、
環境・エネルギーなど
地球規模での問題も研究する分野
農学
獣医・畜産学
ヒトの健康を守り、病気を治療するなど
人間生命に関わる分野
医学
歯学
薬学
看護学
保健衛生学
科学的な手法を用いて
自然界の原理を解明し、
それをもとに
社会に役立てる
さまざまな自然現象を
理論的に掘り下げ、
真理を解き明かす分野
理学
理学が生み出した理論や研究を、
クルマやコンピュータなど
具体的なモノとして
生活への応用を考える分野
工学

日本は資源の少ない国であり、経済活動のグローバル化が着実に進行していくなかで生き残っていくためには、科学技術・モノづくりの分野で存在感を出していくしかない、とはよく言われることです。実社会に直接貢献する工学・農学分野はもちろん、未来の新しい技術を下支えする数学・物理学などの基礎学問もまた、それに携わる人には社会からの大きな期待がかけられているのです。

医学をはじめとする医療系の学部をめざす場合は、現代の日本が少子高齢社会となっている事実から目を背けるわけにはいきません。産婦人科・小児科を筆頭とする医師不足の問題はメディアでも大きく取り上げられていますし、看護師の人手不足・超過労働問題は慢性化しています。安易な気持ちで臨むのではなく、「人の命を救う」「病との闘いを手助けする」という使命に真摯に向き合ったうえで、夢の実現に向けてしっかりと進んでいきましょう。

理学

「理学」の「理」には「物事の道理・条理・理由」という意味があります。自然界を構成する生物、分子や原子などのミクロの世界、地球、太陽系といった宇宙の構成まで、あらゆる事象について、「なぜ?」と考え、自然界に隠されている法則を明らかにするのが理学の目的です。この点で、実生活への応用を目的とする「工学」とは異なります。

自然界の原理を追求するという研究姿勢において、理学は純粋な学問領域にあると言ってよいでしょう。こうした理学的研究が工学の基礎研究材料となって技術革新に大いに貢献してきました。さらに、単に工学研究の基盤となるだけでなく、現実社会に直接的な影響を与える応用研究も数多くあります。理学の歴史は人間の歴史そのものなのです。

近年の理学研究の特徴としては、数学が理学全体の土台となっていること、先端研究における学科間の関わり合いが非常に深くなっていることが挙げられます。これは、各分野でなされている研究がきわめて多岐にわたり、かつ複雑化していて、どんな研究も単一学科の知識のみでは進みにくくなっているためです。情報処理や情報分析などに関しては、工学や情報学などとの連携も必要となります。また、本来は理学系統の内容であっても、他学部で修得できるケースもあります。

しかし、いかに複雑化したとはいえ、理学系統の研究の中心となる学部は、やはり理学部です。理工学部として設置している大学も数多くありますが、ここでは基本的な理学研究の柱となる五つの学問領域について紹介しましょう。いずれも自然科学系の研究の基礎となるもので、「基礎学問」などと呼ばれます。

その一方で、最近では社会のニーズや学問の多様化にともない「情報数理学科」や「生命」「環境」をテーマにした学科、従来の学問領域を融合した「数理物理学科」「応用生物化学科」などの新学科も増えています。

あらゆる自然科学の基盤であり、自然科学系学問の「世界共通語」と言える学問です。実生活と無縁とも言われますが、数学研究で得られた成果のなかには、直接、日常生活のなかで役立てられているものもあります。かつては数学のなかでもとくに「実用と無縁のジャンル」と言われた「整数論」も、高度情報化社会の到来によって、社会に欠かすことのできない理論となっています。

どんな学問ですか?

「数学は学問の女王」という言葉があります。この言葉には、「数学はきわめて美しく高貴な学問である」「数学の内容は一般人の実生活には無縁である」といったニュアンスが含まれています。

たしかに「数学」や「数学者」には浮世離れしたイメージがあるかもしれません。しかし、数学は科学が発展するうえでなくてはならない学問であり、その研究成果は日常生活にも役立てられています。たとえばインターネット社会で情報流出を防ぐ暗号技術にも、数学の「整数論」が駆使されています。整数論は、かつては数学のなかでもとくに実用とは無縁と考えられていたジャンルでしたが、高度情報化社会の到来により、日常生活にも欠かすことのできない理論となったのです。ここでは、数学の分野を大きく四つに分けて見ていきましょう。

◎代数学

「数」は実社会でもっとも身近な概念でありながら、とても奥が深いものです。「代数学」は数字を文字で表すことで数の性質や法則を研究します。代数学の研究成果は数学の諸分野を発展させ、最近では銀行口座やクレジットカードの情報を暗号化して安全に送受信するシステムなどに応用されています。

◎幾何学

図形や空間の性質について研究する分野です。古代エジプトでは、ナイル川の氾濫後に土地を復旧させるため測量が行われていました。これが幾何学の始まりと言われています。現在では代数学や解析学の考え方も取り入れて、より高度な研究を行います。宇宙の形状の研究などもその一つです。

◎解析学

微分積分を使って物の変化を研究する分野です。大学では新たに「微分方程式」を学びます。微分方程式は、将来の人口変化の予測や景気変動の予測など、実社会のさまざまな場面に応用されています。

ひとことコラム

数学者たちの偉大なる挑戦

高度な発達を遂げた現代数学ですが、数学にはまだまだ未解決問題が存在しています。アメリカのクレイ数学研究所は、2000年に「リーマン予想」「P≠NP予想」といった7つの大問題に対して100万ドルの懸賞金をかけ、これらの問題は「ミレニアム懸賞問題」などと呼ばれます。その一つである「ポアンカレ予想」は、2003年にロシア人数学者ペレルマンによって証明が提出されました。この功績によってペレルマンは数学のノーベル賞と呼ばれるフィールズ賞を与えられましたが、人嫌いで知られる彼はこれを辞退し、話題になりました。

1 人文科学系
2 社会科学系
3 自然科学系
4 総合系

◎統計学

集団のなかで起こる現象の分析方法を研究する分野です。大量のデータから集団の性質を記述する「記述統計学」と、全体のなかから一部を選び出して集団全体の性質を推測する「推計統計学」に分類されます。迷惑メールを自動的に分別するフィルタは統計学を応用した身近な例です。

数学はまた、理論の研究を中心とする「純粋数学」と、応用を目的とする「応用数学」とに分けられることもあります。一般に「数学科」は前者、「応用数学科」は後者に属しますが、「数学科」でも応用数学的な視点を求められることもあり、「応用数学科」では基本となる数学原理の学習が要求されます。最近では、両者を統合した「数理科学」という名称を用いる大学も増えています。

そこが知りたい Q&A

Q1 数学に向いているのはどんな人ですか？

A 絶対条件は「数学が好き」なこと。「問題が解けるとうれしい」という気持ちは、数学の勉強に向かわせる強い動機づけとなります。しかし、

専門用語を知っているかな？

オイラーの公式
18世紀の大数学者オイラーが発見した $e^{i\theta}=\cos\theta+i\sin\theta$ という式のこと。ここで $\theta=\pi$ とすると $e^{i\pi}+1=0$ となり、この式は小説『博士の愛した数式』にも登場しました。その簡潔さと神秘性、重要性により「最も美しい定理」と言われることもあります。

非ユークリッド幾何学
高校で学ぶ幾何学（ユークリッド幾何学）では、直線 ℓ と直線外の1点Pが与えられたとき、Pを通る ℓ に平行な直線は1本だけ存在します。これを否定して、「このような直線は存在しない」または「このような直線が2本以上ある」として組み立てられた幾

心得ておいてほしいのは、中学・高校で学んだ数学と大学で研究する数学は大きく異なることです。高校までの数学は「問題を与えられ、模範解答があって、答え合わせができる」ものでしたが、大学での数学は「問題を自分で見つけ、解答は自分で探すけれど、答えが存在するかどうかわからない」ものです。数学の研究者に求められるのは、入試で求められるような「制限時間内に問題を処理する能力」ではなく、「いつまでも地道に問題を考え続けることのできる能力」なのです。

Q2 数学科のカリキュラムはどうなっているのですか？

A 1・2年の段階では基礎的な内容が中心で、3年次から徐々に専門的な内容に分化するのが一般的でしょう。授業の形式は講義と演習がほとんどです。指定された教科書を、例題を解きながら時間をかけて理解していきます。また、「輪講」と言って、数名ずつのグループに分かれて1冊の本や論文（おもに英語）を読み解いていく演習もあります。

最近の研究テーマは？

いくつかの都市があり、セールスマンがそれぞれの都市を訪問して一周すると

何学が、非ユークリッド幾何学です。非ユークリッド幾何学は、のちにアインシュタインが相対性理論を記述するうえでの基盤となりました。

フェルマーの最終定理
「$x^n+y^n=z^n$ の方程式は、nが3以上の整数のときは自然数の解をもたない」という定理。見た目のシンプルさとは裏腹に、フェルマーによって提示されて以来約350年もの間、解決されなかった超難問で、1994年、プリンストン大のワイルズによってようやく決着がつきました。日本人が解決に貢献した部分も大きく、「谷山―志村予想」と呼ばれる予想が証明に関連しています。

集合の濃度
高1で学ぶ数学Aにも集合は登場しますが、大学ではより深く「集合論」を学び、これが現代数学を支える基盤となっています。「集合論」では

します。どのような経路が最短となるでしょうか――？

これが「巡回セールスマン問題」です。問題自体は単純ですね。すべての可能な経路についてかかる時間を計算し、もっとも短い経路を選べばよいのです。

しかし「すべての可能な経路」を調べるのはたいへんです。都市の数をnとすると、考えるべき経路の総数は$\frac{(n-1)!}{2}$（じゅず順列）となり、nが大きくなると全経路を比較するのは実質的に不可能となります。そこで短時間で近似解（最短に近い解）を見つけるためのプログラムが必要になってくるのです。この研究は「ロジスティックス（物流の管理）」という経営学上の重要問題にも直接、結びついています。

卒業後の進路は？

大学院への進学率が高いことが大きな特徴でしょう。現代の数学はきわめて高度に専門化されており、学部4年間のみの勉強では、なかなか最先端の研究まで到達できないためです。大学院進学以外では、中学・高校などの教員や、情報サービス産業への就職が多いようです。応用数学の一分野である「保険数理」を専攻した人は、保険会社や銀行などで「アクチュアリー」（保険数理士・保健計理士）と呼ばれる資格をもって専門業務に携わることもあります。

濃度という概念を学びますが、これは有限集合（要素が有限個の集合）における要素の個数の概念を、無限集合（要素が無限にある集合）まで拡張したものです。濃度を使うことで無限集合どうしでの〝大きさ〟の比較ができるようになり、「自然数全体の集合と有理数全体の集合は〝個数〟が同じ」「実数全体の集合は有理数全体の集合より〝大きい〟」といった数々の面白い事実が導かれます。

空間の形を考える数学

❖球体とドーナツ、空間の形の違いとは？

すごく大きな球体とドーナツ、それぞれの表面にとても小さい自分が立っている様子をイメージしてください。

球体もドーナツも、地球と同じくらい大きくて全体を見渡せず、自分の周囲のごく小さい範囲だけしか見えないとすると、今、自分が球体とドーナツのどちらの上にいるのかわからないでしょう。

でも、球体とドーナツはあきらかに違う形をしていますよね。このような空間の形の違いを、数学的にはどのようにとらえればよいのか。こういったことを考える学問を「トポロジー」と言います。

私が研究しているのは、このトポロジーのいろいろな道具を、「組合せ論」と呼ばれる分野に応用する「トポロジー的組合せ論」や「幾何学的組合せ論」という分野です。

❖トポロジー的組合せ論と幾何学的組合せ論

トポロジーが空間の形について考える学問であるのに対し、幾何学はトポロジーよりもう少しかっちりとした、図形

筑波大学　システム情報系　社会工学域
八森　正泰 先生

世の中の役に立つこと、自分の将来のため役に立つことを学びたい、やりたい、と考える人は多いと思います。そういうことが大事というのも一面ですが、何の役に立つのかわからなくても、自分が「おもしろい」「楽しい」と思えることはもっと大切だと思っています。受験勉強のなかでも、受験に役立つかどうかとは別の次元で、その学び自体のなかにもおもしろさや楽しさがあるでしょう。将来のいろいろな場面で「これはおもしろい」「楽しい」「やりたい」という気持ちを大事にしてほしいと思います。

の角度や距離なども含めて考える学問です。組合せ論というのは、物と物の間のつながりや大小関係などをもとに、そこからどのようなことがわかるかを考えたりする学問です。みなさんが高校の数学の授業で習う「組合せ」とも関連しています。

この組合せ論と幾何学・トポロジーとのつながりや、そのための基礎となる図形や立体、それらの切り分け方などの性質を調べる、といったような数学の研究をしています。

❖専門を決めた1冊の本との出会い

大学に入学する時点では、漠然と「研究者になりたい」と思いながらも、何をやりたいのかは定まっていなかったので、理系の学問全般を幅広く学べる学科に進学しました。卒業研究のときに入った研究室で最初に学んだのが、幾何学的組合せ論でした。

その後、修士課程の1年目のときに、大学生協の書籍売り場で、新刊として積まれていたツィーグラーの凸多面体の本の原書が目にとまりました。何となく手にとってパラパラめくったとき、中に描かれていた絵を見て「これは自分のやりたい研究に違いない」と確信。少し高価な本でしたが、その場で購入しました。

そこに書かれているいろいろなトピックと、各章末につけられている現在進行形の研究の紹介にわくわくしながら読みました。そのなかでトポロジー的組合せ論の一連の研究を知り、そこから現在の研究を始めたのです。

この書籍との出会いが、その後の自分の研究の方向性をはっきりと決めることになりました。この書籍は、のちに『凸多面体の数学』（丸善出版）として和訳書が出版されましたが、私も訳者として貢献することになりました。

物理学

物質の構造や空間の性質を研究し、自然界の法則を数式によって表現する学問です。他の自然科学と比べ、数学との結びつきがきわめて強い点が大きな特徴でしょう。研究対象は宇宙を支配する「物理法則」といった壮大なものから、実生活に直接関連する身近なものまでさまざま。「物性物理学」の研究対象である半導体は、工学においてもきわめて重要な素材です。

どんな学問ですか？

「物理学」の研究対象は、宇宙を支配する「物理法則」といった壮大なものから、実生活と直接の関わりをもつ身近なものまでさまざまです。２００２年にノーベル物理学賞を受賞した小柴昌俊教授が「ニュートリノを観測したことは何の役に立つのか?」と聞かれて「役に立たない」と即答した、という話があります。また、ミクロの世界を記述する「量子力学」という分野は、私たちの直感が通用しない世界です。しかし、現代社会を支えている半導体の技術は、この量子力学の上に成り立っているのです。現在の科学技術ではまだＳＦ的な空想です

ひとことコラム

科学と疑似科学

「代替医療」という言葉を聞いたことはありますか？　通常、病院で受ける医療の代わりになる医療という意味ですが、その多くは科学的根拠が乏しいものです。その代表例に「ホメオパシー」があります。ホメオパシーとは２００

が、遠い未来に、ニュートリノが通信技術などで活躍する時代が到来するかもしれません。

物理学の研究分野は以下の三つに大別されます。

◎物性物理学

物質の構造や性質を研究する分野で「物性論」とも呼ばれます。固体や液体など「多数の原子の集合体としての物質のふるまい」が研究の対象です。物性物理学の大きな特徴は「実験が可能なこと」でしょう。後述する宇宙物理学の場合、「実験室でブラックホールを作る」ことはできませんが、物性物理学では実験による理論の検証が可能です。物性物理学の研究成果は幅広く、液晶、高強度繊維、燃料電池、太陽光発電などさまざまな分野で応用されています。

◎素粒子物理学

物質を構成する究極の単位である「素粒子」について研究する分野です。原子の大きさはおよそ10^{-10}mですが、その中心にある原子核に含まれる陽子や中性子の大きさは10^{-15}m程度、その陽子や中性子をつくるクォークの大きさは、さらにもっと小さい超ミクロの世界です。このような超微の世界における素粒子の性質や物理法則について研究します。

◎宇宙物理学・天体物理学

宇宙の成り立ちや構造を探る学問で、別名「天体物理学」とも言います。研究

年ほど前に始められた民間療法で、ごくごく大雑把に言うと「毒をものすごく薄めると薬になる」という考え方です。どのくらい薄めるのかというと、「100倍に薄める」という操作を30回繰り返すのです。さて、100倍希釈を30回繰り返すと濃度はどうなるかというと……100の30乗分の1、すなわち10^{60}分の1です。アボガドロ定数が約6・0×10^{23}／molであることを知っている人であれば、「この薬を1g飲んでも、そこにはもとの成分がほぼ確実に、1分子も残っていない」ということが直感的にわかるでしょう。

「一見科学のふりをしているが、実は非科学的なもの」を「疑似科学」と言います。疑似科学によって人々が誤った判断をしないよう科学的思考を啓蒙していくことも、自然科学に携わる人間の責務と言ってよいでしょう。

対象は宇宙を構成する天体およびその集団全般で、身近なところでは太陽や太陽系の惑星から、大きなものでは銀河や銀河団、さらには宇宙そのものまでに広がります。

現代の宇宙物理学のスタートを仮にアインシュタインの一般相対性理論だとすると、その歴史はまだ１００年ちょっと。「宇宙の大きさはどれくらい？」「宇宙の始まりは？」などの素朴な疑問に答えられるようになったのは、じつは最近のことなのです。宇宙を構成する全質量およびエネルギーのうち通常の物質はわずか４・９％に過ぎず、残りの95・１％は未知の存在である「ダークマター・ダークエネルギー」に占められていると言われます。宇宙物理学を学べる大学は少ないため、学びたい人はあらかじめよく調べておく必要があります。

いずれの分野も研究の手段は、実験や観測、コンピュータによるシミュレーションなどです。これらの研究によって得られたデータを蓄積・解析し、どのような法則が隠されているのかを探求していきます。

物理学の研究分野にはこういった理論的な研究を中心とする「理論物理」に対し、より工学に近く、実社会への応用を目的とする「応用物理」もあります。しかし、両者の間に明確な線引きがあるわけではなく、たとえば物性物理学の重要な研究対象の一つである半導体は、言うまでもなく工学面の活用においても、もっとも重要な素材となっています。

専門用語を知っているかな？

クォーク
原子は原子核と電子から成り、原子核は陽子と中性子から成りますが、陽子や中性子は粒子の最小単位ではなく、さらに小さなクォーク（quark）と呼ばれる粒子が3つ集まってできています。クォークの種類が6種類であることを予言したのが「小林—益川理論」で、これにより小林誠・益川敏英の両氏にノーベル物理学賞が授与されました。なお、このクォークという名前は、ジェイムズ・ジョイスの小説『フィネガンズ・ウェイク』に出てくる鳥の鳴き声を表す単語からとられたものです。

ニュートリノ／ニュートラリーノ
日本語では中性微子。電気的に中性で、他の粒子とほとん物理学が、化学や生物学など他の自然科学と大きく違う点は、数学との結びつきがきわめて強いところです。古典力学の創始者であるニュートンは、微積分学の創始者でもありました。以来、数学の発展が物理学を進歩させ、また物理学の影響で数学の研究が進むなど、互いに深く影響し合ってきました。もちろん、数学科と物理学科とでは研究対象も手法も異なりますが、物理を深く学んでいくためには、時として数学を深く学ぶことも必要になってきます。

そこが知りたい Q&A

Q1 物理学に向いているのはどんな人ですか？

A 「物理学」と言っても、物性物理学、素粒子物理学、宇宙物理学では研究対象が違い、また理論物理と実験物理とでは研究の方法が大きく異なります。ただ、いずれの道を選ぶにせよ、真理を追究したいという思いが、研究に携わるうえでの必須条件となります。物理学に向いているのは、「なぜ?」「どうして?」という疑問を大事にする人です。また、数学を駆使するため、数式に対して抵抗感をもたないことも重要です。

ど相互作用しないため地球をも貫通し、その観測は極めて困難です。ニュートリノは当初「質量0」と考えられていましたが、茨城県つくば市にある加速器から岐阜県神岡町のスーパーカミオカンデにニュートリノを打ち込む実験で、質量をもつことがほぼ確実となりました。この実験を行った東京大学の梶田隆章教授は2015年にノーベル賞を受賞しました。宇宙には、宇宙の質量の大半を占めるが光を反射しない「暗黒物質(ダークマター)」が存在するとされています。質量は小さくても膨大な数が存在するニュートリノは暗黒物質の有力候補でしたが、確認された質量が極めて小さいため、新たな暗黒物質候補として未発見粒子「ニュートラリーノ」が浮上しています。

重力波

静電気力が働く空間を電場、

Q2 物理学科のカリキュラムはどうなっているのですか？

A 1・2年生では物理学および物理数学の基礎を中心に学び、年次が進むにつれて専門の比率が増えていきます。講義・演習・実験が授業の3本柱ですが、実験は2年次からスタートする大学が多いようです。

最近の研究テーマは？

「この宇宙に生命が誕生したのはなぜか？」という疑問は、生物学だけのテーマではありません。素粒子が安定して存在し、原子が形成され、化学結合がつくられ……と、多くの関門をくぐり抜けて生命が自然発生する確率は、無限に小さいと言えるでしょう。ほとんど奇跡的な現象なのです。にもかかわらず、この宇宙になぜ生命が発生できたのか――？　この疑問への解答として、最近、提唱されたのが「マルチバース（Multiverse）理論」です。「私たちが生きているこの宇宙（Universe）はたった一つだけが誕生したのではなく、無数の宇宙が一緒に誕生しており、それぞれの宇宙が独立して存在している」というもので、「無数の宇宙が誕生したからこそ、奇跡的な確率の現象が起こり、生命をもつ奇跡的な宇宙が成立できた」と説明づけられています。

磁力が働く空間を磁場、これらをまとめて電磁場と言うように、重力が働く空間を「重力場」と言います。電磁場の変化が波として伝わるのが電磁波、すなわち光ですが、これと同様に重力場の変化が波として伝わるのが「重力波」です。重力波の存在はアインシュタインによって予言されていましたが、微弱であるため観測は極めて困難でした。観測に成功したのは、アインシュタインの予言から100年後の2016年。翌年、検出に成功した3名の科学者にノーベル賞が授与されました。3名のうちの1人は、次の「タイムマシン」の項にも名前のあるキップ・ソーン博士です。

タイムマシン
時間を過去にさかのぼることのできるタイムマシンなんて、SFや映画のなかだけの話……？　そんなことはありません。理論物理学の世界では、大真面目に（?）タイム

卒業後の進路は？

研究者をめざすケースと、企業に就職して技術者をめざすケースに大きく分けられます。前者はもちろん後者の場合にも、大学院への進学率が非常に高いことが特徴です。実社会で求められている研究がどんどん専門的になっており、一般企業でもより高い専門性をもった人材が求められていることの表れと言えます。就職先の業種としては電気関連や精密機器などのハイテク分野がめだちます。

マシンの可能性が議論されています。有名なのは、カリフォルニア工科大学のキップ・ソーン博士によって提案された、ワームホールを利用したタイムマシン仮説。なんと日本では、その原理を利用したタイムマシンが5つも特許登録されているとか……。『タイムマシンのつくりかた』(ポール・デイヴィス）という本も出版されています。

プロの目から 4

数百年後も残る研究を通して宇宙の謎に迫る

❖ブラックホールは実在する？ しない？

私は数学寄りの物理の研究を行っています。この道に進んだきっかけは、高1の物理の試験で0点を取って、あわてて教科書を開いたことです。そうしたら物理は意外におもしろくて……。現在は、簡単に言うと、重力波やブラックホールに関する研究をしています。

たとえば、みなさんも知っているブラックホールは、じつは存在するのか、どんな領域なのかも不明です。ブラックホールは、あまりに重力が強いために、光すら出られない「星」です。つまり、見えないのです。

ブラックホールの外側には光の閉じた軌道があります。現在、観測でわかっているのは、ブラックホールの表面ではなく、この「外側」です。私が最近、注目しているのは、この外側の時空についてで、「軌道がある領域の面積はどうなっているのか？」を、一般相対性理論を用いて調べています。

こんなに有名なブラックホールが、じつは専門的には確認できていないというのはおもしろいですよね。他にも、ブラックホールは丸いと言われているのですが、それを数学的に

名古屋大学大学院
多元数理科学研究科／素粒子宇宙起源研究機構
白水 徹也 先生

受験はベースをつくる好機なので、私はそれなりに大切だと思っています。ただ、受験自体が目標なのではなく、大切なのはその先です。大学でも、目標をもって勉強してください。あとは、やはり人との直接的なつながりは大事なので、SNSもいいけれど、友だちは大切にしてほしいですね。みんなが同じ道を進む必要はないので、自分に合った道を探してがんばってください。

明らかにする研究などをしています。物理学の理論は時代とともに変わります。しかし数学はずっと残るので、私は数学的な面に力点を置いて、数百年後にも残るような研究をめざしています。

❖アインシュタインの予言

物質が激しく変動する際、重力の波がさざ波のように伝わります。これが「重力波」です。重力波が通ると空間が歪み、時間の流れが変動します。

地球の周辺でも空間は曲がっていて、地球の表面の時間の進み方と、ずっと上空での時間の進み方は違うのですよ。日常生活では地球の重力が弱いので、ほとんど変化は見られませんが、上空の方が速く進むのです。

ちなみに、ノーベル賞で話題になった重力波は、二つのブラックホールがぶつかって発生したと考えられています。重力波の存在は100年も前にアインシュタインが予言していたのに、直接には見つかっていませんでした。それがやっと観測でき、しかもブラックホールから来たという点が、話題を呼んだ一因です。

❖重力波が宇宙の誕生を解明する？

重力波は、宇宙の観測手段にも使えます。重力波のよい点は、何でも貫通するところです。たとえば、現在の観測手段である光やニュートリノは、物があると散乱されてしまいます。

宇宙空間は、今は膨張してスカスカだけど、昔はもっと小さく、ずっと物質が詰まっていました。今でも、宇宙のサイズが約1000分の1だった頃までは見ることができますが、光では見える過去に限界があり、その先は見えません。しかし、重力波を使った観測が可能になれば、未知だった宇宙誕生が見えるかもしれないのです。

化学

通称「化け学」とも呼ばれているように、ある物質が特定の状態においてどのように変化するのかを解明し、理論化する学問です。原子、分子レベルで物質の構造や性質、反応のメカニズムを解明して、自然界に起こるさまざまな現象を説明していきます。また、新しい素材を創造して科学技術の発展に貢献できる学問でもあります。

どんな学問ですか?

私たちの日常生活には、衣類から薬品、化粧品まで、ありとあらゆる化学製品があふれています。このことからもわかるように、「化学」は新しい物質を創造し、科学技術の発展に貢献する、現代生活に必須の学問となっています。

大学で学ぶ化学は、高校で学ぶ内容をさらに発展させ、物質のメカニズムを解明し、新しい物質や反応を作り出す、いわゆる基礎的な研究が中心になります。それらの研究をもとにして実践的な研究を行う「応用化学」という学科もあり、工学部に設置されています。

1 人文科学系
2 社会科学系
3 自然科学系
4 総合系

研究分野は、化学・応用化学とともに、大きく五つの領域に分けられます。

◎物理化学

高校で学ぶ「理論化学」に相当する分野です。物理学の手法を用いて、物質の性質や化学反応のメカニズムを解き明かしていく学問です。原子や分子の運動を説明する「熱力学」、化学結合や電子の動きを扱う「量子化学」などもこの分野に入ります。

◎無機化学

元素や無機化合物を研究の対象とし、物質の構造や性質、生成法を考える学問です。半導体や光通信の研究など、現在の科学技術の発展には欠かせない分野となっています。

◎有機化学

タンパク質や石油などに代表される有機化合物を対象とし、その性質の分析や、新たな物質の合成方法の研究が中心となります。合成繊維や医薬品に利用される物質から人間の身体まで、研究領域は広範囲に及びます。

◎分析化学

物質のなかに含まれる成分の種類や量、構成を、さまざまな分析方法を用いて研究する学問です。また、分析方法それ自体も研究対象となり、既存の分析方法や原理の解明、新しい分析方法や原理の創造をめざします。

ひとことコラム

奇跡の発見　～セレンディピティ～

みなさんは「セレンディピティ」という言葉を知っていますか？　ふとした偶然がきっかけで思いもよらぬ結果がもたらされること、またそのような幸運をつかみとる能力を指します。

２０１０年にノーベル化学賞を受賞した鈴木章氏は、「セレンディピティのチャンスは誰にでも平等にある。しかし、それをうまく活かすには、注意深い心と、一生懸命やろうと努力する精神、そして物事に対して謙虚に考えることが必要。そういう努力をしなければ、幸運の女神が微笑むことはない」と話しています。

実際、２００２年にノーベル化学賞を受賞した田中耕一氏は、受賞当時、民間企業で働

◎生化学

生命活動を化学の視点から研究する学問で、「生物化学」とも呼ばれます。有機物や生態環境など、生物を構成する物質全体が研究対象となります。とくに、核酸（ＤＮＡやＲＮＡ）やタンパク質の研究は重要なテーマとなっています。

これらのほかに、応用化学には「化学工学」という分野もあり、新たに発見された物質を実際に製品として生産するプロセスを学びます。最近では「環境にやさしい化学（グリーン・ケミストリー）」に対する要求が高まり、環境やエネルギー効率を考える研究もさかんになっています。

また、理工学系では実験や実習が重視されますが、化学・応用化学の分野ではとくに実験による理論の検証が重要視されています。他の学科と比べても、実験の量が格段に多いのも特徴と言えるでしょう。

そこが知りたい Q&A

Q1 どのような人が化学に向いているのですか？

A 実験に興味のある人にはお勧めの学問です。また、実験では緻密な数値を重ねていくことが重要であるため、物事に根気強く取り組むことので

くエンジニアでした。科学者だけでなく、誰でも大きな発見をする可能性をもっているということですね。

きる人にも向いているでしょう。数学や物理が得意な人も、その知識を活かすことができます。

また「化粧品」「薬」「食品」といった分野の仕事に興味のある人も選択肢の一つとして考えてみるとよいでしょう。

Q2 高校の授業で学んだ「化学」との違いは何ですか？

A 高校までに学んだものをさらに深く、詳しく学習していくのが、大学で学ぶ「化学」です。高校までの化学と大きく違う点は、化学反応のしくみ、つまり電子の動きを学んでいくことです。高校の化学では化学反応式を暗記しますが、大学では反応メカニズムの本質を理解することができます。その他にも、たとえば物理化学では数学の微分積分を使って化学反応を解析するなど、より発展した勉強をします。

最近の研究テーマは？

物質の状態に「固体」「液体」「気体」の3種類があることは高校でも学んだでしょう。しかし、一定以上の温度・気圧のもとでは、固体でも液体でも気体でも

専門用語を知っているかな？

ニホニウム
新しい元素は、今も発見され続けています。2000年代に入ってから複数回発見され、2015年に新元素として認定されたのは113番の元素。これは日本の研究チームによって発見された、日本初さらにはアジア初の元素です。当初は暫定的に「ウンウントリウム」と呼ばれていましたが、2016年11月、〝日本〟にちなんだ正式名称が決定。現在の化学の教科書に載っている「ニホニウム」(Nh)です。

カップリング反応
二つの化学物質を統合させる化学反応のこと。さらに、同じ構造の化学物質を結合させる場合をホモカップリング反応、異なる構造の場合をクロ

ない「超臨界流体」という状態が存在します。超臨界流体は液体の性質と気体の性質を兼ね備え、物質の分解にすぐれた働きをします。たとえば、水は摂氏374度、218気圧という高温・高圧状態で超臨界流体になり、環境を汚すことなくダイオキシンやフロンなどの有害物質を分解します。また、バイオマス（生物由来の資源）からのエネルギー抽出にも利用されています。現在、企業や大学、研究機関が協力し、超臨界流体のさらなる実用化を進めています。

卒業後の進路は？

他の理工系学問と同様、大学院に進学する人が多いようです。大学院進学後の就職先としては、化学薬品メーカーのほか、繊維、印刷、化粧品などの生活用品メーカーや石油関連企業の研究職が中心です。近年は、エネルギー資源や材料資源の高騰にともない、材料メーカーなどへの就職も好調で、ナノテクノロジーや環境関連の職業に就く人も増えています。

スカップリング反応（ヘテロカップリング反応）と言います。2010年、鈴木章教授・根岸英一教授がこのカップリング反応の一技法を確立したことでノーベル化学賞を受賞し、大きな話題となりました。両教授の確立したカップリング反応は基礎研究だけでなく、医薬品・液晶・有機EL・農薬など、多くの分野で実用化されています。

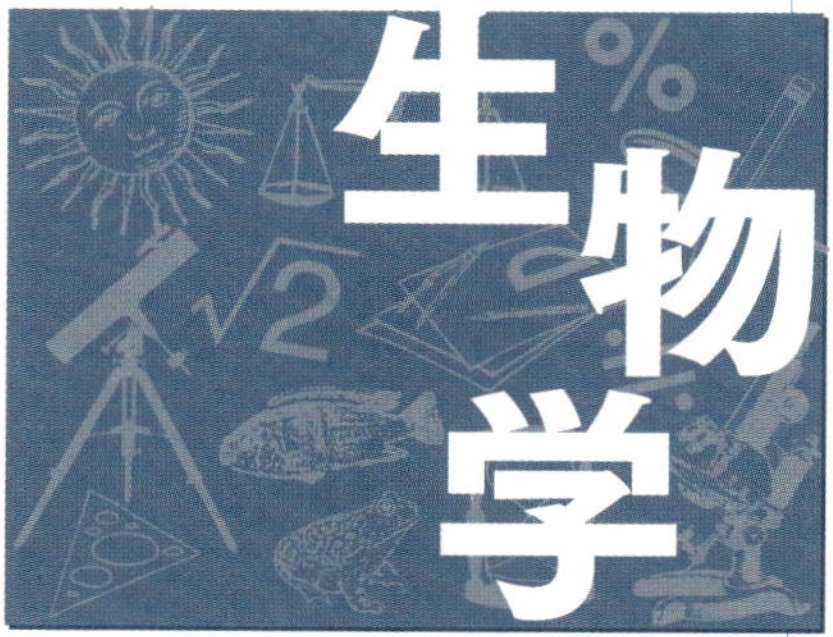

生物学

自然界に生息するあらゆる生物を対象として、生命現象や生物行動の機能や法則を探ることが研究目的です。原子、分子、遺伝子レベルの研究の進歩によって、最近の生物学は大きな変化を迎えています。とくに、化学的・物理学的な手法やコンピュータによる解析を導入し、分子や細胞レベルで生命現象を分析する「バイオサイエンス」が注目を集めています。

どんな学問ですか？

「21世紀は生物学の時代である」と言ったのは、アメリカの元大統領ビル・クリントン氏です。20世紀には物理学が技術革新の原動力となりましたが、これからは生物学が生み出す技術が社会を変えていくという意味です。

すでに私たちの身の回りには、遺伝子組換え技術によって誕生した食品が数多く存在します。世界的に見ると、遺伝子組換え作物の作付面積は1996年からの約20年間で100倍以上に拡大しました。生物の力を借りて化学物質を合成する「生物工場」の研究も進められています。

ここでは、基礎理論となる「生物学」と、その応用となる「生物工学」に分けて、学問の概要を見ていきます。

◎生物学・生命科学

生物学では、人間を含めた動物、植物、微生物、細菌など、自然界に生きる多様な生物の生命現象を研究対象としています。研究分野は、生物の系統によって大きく「動物学」「植物学」「微生物学」に分類されます。ほかにも代表的な分野として、生物の進化をたどる「進化生物学」、生物と環境の関連性を考える「生態学」、生物の内部器官や細胞の特徴を扱う「形態学」、遺伝子を扱う「分子生物学」「遺伝学」などが挙げられます。

現在、地球上の生物種の数は200万～1億種と考えられています。しかし、すでに多くの生物が絶滅しており、2050年までには全生物種の25～50％が絶滅するという予測もあります。地球温暖化など環境の劣悪化が主な原因です。急激な生物の大量絶滅は生態系に重大な影響を及ぼし、私たちの生活を脅かしかねません。絶滅危惧種の保全や環境問題への取り組みは、21世紀の生物学にとって大きな課題の一つとなるでしょう。

◎生物工学

生物工学（バイオテクノロジー）は、生物学の研究で得た理論をもとに、実社

ひとことコラム

運命を決定づけるのは「遺伝子」？「環境」？

「遺伝子」が生物の形や性質を決定するというのは現代の常識となり、大学でもさかんに研究されています。一方で、もう一つの条件とされているのが「生後環境」です。生まれた後、口にする食べ物や身につける事柄によっても、形や性質、能力が変わるとされています。

有名なのが「ミツバチ」の例です。ミツバチは孵化《ふか》する前はメスとオスのみが存在しますが、メスは生後4日目に女王蜂になるか働き蜂になるかを決められます。そして女王蜂になるものには「ロイヤルゼリー」が、働き蜂になるものには花粉と蜂蜜を合わせた食べ物が与えられます。その結果、女王蜂は働き蜂に比べて、大きさは2倍に、寿命は30倍に。そして女王蜂のみが

会に役立つ技術を生み出すことを目的とした学問です。

研究成果は、醸造や発酵、生物の品種改良など、私たちの食生活に関連する分野、さらには再生医療や創薬などの医学分野にも応用されています。

最近、とくに注目されているのは「遺伝子」です。虫のつかない作物や植物の遺伝子を組み込んだ動物など、さまざまな研究が進んでいます。遺伝子研究の最先端は「再生医療工学」分野です。ES細胞やiPS細胞を利用して、失われた身体機能を再生させる研究も進んでおり、今後ますます注目を集めるでしょう。

そこが知りたい Q&A

Q1 生物学に向いているのはどんな人ですか？

A 生物学の研究対象は、地球に生息する生き物や生命のすべてです。そのため、私たち人間を含めたあらゆる生物や生命のメカニズムを解き明かしてみたい人、動物や植物など特定の種に興味がある人に向いています。また、研究分野にもよりますが、自然のなかに足を運び、生物の生態や機能を調査することもあります。そのため、「自然が好き」「環境保護のために役立ちたい」と考えている人にもお勧めです。

毎日1000〜3000個の卵を産むようになるのです。このことから、ロイヤルゼリーの成分や、女王蜂と働き蜂の脳の構造や寿命の違いなどが研究されています。女王蜂が口にするロイヤルゼリーのように、日々の小さな積み重ねが運命を変えるほどの大きな変化をもたらすということです。

Q2 遺伝子工学を専攻する場合、化学や物理の勉強も必要ですか？

A 必要です。生物工学、とくに遺伝子工学は、理工系学問の応用的な分野です。実験を行ううえでは、測定のための化学的な知識、光や磁気に関する物理的な知識を欠かすことができません。高校で習う化学、物理の知識は生物学の研究を深めるうえできわめて重要なものとなります。しっかり学習しておきましょう。

最近の研究テーマは？

細胞は、分裂して増殖する過程で、皮膚や臓器など特定の機能をもつようになり、これを「分化」と呼びます。分化の前段階にある細胞が「幹細胞」で、幹細胞が分裂するときには、自己の複製である細胞と、分化する細胞の両方が生じます。そして、受精卵（胚）からつくられた幹細胞が「胚性幹細胞」、つまり「ＥＳ細胞」と呼ばれる細胞です。ＥＳ細胞はいくらでも増殖して、さまざまな組織に分化できる万能細胞です。

一方、受精卵ではなく皮膚などの体細胞からつくられ、ＥＳ細胞と同様の万能性をもつ細胞が「人工多能性幹細胞」、つまり「ｉＰＳ細胞」です。２００６年に京都大学の山中伸弥教授がその作製に成功。２０１２年にノーベル賞を受賞し

専門用語を知っているかな？

外来種問題

その地域に従来から生息していた種を「在来種」と呼ぶのに対し、他地域から持ち込まれた種を「外来種」と呼びます。人為的に持ち込まれたものだけでなく、偶然、生息するようになった種も外来種と呼ばれています。稲が縄文時代後期以降に中国から持ち込まれた種というのは、歴史の授業で学んだ人も多いのではないでしょうか。一方で昨今のブラックバス問題などに見られるように、外来種が在来種を圧迫し、生態系のバランスを乱したり、第一次産業（農業・水産業など）へ大きな被害を与えているという問題もあります。

1 人文科学系
2 社会科学系
3 自然科学系
4 総合系

ました。ｉＰＳ細胞はＥＳ細胞と違って受精卵を必要としないため倫理上の問題を回避できます。また、自身の体細胞からつくられたｉＰＳ細胞を使えば、拒絶反応のない臓器移植なども可能になります。

ｉＰＳ細胞の由来組織を用いた世界初の臨床手術は、２０１４年に日本で行われ無事に成功しました。現在では、神経細胞の異常に起因するパーキンソン病や筋萎縮性側索硬化症（ＡＬＳ）といった難病患者への移植治療、移植用の肝臓の作製、患者の細胞から作製したｉＰＳ細胞で病変を再現して新薬の研究開発を行うなど、幅広い分野で実用化に向けた研究が進められています。

卒業後の進路は？

大学院に進学し、より専門的な研究を行ったうえで就職する学生が大半です。生物学・生物工学系の学部・学科は、理工学系のなかでもとくに大学院進学率が高いと言われています。主要な進路としては、食品関連や製薬メーカー、化学工業、製造業など一般企業の研究・開発職が挙げられます。また、大学や理化学研究所などの研究機関でさらに高度な研究を続け、生物学・生物工学の発展に従事する人もいます。

生物工場（biofactory）
医薬品原料や酵素など人間にとって有用な化学物質を、動植物や微生物を利用して効率的に生産する試みのこと。たとえば、クローン羊「ドリー」を作り出したスコットランドのロスリン研究所では、遺伝子操作によって抗癌《がん》剤に使われるタンパク質を含んだ卵を産むニワトリが作り出されました。

バイオエンジニアリング
化学合成を微生物に行わせる技術を指します。言葉の響きは新しいですが、人類は古くからこの技術を利用していて、代表的なものはヨーグルトや納豆などをつくる際に用いられる「発酵」です。発酵の原理を活かし、ダイオキシンなど自然の状態では分解されないものを、微生物の力を利用して分解させる研究が進められています。

地学

地球の構造、および地球を取り巻く宇宙を研究対象とする学問です。最近では「地球科学」「地球惑星科学」などの名称も一般的になってきていますが、「地球」というシステムに関する総合科学と考えてもよいでしょう。地球環境のグローバルな変化が私たちの生活に重大な問題を起こしつつある現在、地球科学が果たす役割はますます重みを増しています。

どんな学問ですか?

地球の誕生は46億年前にさかのぼります。私たちの想像を絶するほどの時間を生きてきた地球の過去や現在の姿を認識することで、未来の予測を立てていくのが「地学」の目的です。

この分野の知識は、実際に、地震、火山の噴火、土砂流出といった自然災害の予測・防止や、地球環境問題対策にも役立てられています。フロンガス放出によるオゾン層破壊や、二酸化炭素の排出量増加にともなう地球温暖化など、グローバルな環境変化が私たちの生活に重大な問題を起こしつつある21世紀において、

1 人文科学系
2 社会科学系
3 自然科学系
4 総合系

地学が果たす役割はますます重要なものとなるでしょう。

地学は、地球のすべてを対象とする学問であるため、大気、海洋、地震、火山など、研究分野も多岐にわたります。ここでは、代表的な分野について見てみましょう。

◎地質学

地質、つまり岩石、地層、化石などから構成される地殻を研究対象とします。「岩石学」「鉱物学」「隕石学」、そして恐竜などの研究を行う「古生物学」もこの分野に含まれます。

ところで、『銀河鉄道の夜』で有名な宮澤賢治は地質学者だったことを知っていますか？　彼の作品には、地質学に関するさまざまな事柄が書かれています。地質学を学んだうえで、もう一度読み返してみると、違った感動があるかもしれませんね。

◎気象学

大気中のさまざまな現象について研究します。大気汚染、オゾン層破壊、ヒートアイランド現象*(次ページ)などの環境問題に取り組むこともできますし、虹やオーロラ、蜃気楼といった神秘的な自然現象を研究することもできます。テレビのニュースや新聞でもおなじみの天気予報は、気象学を応用した分野です。

ひとことコラム

地球は生きている！

エベレストの頂上に、海の生物の化石があることを知っていますか？　現在は世界最高峰を誇るエベレストですが、太古の時代は海だったのです。3億5千年前から海底が少しずつ隆起し、1万メートル近く持ち上げられたのです。46億年もの歴史がある地球には、私たちの想像を超える過去があります。まさに「地球は生きている」のです。

◎地球物理学

物理学を利用して、地球上のさまざまな現象の解明をめざす学問です。この分野の一つで、地球の形や大きさを調べる「測地学」は、紀元前3世紀にエジプトで誕生して以来、発展を重ね、最近では月や火星の大きさを測る研究にも応用されています。「地震学」「火山学」「地球電磁気学」などもこの分野に含まれます。

これらのほかに、最近では地球全体を一つのシステムとして研究する「地球惑星科学」「地球システム学」といった分野も発展してきています。

大学の授業は講義だけでなく、顕微鏡観察やＤＮＡ抽出などの実験、戸外に出て地質調査や化石発掘、鉱物採集などを行うフィールドワークも欠かせません。

そこが知りたい Q&A

Q1 地学に向いているのはどんな人ですか？

A 自然現象全体に興味のある人にお勧めです。地学の分野には資源、気象、エネルギーに関する問題も含まれますから、環境問題に興味がある人にはとくに向いているでしょう。地質調査などフィールドワークも多いことから、外に出るのが好きな人や、自分の足で歩いて調べることが好き

専門用語を知っているかな？

ヒートアイランド現象
都市部の気温がその周辺と比較して異常な高温にある状態。原因としては、緑地や水面の減少、建築物の高層化・高密度化、自動車やエアコンなどからの排熱が挙げられています。

水文学（すいもんがく）
自然界における水の循環に関する学問を指します。水の動きに関して研究するだけでなく、水資源の開発や利用など、人間と水との関係や、水と環境との関係も研究対象となります。水を総合的・学際的に研究する学問と言えます。

ミッシングリンク
進化の過程においては存在するはずなのに、いまだに発見されていない化石のこと。学

1 人文科学系
2 社会科学系
3 自然科学系
4 総合系

な人にも向いているでしょう。また、地質学や水文学*は文系・理系の両方の分野に関連するため、文理にとらわれず学際的・総合的に学んでいきたい人にもお勧めです。

Q2 高校の地学と大学の地学の違いはどこにあるのですか？

A 高校では地学の範囲を幅広く学ぶため、地球全体のしくみをとらえることができます。それに対して大学の地学では、興味のあるテーマを絞って、深く掘り下げていきます。ところで「天体」は、高校では地学の一分野として学びますが、大学ではおもに「物理学」で学ぶことが多いので、注意が必要です。また、「高校で地学を勉強していないけれど大丈夫？」と思う人がいるかもしれませんが、問題ありません。大学では、高校で地学を履修していない場合も想定して授業が進められます。

最近の研究テーマは？

ドイツの気象学者ウェゲナーは、かつて「世界は一つの大陸でできており、それが分離して現在の形になった」と唱えました（大陸移動説）。この説は後に

術的には「未発見の中間型化石」とも言います。古生物の化石は進化の過程がはっきりとわかるものは例外的で、多くの場合は一部しか発見されていません。人類の進化過程でも、類人猿と直立歩行をする猿人との間を結ぶ化石が少なく、ミッシングリンクとなっています。

「プレートテフトニクス理論」によって説明されることとなります。地球の大陸は今も少しずつ移動していて、4~5億年の間隔で分裂と合体を繰り返していると考えられています。また、プレートを動かすマントルの様子から、未来の地球の姿を予測することも可能です。その予測によると、今から1億5000万年後には日本列島は朝鮮半島と合体し、2億5000万年後にはすべての大陸がふたたび一つになるとされています。これほど壮大なものを研究対象とするのは、地学分野よりほかにないでしょう。

卒業後の進路は？

土木関連や建設関連、石油などの資源関連への就職が多いことが特徴として挙げられます。また、研究で培った情報処理の能力を活かして、ＩＴ関連に進む人も少なくありません。

技術者や研究者として働くには、大学院卒の知識が求められる場合も多いため、大学によって差はありますが、大半の学生が大学院へ進んでいます。

大学でよく使われる言葉を知ろう！

概論
ある学問分野全体の要点を満遍なく知るための講義のこと。1・2年生の講義でよく見られます。「概説」「入門」なども同じような言葉です。
例：「国際法概論」「医学概説」

演習
教わるだけでなく、実際に自分で選んだテーマの研究や発表も行う講義のこと。ゼミのことを指す場合もあります。3・4年生の講義でよく見られ、実際の現場で技術を学ぶ「実習」もあります。
例：「設計演習」「教育実習」

ゼミ（ゼミナール）
自分の研究テーマに関連する分野を研究している先生の下、学生同士で研究内容の発表や討論を行う授業のこと。大教室で行われる講義形式の授業と比べ、研究室などで少人数で実施されます。

カリキュラム
卒業までの修業期間内で教育目標を達成するための計画を示したもの。どんなことを学ぶのか、どんな教育がなされるのかといった全体像を確認できます。

シラバス
授業の内容や計画、使用する教材、評価方法を記したもの。在籍生は授業開講前に、大学で配布される冊子やホームページでシラバスを見て、どの講座を受講するか選択することができます。高校生のみなさんもホームページで閲覧できることが多く、その大学・学部・学科でどのような授業が行われているのか、具体的な内容を知ることが可能です。

工学

工学の使命は、理学の発展によって得られた自然科学分野（数学、物理学、化学、生物学、地学）のさまざまな知見を土台として、生活をより豊かで安全なものにするための技術を開発し、「社会に役立つもの」を作り出すことです。

「工学（engineering）」というと、テレビや自動車といった工業製品をイメージする人が多いかもしれません。たしかに「モノづくり」は工学の柱です。工業製品だけでなく、電気製品やコンピュータ、携帯電話などのＩＴ機器も工学の守備範囲に含まれます。

しかし近年では、情報工学に関連したシステム設計、バイオテクノロジー、医療など、数学や生物学、医学の隣接分野にまで工学の領域が広がってきました。なかには「経営工学」や「金融工学」といった商・経営分野での研究も進んでいます。

他学部と連携したこれらの分野では、「モノづくり」という従来のイメージにとどまらず、工学が生み出したコンピュータによる情報処理・情報分析の力を各分野の研究に活かしていくことが求められています。「モノ＝ハードウェア」だけでなく、「サービス＝ソフトウェア」もまた工学の守備範囲となったのです。

これから工学を志す人たちには、最先端の領域を切り開いていくフロンティア・スピリッツと、社会情勢の変化をすばやく察知し、人々のニーズを工学に結びつけるセンスが期待されています。

現代における工学の領域は多種多様です。代表的な系統について見ていきましょう。

「機械」を研究し、設計するという点で、機械工学はまさに「工学」のイメージを象徴する学問です。工学部の基盤とも言える学科系統でもあり、自動車やロボットなどが主たる研究領域です。機械工学で学ぶ内容は「力学」がベースになりますが、近年では機械に電子制御を取り入れた「メカトロニクス」技術の研究や開発が進み、他の工学分野との連携がさかんになっています。

どんな学問ですか？

みなさんが「工学」という言葉からイメージするのは自動車やロボットでしょうか。機械を研究し、設計するという点で、「機械工学」はまさに工学のイメージにふさわしい学問です。機械工学のベースは「力学」です。まずは「機械力学」「材料力学」「流体力学」「熱力学」の四力学と、機械の設計・機構を学びます。そのうえで次の分野に分かれ、より専門的な研究・設計・製作を行います。

◎材料・構造系

機械を構成している「材料」の性質、強度、加工を研究する分野です。壊れにくい素材や形状を追求して故障や事故を防ぐこと、振動を測定・低減することなどをめざします。近年は環境にやさしい材料の利用を考える「材料プロセシング」の研究も求められています。

◎熱・流体系

「熱・流体（＝液体・気体）」の現象や動きについて学び、機械エネルギーへの応用をめざします。エンジン設計には必要不可欠な分野で、現在、開発されている燃料電池やヒートポンプの基礎にもなっています。

◎設計・製作系

各部品の性質、形状、強度を理解し、その機能を最大限に利用して、より良い機械をつくることをめざします。機械の構造やデザインを考えるのが「設計」、それを実際に形にするのが「製作」です。設計には「ＣＡＤ」（１７４ページ参照）と呼ばれるソフトウェアを用いるため、大学でもＣＡＤを使った演習が行われます。

◎計測・制御系

各部品の性質や機械の動きを数式で表現・解析し、機械を思いどおりに動かすことをめざします。近年は「メカトロニクス」（１６０ページ参照）や「リモートセンシング」（１８４ページ参照）の開発が進んでいます。

ひとことコラム

いま、世界が注目する新材料

これまで、自動車やハイブリット車、家電製品などの製造には「レアアース」と呼ばれる希少金属が不可欠でした。しかし、このレアアースは産地が限られていることから価格が高騰し、調達リスクを抱えていました。

そうしたなか、世界中で大学や企業が協力して研究を進め、レアアースを必要としない新素材の開発に取り組んできましたが、近年、ついに日本でレアアースを一切使わないハイブリッド車が発売されました（1982年に佐川眞人氏によって発明されたネオジム磁石が使用されています）。これが世界で初めての実用化となり、今後急速に広まると期待されています。

機械工学のなかでも、とくに他分野との連携がさかんで、その研究成果は医療・福祉から画像処理技術、環境・エネルギー関連まで、多くの分野で活用されています。

そこが知りたいQ&A

Q1 機械工学に向いているのはどんな人ですか?

A 自動車やエンジン、ロボットが好きな人、その構造が気になる人、機械の設計や開発に興味がある人にお勧めの学問です。機械工学で学んだ知識は、さまざまな分野に貢献することができます。たとえば車イスや介護ロボットは福祉分野に、人工臓器やX線診断装置は医療分野に、省エネ機械は環境分野に。つまり「実社会をよくしていきたい」「人々の暮らしに貢献していきたい」と考えている人が活躍できる分野です。

Q2 機械工学は女性には厳しいですか?

A たしかに機械工学の学部・学科に女性が少ないのは事実です。しかし、最近ではむしろ女性が活躍する割合が増えています。現在はコンピュー

専門用語を知っているかな?

永久機関
何もないところからエネルギーを作り出すシステム。毎年数件の特許が出願されていますが、すべて実現不可能であることが熱力学で証明されています。有名な永久機関の例としては、紙を水につけると水が自然に吸い上がる「毛細管現象」で水を吸い上げ、そこから水を流して水車を回すというものがあります。外から力を加えずに水車を回してエネルギーを得る。これならエネルギー問題が起こることはなくなりますが……みなさんはこの装置が実現不可能な理由がわかりますか?

疲労
ある物質が壊れないレベルの力を繰り返し受けたとき、そ

タ・シミュレーションにより、女性でも研究しやすくなっていますし、繊細な動きの介護ロボットの開発などは女性に期待される分野でしょう。就職に際しても女性が必要とされる業界や部門もあるようです。

最近の研究テーマは？

「メカトロニクス」は、「機械工学（mechanics）」と「電子工学（electronics）」を合わせた和製英語ですが、最近では外国でも通じるようになりました。機械製品だけで人間の手のような複雑な動きを作り出そうとすれば、膨大な部品が必要となります。設計や生産に時間がかかるだけでなく、開発費用も高くなってしまいます。そこで、制御の部分にコンピュータを使い、少ない部品で複雑な動きを可能にしようという技術がメカトロニクスです。

卒業後の進路は？

大学院への進学が多いのが特徴です。その後の就職先としては、製造業界、自動車関連業界、電気電子機器業界、運輸業界などがあります。いずれも研究職や設計・開発部門、エンジニアなどとして専門性を活かした仕事ができます。

の物質の強度が低下する現象のことです。実際はその物質が力を受けたとき、破壊はされなくとも原子レベルで一部分の組成がもとの状態に戻らず、それが繰り返されることによってヒビが入っているのです。たとえばジェットコースターや鉄道の脱線事故は、金属疲労が原因となることがあります。

ヒューマノイドロボット
人間と同じように頭・手・足・目などがあるロボットのこと。将来は、家事手伝い・留守番・受付などさまざまな用途で利用される可能性があります。ペットロボットが一般販売されたり、店頭で接客を行うなど、ロボットは私たちの生活に身近なものになりつつあります。

電気・電子工学

「電気」の効率的な利用方法を考える学問ですが、電気工学では、主として電気の生産や輸送、蓄積、有効利用を考えていきます。電子工学では、電気回路やそのシステム、あるいは「IC（集積回路）」や「LSI（大規模集積回路）」に含まれる半導体の物性や特性の研究、デバイス（機器・装置）の開発などを主な目的とします。最近ではさまざまな分野で電子制御が進んでおり、機械工学をはじめ、他の工学分野と融合した製品の研究や開発も進んでいます。

どんな学問ですか?

私たちの生活に「電気」は欠かせません。その電気エネルギーの生産・輸送方法や、電気回路システムの効率的な利用方法などを考えるのが「電気・電子工学」。ハイテク社会の最先端技術と言ってもよいでしょう。

電気・電子工学は、日々、進化しています。

たとえば、携帯電話が誕生したのは1980年代。初期の携帯電話はレンガの

ひとことコラム

光の開発から生まれた次世代DVD

CDやDVDの読み取りに使われている「半導体レーザー」、そのなかでもブルーレ

ような重さでしたが、現在のスマホは手のひらに載るほどコンパクトになり、機能も性能もはるかに充実しています。こうした携帯電話の進化の背景にも、電気・電子工学の成果があります。

他の工学分野の研究と融合した製品の研究開発も進んでいます。機械工学と融合した電気自動車や、医学と融合したMRIなどの医療機器がその一例です。環境にやさしいクリーンな発電システムや、省エネルギーにすぐれた電子機器の開発も積極的に行われています。

電気工学と電子工学について、簡単にまとめておきましょう。

◎電気工学

電気エネルギーの効率的な生産、輸送、蓄積、有効利用法を研究します。身近なものでは、テレビやインターネットなどの電気通信、自動車のカーナビやエアバッグなどの電気装置があります。

◎電子工学

いわゆる「エレクトロニクス」の分野で、電気回路やそのシステム、あるいは「電子回路（ICやLSI）」に含まれる半導体の物性や特性研究、デバイスの開発などが主な目的となります。身近なものでは、「Suica」や「Edy」のような「非接触型ICカード技術」が挙げられるでしょう。ちなみに、このシステムは日本企業が開発しました。

日本の電気・電子工学研究は世界でも最高レベルと言われています。みなさん

イディスクに使われているものを「青色半導体レーザー（ブルーレイ）」と呼びます。この技術が日本で生まれたことをご存知でしょうか？

光の3原色は赤・青・緑の3色です。この3色の組み合わせを変えると、すべての色を発色できるようになります。そのためそれぞれの色の光を出す装置の開発が進められていましたが、青色は作り出すことが難しく、実用化が遅れていました。20世紀中の開発は不可能と言われた技術ですが、1996年に日本の中村修二氏が開発に成功したのです。この技術のおかげで、次世代DVDはより多くの情報を記録できるようになり、中村氏は2014年にノーベル賞を受賞しました。

このように工学の研究は、私たちにとってとても身近であり、工学の進歩が私たちの暮らしを便利で豊かなものにしてくれるのです。

も、最先端の技術を学び、日本の電気・電子工学をさらに発展させていってください。

そこが知りたい Q&A

Q1 電気・電子工学に向いているのはどんな人ですか？

A コンピュータなどの電子機器や電気製品に興味のある人には、まさにお勧めの学問です。また、数学に出てくる「微分・積分」や「ベクトル」、物理学で勉強する「電磁気学」や「力学」の知識を使うこともあるため、数学や物理学が好きな人、得意な人にも向いているでしょう。この分野で学んだ知識は、電気を利用するあらゆる製品の開発や修理・点検に幅広く活用できるため、エンジニアとしての技術を身につけたい人にもうってつけです。

Q2 卒業研究について教えてください。

A 大学で電気・電子工学を学ぶ際、卒業研究は必要不可欠です。一般的には4年次にいずれかの研究室に所属します。その後、担当教授の指導の

専門用語を知っているかな？

EMI（エミ／Electro Magnetic Interference）
飛行機や病院では携帯電話や電子機器の電源をオフにするように言われることがありますね。これは飛行機の電子精密機器や病院の医療機器が、携帯電話などの電子機器から発生する電磁波に反応してしまい、故障や誤作動を起こす可能性があるからです。この電磁干渉現象をEMIと言います。

回生ブレーキ
走行時の力やエンジンの力を使って、電気エネルギーを生み出すシステムのこと。電気自動車やハイブリッドカーに利用されています。自ら電気エネルギーを生み出し、蓄えることで燃費を向上

もとで研究課題を設定し、実験や考察を行います。今まで勉強してきた知識や技術を使って研究を進めるため、実践力や解決力をつけることができます。研究の結果は論文にまとめて発表します。したがって、文章をまとめる能力や人前で発表する能力も養うことができるでしょう。研究室に入るために一定の単位の取得が条件とされることもあるので、入学時から真剣に学問に取り組む必要があります。

最近の研究テーマは？

特定の物質は、極端に低い温度下で「超伝導（超電導）」という現象を起こします。超伝導の状態では電気抵抗がゼロになり、一度、電流を流せばずっと流れ続けます。電気を送る際のロスがゼロになるわけですから、電気・電子機器にとっては最高の条件です。

今後、超伝導の研究の成果としては、発電・送電の効率上昇や、通信技術の高速・大容量化が期待されています。また、超伝導磁石を搭載したリニアモーターカーは、東京―大阪間を約1時間で移動することが可能です。

させられるため、「環境にはいいが航続距離が短い」という電気自動車の問題点を解決し、その普及に貢献すると期待されています。

ヒートポンプ
空気中の熱を利用して、熱エネルギーを作り出すシステムです。みなさんの身近では、エアコンや冷蔵庫、洗濯乾燥機、給湯器などに利用されています。この技術は火を必要としないので、地球温暖化の原因となる二酸化炭素を排出しません。そのため最近は、ヒートポンプ式製品を普及させようという動きがさかんです。とくに日本はこのヒートポンプ技術の先駆者。世界各国から注目を浴びています。

分子エレクトロニクス
トランジスタの電流増幅機能など、特定の機能や役割を分子一つひとつにもたせようとする研究分野。これを応用させることで、非常に処理能力の高い機器・装置を作り出せ

卒業後の進路は？

多くの学生が、さらに高度な研究を行うため大学院に進学します。卒業後は、それぞれの専攻に合わせて就職先が決まっていきます。

電気工学系では、電力会社やエネルギー関連会社、あるいは電機メーカーの発電部門に就職することが多くなります。電子工学系では、電機メーカーの研究職として就職する場合が多いようです。

近年では、ほぼすべての機械が電子制御で機能しているため、自動車メーカーや電気機器メーカーなどの機械メーカーに就職し、電子制御について研究や開発をする人も増えてきています。

ると考えられています。たとえば、現在のトランジスタの代わりに分子トランジスタ（トランジスタの機能をもたせた分子）を使うと高機能化かつ小型化され、現在のコンピュータの1000倍以上の性能をもたせることが可能となります。このコンピュータの研究・開発は大学だけでなく、企業も力を入れて取り組んでいます。

情報工学

現代社会を根底から支えている「IT」について研究する学問です。ハードウェアの開発、ソフトウェアやコンテンツの開発、新たな通信技術の開発など多様な領域があり、大学によっても研究の中心となるものは異なります。また、文系学問と連携した分野や、情報技術の発展によって大きく進歩した学問分野もあります。情報工学は、最先端技術であるだけでなく、幅広く社会に貢献できる学問なのです。

どんな学問ですか？

「ＩＴ（情報通信技術）社会」「ＩｏＴ時代（２５４ページ参照）」などと呼ばれる現代では、コンピュータやネットワークの技術が欠かせないものとなりました。携帯電話やインターネットはもちろん、電力、鉄道、金融などの社会基盤、医療現場や工場など、さまざまなところで情報技術が使われています。

このようなコンピュータや情報に関する理論と活用法を研究する学問が「情報工学」です。

ＩＴは、日本が国際的な競争力を高めるために、とくに力を入れている科学技

ひとことコラム

現代社会はブラックボックス？

テレビのスイッチを入れると、なぜ映像が映るのでしょう？ なぜ携帯電話から声が聞こえてくるのでしょう？ 電卓はどうやって計算をしているのでしょう？ その構造やしくみを知らなく

1 人文科学系
2 社会科学系
3 自然科学系
4 総合系

術分野の一つです。欧米だけでなく中国やインドが急速な進歩を遂げている今、日本が国際社会における存在感を維持するためには、この分野のさらなる技術革新が不可欠です。情報工学を学ぶ学生は、まさにこれからの日本を支えていく人材と言えるでしょう。

ひとくちに情報工学と言っても多様な領域があります。以下に代表的な分野を挙げておきましょう。

◎ソフトウェア工学

ソフトウェア・コンテンツの開発

◎情報システム工学

情報処理技術の高度化・システム化、データベース・システムの構築

◎知能情報工学

人工知能や計算処理能力の高い高性能コンピュータの開発

◎情報通信工学

新たな通信・コミュニケーション技術の開発

◎生命情報工学

生体情報を解明・表現し、医療やバイオテクノロジーに応用

「工学」と聞くと科学技術の研究を専門に扱う印象がありますが、情報工学は人文・社会科学分野と連携することもあります。たとえば、経営、流通、心理学

ても使えてしまうものを「ブラックボックス」と呼びます。現代のIT社会は「ブラックボックス化」しつつあると言われています。

日常生活では、身の回りのものを「ブラックボックス」のまま使っていても問題ありませんし、誰でも簡単に使えるというメリットもあります。しかし過度のブラックボックス化は、家電製品による故障事故やインターネットからの個人情報流出などの問題を招きます。便利なIT社会で、賢く生きていくことが求められます。

や社会調査といった分野でも、今やコンピュータによる情報収集や分析が欠かせません。文化財の復元やＧＩＳシステム（59ページ参照）などのように、情報技術の発展が大きな進歩をもたらした学問分野もあります。

そこが知りたい Q&A

Q1 専門学校で学ぶ「情報処理」と大学で学ぶ「情報工学」はどう違うのですか？

A いろいろな点で異なりますが、いちばん大きな違いは学ぶ内容です。専門学校では、コンピュータの使い方やプログラミングの技術を中心に学びます。大学ではそれらに加えて、プログラムを構築する理論も学びます。したがって、大学のほうが情報工学の知識を幅広く学べることになります。

Q2 文系の「情報学」と理系の「情報学」の違いは何ですか？

A 理系の情報学では、ハードウェアの設計やソフトウェアのプログラミング、ネットワークの構築など、コンピュータそのものを学び、開発をめざします。「情報工学」とも言うように、理系の「工学」分野に含まれ

専門用語を知っているかな？

IP
インターネット・プロトコル(Internet Protocol)の略で、インターネットを通じてデータを送信するための規格です。情報を細分化し、宛名をつけて伝送する形式（パケット交換方式）であるため、音声・文字・映像などのマルチメディアにも柔軟に対応でき、コストが小さいという利点もあります。音声データをパケット化してやりとりする電話サービス（ＩＰ電話）などに利用されています。

VR
バーチャル・リアリティ(Virtual Reality)の略で、「仮想現実」という意味。まるで現実のようにコンピュータで作り出す3次元空間をコンピュータで作り出す技術。具体的には、体験者の身体にヘッドセットなどの機

1 人文科学系
2 社会科学系
3 自然科学系
4 総合系

るのです。これに対して文系の情報学では、ネットやメディアが社会にどのような影響を与えるかといった、「社会学」系統に近い内容を学んでいきます。どちらの場合もコンピュータが研究対象となりますから、パソコンに触れることは必須となります。

Q3 情報工学に向いているのはどんな人ですか？

A パソコンに触れるのが好きな人、コンピュータの技術を身につけたいと思っている人、コンピュータの開発に興味がある人は、情報工学の門をたたいてみてください。また、コンピュータを専門とする仕事ではなくても、コンピュータに関する知識は大きなプラスになるので、ほかのことにも興味をもつ好奇心を大切にしてください。

最近の研究テーマは？

近年、自然現象や社会現象を数式で表し、その計算式を解くことで現象を再現する「コンピュータ・シミュレーション」技術が大きな発展を遂げていますが、この分野で日本の技術はトップクラスです。

器を装着し、コンピュータによって作り出された臨場感のある映像や音響を流すことにより、体験者が本当にその場にいるような感覚を作り出します。テレビゲームだけではなく、映画、医療、宇宙産業などさまざまな分野で実用化されています。また最近では、視覚や聴覚だけでなく、味覚を使う技術の開発も進められています。

アルゴリズム
問題を解決するための手順や方法を一般化して表したもの。コンピュータのプログラムを作成する際に基礎となるもので情報工学の分野ではよく耳にする言葉ですが、かならずしもコンピュータ上のものである必要はなく、数学や言語学の分野で使われることもあります。また、最近では「問題を解決するための手順・方法」という意味で、さまざまな場面で使われます。

２００２年、日本は「地球シミュレータ」という当時としては世界一の超高性能コンピュータを開発しました。その後、アメリカや中国のスーパーコンピュータに世界一の座を譲りましたが、２０１１年に日本の「京」が1位を奪回。さらに「京」の後継機として２０２１年に本格稼働を始めた「富岳」もスーパーコンピュータのランキングトップに輝いています。

こうしたスーパーコンピュータは、自然現象の予測や災害防止、次世代エネルギーのシミュレーション、新薬の開発などさまざまな分野で貢献できると期待されています。

卒業後の進路は？

大半の学生が大学院に進学します。大学院修士号以上の学歴を求める企業が少なくないためです。就職先は、ＩＴシステム設計製造、ＩＴコンサルティング、コンピュータ・電気系メーカー、情報通信運用業、警備会社など多岐にわたります。ＩＴ関連の仕事はコンピュータと向き合っている印象が強いかもしれませんが、実際にはチームでの研究や、一般ユーザーと接する仕事も多くあります。技術的な面だけでなく、コミュニケーション能力も必要とされるでしょう。

建築学・土木工学

日常生活の土台となる住環境や「社会インフラ」と呼ばれる橋、ダム、発電所などの設計を学びます。一般に「土木工学」では公共インフラの設計・建設を扱い、「建築学」ではそれ以外の住宅や学校、病院などを扱います。地震が多発する関係もあり、この分野における日本の耐震・免震技術は世界でもトップレベルにあります。

どんな学問ですか？

建築学は、おもに「建物」を、土木工学は道路、鉄道、橋、トンネル、ダム、発電所、下水道などの「構造物」を扱います。それぞれの概要を見ていきましょう。

1 建築学

◎計画・設計

ひとことコラム

創業1400年の老舗

現存する世界最古の木造建築は何か知っていますか？　答えはもちろん日本の法隆寺です。西暦607年に聖徳太子が建立しました。593年にまずは建築に関する歴史「建築史」を学び、それに基づいて建物の設計・管理・維持を考えていきます。建物を単につくるだけでなく、高齢者にもやさしい建物、歴史や風土に合った建物などを研究します。対象が「都市」にまで広がることもあります。建築デザインやインテリアデザインもこの分野に含まれます。

◎構造

建物の安全性・耐久性・快適性を研究します。具体的には、骨組みなどの構造や、木材・コンクリートなどの材料について学びます。地震大国の日本では、耐震・免震構造*の研究もさかんで、その技術は世界でもトップクラスです。

◎環境

建物の「環境」、具体的には空調設備、給排水設備、電気設備、防音設備、防災設備など建物の「設備」を中心に研究します。環境問題が深刻化した現代では、環境にやさしい設備を開発することも重要視されています。

2 土木工学

道路・ダム・発電所など、私たちの生活基盤となる構造物の計画、設計、建設、管理、維持について学びます。自然のしくみを学ぶ「水理学」「土質力学」「地盤力学」、材料について学ぶ「コンクリート工学」「鋼構造学」「セメント化学」、災害について学ぶ「地震工学」「防災工学」、計画や設計の方法について学ぶ「交通計画」「都市計画」「土木設計学」などがあります。授業では、講義と並

は四天王寺という寺も建立されています。その法隆寺や四天王寺の創建に関わった組織が、なんと現在も存在しています。578年に創業して以来、現在も日本の建設会社として、寺社や仏閣の設計・施工、文化財の復元・修理を行っているのです。

他にも日本に存在する建設会社には古いものが多く、戦国時代や江戸時代に創業した企業があります。先述した建設会社ではクギを使わない伝統の工法を守り通していますが、そうした古くからの伝統と最新のテクノロジーの融合も、建築学の魅力でしょう。

行して製図や測量などの実習も行います。

そこが知りたいQ&A

Q1 建築学・土木工学に向いているのはどんな人ですか？

A ものをつくるのが好きな人、「何かを形にしたい」と思っている人に向いています。製図作業も不可欠なので、細かい作業が得意な人も能力を活かすことができます。物理が得意な人は、建物や構造物の計画・設計・建設などでその知識を活かせます。また、デザインや芸術に興味がある人にも向いているでしょう。

最近の研究テーマは？

新しく注目されている技術を紹介します。

◎建物を維持するための技術――「橋に触れずに点検する技術」

日本企業が開発したこの技術は、二つの手法を用います。一つは、高解像度カ

専門用語を知っているかな？

耐震構造／免震構造／制震構造＊

耐震構造は「地震の揺れに耐える構造」。柱を太く壁を厚くすることで建物を強くし、地震エネルギーを受けても壊れないように設計されています。日本の建造物の多くは、この耐震構造です。

免震構造は「地震の揺れを回避する構造」。建物と土台との間に「免震層」をつくることで、地震エネルギーが建物に伝わりにくくなるように設計されています。おもに高層ビルに利用されています。

制震構造は「地震の揺れを吸収する構造」。地震エネルギーを吸収する制震壁などを入れて、建物の揺れを小さくする構造です。特に高層階の揺れに効果を発揮し、免震構造

メラで橋の表面を撮影し、ひび割れを検出する手法。通常は人間の目で行う「目視検査」に当たります。もう一つは、赤外線カメラで橋の表面温度を計測し、浮きや剥離を検知する手法。こちらはハンマーで叩いた音から判断する「打音検査」に当たります。これらの方法は点検が難しい海上橋などにも活用できるため、構造物の劣化問題が深刻化している海外の先進国からも注目されています。

◎古い建物を解体する技術――「テコレップシステム」

従来のように重機を用いて建物を壊すのではなく、建物の上から1フロアずつ解体していきます。日本の建設会社が開発した技法で、「ビルが縮んでいくように見える」と話題になりました。この技術により、騒音・振動、解体物の落下、粉塵の飛散、高所作業の危険性などを抑えることができます。超高層ビルが密集して立ち並ぶ現代にあって、世界中から注目されている技術です。

卒業後の進路は？

半数以上が大学院に進学しますが、学部卒業生でも建設業界のさまざまな分野で活躍できます。住宅・建造物の施工管理やハウスメーカーの設計部などがおもな就職先です。ただし、官公庁や建設会社の研究職は大学院卒業生が多数を占めています。また、建築学系は、工学部のなかでは女性の割合が高く、建築士やインテリアプランナーとして活躍する人がたくさんいます。

よりも低コストで設計することができます。

CAD
人間が作成した設計を支援するソフトウェアのこと。Computer Aided Designの略で、「キャド」と呼ばれます。効率的で正確、繰り返しの作業に便利などの利点があり、建築分野の可能性を広げるツールとして需要が高まっています。

LCA
ライフサイクルアセスメント(Life Cycle Assessment)の略。モノが製造されてから廃棄されるまでの、地球環境への負担を明らかにする方法。建築学分野で言えば、建物が建てられ、時を経て解体されるまでの過程で、どれだけのエネルギーが使われ、どのくらいの廃棄物が出るのか、建築資材のリサイクルはできるのか、といったことが検討されます。

材料工学・資源工学

かぎりある地球の資源を有効に活用することを主要な目的とする学問です。環境意識の高まりに合わせて「材料工学」の分野ではリサイクルしやすい素材や長期間にわたって使用できる素材の開発などに取り組みます。「資源工学」の分野では採掘方法の効率化や廃棄物の有効活用、採掘の際に発生する有害物質の分離・除去技術の開発といった成果が期待されるようになっています。

どんな学問ですか？

「材料工学・資源工学」は地球の資源を有効に活用することを主な目的とする学問です。それぞれの特徴を見ていきましょう。

◎材料工学

新しい材料（素材・物質）の開発やデバイス（機器・装置）の設計と評価が中心となります。古くは金属の性質（金属工学）を学んでいましたが、近年ではナ

専門用語を知っているかな？

カーボンナノチューブ＊
ダイヤモンドや黒鉛などと同じ炭素の同素体の一つで1991年に飯島澄男教授に

ノテクノロジー（ナノメートル＝10億分の1メートル単位で加工する精巧な技術）を利用した新しい素材開発などが進んでいます。日本の技術は世界でもトップレベルです。

ちなみに、燃料電池の電極やシリコンに代わる半導体材料として注目されている「カーボン・ナノチューブ*」を発見したのも日本人の研究者でした。

◎資源工学

世界中に存在する資源の調査や採掘、実用化に関する研究を中心とする学問です。

以前は石炭や銅、銀の鉱脈の探索や採掘、それらを純度の高い資源に精製するプロセスの開発が中心でしたが、近年では新エネルギー、再生可能エネルギーの開発が重要なテーマとなってきています。「再生可能エネルギー」とは、主に自然のエネルギーが元になっているもので、「風力」や「太陽光」「波力」「バイオマス（生物由来）」といったエネルギー資源の総称です。

また、環境問題への意識が高まっていることから、環境への配慮も重視されています。材料工学の分野では「機能性の高い素材の開発」「リサイクルしやすい素材の開発」「長期間にわたって使用可能な素材の開発」など。資源工学の分野では「採掘方法の効率化」「未利用資源の活用」「採掘の際に発生する有害な物質の分離・除去技術」などの研究テーマが挙げられます。

よって発見されました。ダイヤモンドはピラミッド型に、黒鉛は平面状に炭素が結合していますが、カーボンナノチューブはその名のとおりチューブ状に結合しているのが特徴です。その多彩な特徴から次のような方面で研究が進んでいます。

・水素をよく吸着するため燃料電池の電極として
・非常に高い強度（鋼鉄の20倍）をもつ新素材として
・シリコンに代わる新しい半導体材料として

メタンハイドレート
メタンと水が結合した物質。氷のように見えますが、火をつけると燃えることから「燃える氷」とも呼ばれます。メタンは天然ガスの主成分で、二酸化炭素の排出量は石油や石炭の半分程度です。そのため、メタンハイドレートは次世代エネルギー資源として注目されています。日本は世界に先駆けてメタンハイドレートを海底から取り出す作業を

そこが知りたいQ&A

Q1 どのような人に向いている学問ですか？

A「かぎりある資源を効率よく、無駄なく利用する方法を探したい」「生活をもっと便利にしたい」「自然と共生できる社会をつくりたい」という思いがある人にとって、非常に有意義な学問でしょう。また、社会の出来事に関心があり、「現在または将来の社会では何が必要とされているか」を考えることが好きな人も活躍できる分野です。

Q2 材料工学・資源工学が学べるところを教えてください。

A「材料」「資源」と名前のつく学科以外に、「環境」「物質」「エネルギー」といった言葉もキーワードになるでしょう。なかにはコースとして設置されている大学もあります。

材料工学を学べる学科としては「応用化学科」「機械工学科」「物質工学科」「創造工学科」「マテリアル工学科」などがあり、資源工学を学べる学科としては「環境応用化学科」「地球工学科」「エネルギー科学科」「循

開始しています。採掘技術やコストの面でまだ課題を抱えていますが、実用化をめざして開発が進められています。

リチウムイオン電池

正極にリチウム酸化物、負極に炭素化合物を用いた電池。LIBとも呼ばれます。小型でありながら大きなエネルギーを保有でき、何度でも充電できることから、スマートフォンやノートパソコン、デジタルカメラなどに利用され、その小型化に貢献しました。この電池を世界で初めて開発したのは、2019年にノーベル化学賞を受賞した吉野彰氏。日本が世界に誇れる技術の一つと言えます。現在では自動車産業や宇宙産業にも取り入れられるようになり、将来はエネルギー問題への貢献も期待されています。

環環境工学科」「原子力工学科」などがあります。

最近の研究テーマは？

「炭素繊維」という言葉は聞き慣れないかもしれませんが、「カーボン」と言えばなじみがあるのではないでしょうか。英語では“carbon fiber”と呼ばれます。現在、テニスラケットなどに広く使われている炭素繊維、じつは１９６１年に日本人が発明したものです。乗り物ではこれまで航空機やレーシングカーなどに利用されてきましたが、製造コストがかかることから一般的な自動車への実用化はなかなか進みませんでした。

そんななか、近年になってようやく自動車メーカーが炭素繊維の実用化に向けて動き出しました。炭素繊維は金属と比べて軽くて丈夫なため、自動車の軽量化を実現でき、燃費向上や二酸化炭素排出量の削減につながります。省エネが叫ばれる近年、ますます注目される素材です。

卒業後の進路は？

大学院への進学が圧倒的多数を占めています。材料工学系の大学院卒業後の就

ひとことコラム

資源大国「日本」〜廃棄物を資源に〜

日本は無資源国家と言われますが、世界有数の資源大国になれる可能性も大いにあるのです。みなさんは「都市鉱山」という言葉を聞いたことがあるでしょうか？　家電製品や自動車などが大量のゴミとして出されたとき、それらのなかには資源として活用できる希少金属（レアメタル）が存在します。それが都市の中にある鉱山のように見えることから「都市鉱山」と呼ばれるようになったのです。たとえば、日本の都市鉱山には金の総量が６８００ｔで全世界の埋蔵量の16％、ディスプレイや太陽光発電に使われるインジウムも16％存在します。しかし、現状ではこの都市鉱山資源が有効に活用されているとは言いにくく、今後の課題となっています。

職先は、主として鉄鋼や非鉄（アルミニウムや鉛、亜鉛など）などの素材メーカーの割合が高く、電気機器や自動車など製造業に就職する人も少なくありません。資源工学系の就職先としては、金属やセメントなどの資源に関わる製造業や、石油・天然ガスなどのエネルギー関連の企業が中心となっています。

航空・宇宙工学

「航空工学」と「宇宙工学」は、航空機やロケット、人工衛星、宇宙ステーションなどの設計・運用・整備を研究する学問です。発展の歴史や取り扱う内容が類似していることから、「航空・宇宙工学」とも呼ばれます。さまざまな工学分野を融合させた学問であり、工学のなかでも応用的な分野だと言えます。大学によっては、航空機の操縦士の資格取得や、航空機整備の実習授業も行われています。

どんな学問ですか?

「航空・宇宙工学」のベースは、大きく四つの領域に分類できます。

◎流体力学

翼や胴体にかかる空気抵抗を調べて、空を飛ぶしくみを考える分野です。

◎構造力学・材料力学

航空機・ロケットの設計や、軽量で丈夫な材料の選定について学びます。

◎熱力学・推進工学

効率的なエンジンの開発や、推進力を考案します。

ひとことコラム

21世紀は宇宙の時代 〜宇宙開発の現状〜

2010年、日本の小惑星探査機「はやぶさ」は約60億㎞の旅を経て、7年ぶりに地球に帰還しました。その機体は大気圏で焼失しましたが、世界で初めて小惑星の微粒子を地上に届けた探査機となりました。はやぶさが着陸した小

◎制御工学

機体の制御について学ぶ分野です。

また、大学の専攻によっては、操縦士の資格を取得できるところや、航空機整備の実習授業を受けられるところもあります。

実際の設計や研究にはコンピュータが多用され、コンピュータシミュレーションによって空気の流れを予測する「数値流体力学（ＣＦＤ）」、構造の変形や応力を単純な形状のパーツに分けて解析する「有限要素法（ＦＥＭ）」などが重要性を増しています。

このように航空・宇宙工学はさまざまな工学分野を融合させた学問であり、工学のなかでも応用的な分野です。

従来、航空・宇宙産業は欧米の独壇場でしたが、近年は中国やインド、もちろん日本でも開発や研究がさかんになりつつあります。

たとえば、自動車メーカーが小型ジェット機の開発を進めたり、宇宙産業でも、Ｈ-ⅡＡロケット、Ｈ-ⅡＢロケット、イプシロンロケットの打ち上げが連続で成功し、世界レベルの技術と互角にわたり合えるようになってきました。今後もさらなる発展が期待されている分野です。

惑星は、日本のロケット開発の先駆者・糸川英夫さんの名前にちなんで「イトカワ」と名づけられ、その微粒子は天文学のさらなる発展に貢献することが期待されています。

また2014年には、大きく改良された「はやぶさ2」が打ち上げられ、2018年には小惑星「Ryugu（リュウグウ）」に着陸。2020年にサンプルを持ち帰りました。サンプルにはリュウグウのガスも含まれています。地球圏外から気体を持ち帰ることに成功したのは世界初の快挙です。一方、世界では民間企業による宇宙旅行もスタートしています。たとえば、高度100㎞の宇宙を旅するツアーや、高度400㎞の宇宙ステーションーISSに1週間ほど滞在するツアーなど。今はまだ限られた人のみが参加できる高額な旅行ですが、21世紀は民間の力で宇宙に飛び立つ時代になりつつあります。

そこが知りたい

Q&A

Q1 航空・宇宙工学に向いているのはどんな人ですか？

A 未知のものに興味がある人、好奇心旺盛な人に向いています。物理学が好きな人も、その知識を活かせる部分が多いでしょう。この分野は大学・学部・学科に入るときだけでなく、航空宇宙業界で働くにあたっても「狭き門」をくぐる必要があるため、つらい時にもあきらめない強い意志をもっていることが必要です。

Q2 どんな実習があるのですか？

A 一般的には、まずしっかりと基礎知識を学んだ後、実際に温度や振動などの測定や数値解析を行います。開発や設計に関するコースでは、CADシステム（174ページ参照）などコンピュータを利用して、機体やエンジン、制御系の設計・製図の技術を身につけます。小型ロケットやエンジンの試作を行うところもあります。パイロットをめざすコースでは、フライトシミュレータやプロペラ機で飛行実習を体験するでしょう。それにともなったライセンスを取得できるところもありますが、航空身

専門用語を知っているかな？

アビオニクス
航空機や宇宙船などに搭載される電子機器のこと。具体的には、通信機器やコックピットの計器類・飛行を管理するシステムなどを指し、航空機を運航するうえでなくてはならないものです。近年ではGPSの登場により航法に大きな変化がもたらされ、航空機の安全性を高める研究が進められています。

国際宇宙ステーション（ISS）
世界15カ国が協力し、地上から約400㎞上空に建設された巨大な施設のこと。時速約2万8000㎞という猛スピードで地球の周りを回りながら、宇宙空間という特殊な環境でさまざまな実験や、地球・天体の観測を行うことを目的としています。日本が開発を

体検査や、ある程度の英語能力が必要となります。その他には、制御実験や飛行実験、整備実習などが挙げられます。いずれも大学や専攻するコースによって異なるため、大学案内やHPで確認しておきましょう。

最近の研究テーマは？

航空工学に欠かせない「流体力学」の重要なテーマに「乱流制御」があります。「乱流」は、みなさんもよく目にすることができる現象です。たとえば、水道の蛇口をひねって水を出すとき、水量が少ないうちは静かでゆるやかな流れですが、水量を増やすと流れが乱れ、水の出る音も「ジャバジャバ」と大きくなります。

前者の流れ方は「層流」、後者の流れ方が「乱流」と呼ばれます。この乱流が問題です。層流と比べて制御がむずかしく、発生のメカニズムに関しても不明な点がたくさんあるためです。しかし、自然界では大半の流れが乱流であるため、コントロールすることができれば、航空工学をはじめさまざまな分野の発展につながります。

担当した実験棟は「きぼう」と名づけられ、内部の「船外実験プラットフォーム」という施設では、宇宙空間の低重力・高真空状態という特徴を利用して実験を行うことができます。

ジェットエンジン

圧縮した空気に燃料を混合し、着火・爆発させたエネルギーを推進力として利用するエンジンです。多くの場合、タービンと呼ばれる羽根車を回し、そこから得たエネルギーを利用します。現在の航空機は、大半がこのジェットエンジンを使っています。一方、自動車やバイクに利用されているエンジンはレシプロエンジンと呼ばれ、ジェットエンジンとは構造や原理が大きく違うものです。一般的にはジェットエンジンの方が大きなエネルギーや推進力を出すことができますが、エネルギー効率や小型化の面ではレシプ

卒業後の進路は？

ほとんどの学生が大学院へ進学します。大学院卒業後は、エアライン系や航空宇宙産業に就職する人が多くいます。また航空・宇宙工学は、自動車および関連機器、情報、電気・電子、造船、電力など幅広い分野で応用されるため、それぞれの分野のエンジニアとして活躍する人もいます。

「ＪＡＸＡ（宇宙航空研究開発機構）」などの研究機関に入り、研究を深める人もいますが、そのような研究職に就く場合は大学院博士課程に進学し、博士号を取得することが必要です。

ロエンジンの方が優れていると言われています。

リモートセンシング
離れたところから地上の現象を解明する技術のことです。実際には、人工衛星や航空機に搭載されたセンサーで対象物から反射・放射された音波や光、電波を受信することによって、さまざまなデータを得ています。そこで得られたデータは、天気予報や地形図、災害対策、資源探査、地球環境の実態調査などに利用されています。

その他の工学

本文で述べた以外にも、モノやお金の流れを数学的に考えて将来を予想する「金融工学」など文系に近い領域や、環境にやさしい「循環型社会システム」の研究、エネルギーの有効活用を研究する「環境・エネルギー工学」などがあります。

最近では、社会で話題になるテーマを扱う学科が新設されるケースも多く、時代の流れを反映して学科編成が頻繁に見直されています。社会のニーズに応じて、中心となる分野が入れ替わる点も工学の特徴と言えるでしょう。

最後に、代表的な３つの分野をご紹介しておきましょう。

1 船舶・海洋工学

船と海に関わる建造物や機械の設計、建設方法の研究を行います。

「船や海」と聞けば、客船や港を思い浮かべる人が多いでしょう。しかし、それだけではありません。人工島や海底トンネル、海底探査ロボットなど、海の特性を考えてつくらなければならないものはたくさんあります。船ひとつとっても、商船や漁船から気象観測船、海難救助船といった特殊船まで多種多様です。

また、海には豊富な海洋資源（生物資源や深海鉱物資源、海洋石油など）があり、クリーンな自然エネルギー（波や海流、潮流、太陽光など）も得られます。こうした資源やエネルギーを有効活用するための技術開発も研究対象となります。

日本は海に囲まれた国ですから、この分野の研究や開発は今後もますます重要になっていくでしょう。

2 経営工学

企業が生産性や利益を向上させるシステムを研究する学問です。従来、企業の経営資源とされてきた「ヒト・モノ・カネ」に加えて「情報」が動くことで起こりうる事象を数値化・分析・検証することで、より効率的なシステムの開発をめざします。

たとえば、新たに生産工場をつくるとき、いきなり建設にかかるようではリスクが大きすぎます。まずは「モノ」の流れ（何を、どの時期に、どれくらい生産するかなど）を数値化し、架空の工場で生産を実現させます。そうすれば、前もってその工場の欠点や欠陥がわかりますから、最適な工場を設計することが可能となるはずです。

「経営工学」では、数学やコンピュータの知識、技術を駆使して、最小のコストで最大の利益を生み出せるようなシステムを研究していくのです。

3 画像・光工学

写真や印刷の技術、コンピュータを使った画像加工・解析技術、そして「見る」というしくみの研究まで、「画像」に関連する分野を幅広く学ぶ学問です。

画像研究の範囲は、コンピュータグラフィックスやアニメーションにとどまらず、３Ｄ映像やＣＴ、デジタルカメラの顔認識、医療機器の診断結果の画像化などさまざまです。金融業界ではＡＴＭの指紋認証にも応用されています。

コンピュータを利用しながら画像研究をするなかで、画像の元である「光」そのものの研究や、光を利用した情報通信技術の開発を行う「光工学」分野も発展してきました。大学では「画像工学」と並列して「光工学」が設置され、「光通信技術」や「レーザー技術」などが研究されています。

プロの目から 5

宇宙で深刻な「ゴミ問題」に立ち向かえ

❖危険！ 宇宙の「ゴミ問題」

「宇宙ゴミ」とは、人工衛星を宇宙へ運んだ後のロケットや運用期間が終わった人工衛星など、宇宙空間にある「ゴミ」のことで、現在、2万3000個もあると言われています。

宇宙ゴミの一番の問題は、数が増えることで互いに衝突しやすくなり、衝突することでさらに増えていくことです。高校の「第一宇宙速度」で習うように、人工衛星は7・9㎞／sで周回しています。これが同じ方向なら相対速度0ですが、反対方向に回ってきたとすると相対速度は約16㎞／sですよね？ とんでもない事故になります。

また、宇宙ゴミは私たちにも危険を及ぼすことがあります。宇宙空間から落ちてきたゴミのほとんどは大気圏で焼失しますが、まれに燃え残って地上に落下することがあるのです。なかには、ロケットの燃料タンクが大きいまま落ちてくることも。もし人口密度の高い場所に落ちたらたいへんなことになります。

九州大学　工学部機械航空工学科
花田　俊也 先生

答えがあるものに対して機械的に解く訓練しかしていないと、大学に入って困ります。学問で大切なのは、答えに到達することよりも、それまでにどう考えたかなので、考える癖をつけてほしいと思います。自分がやりたい分野とかけ離れていることでも学んでください。それがいつフィードバックされるかはわかりませんが、学んで損することはないと思います。私自身がそういう経験をしています。たとえば、医学分野の技術を利用したらうまくいったとか。自分の直面する課題に対して、何がひも解くものになるのかはわかりません。だからこそ、どんなことでも貪欲に学んでほしいのです。

❖100年後、200年後の宇宙をシミュレーションする

私たちがこれ以上、新しい宇宙ゴミをつくらないとしても、今ある宇宙ゴミどうしが衝突して増えていく「ケスラーシンドローム」という現象があります。大切なのは、まずそれが実際に起こっているかを見極めること。そして、どうすれば宇宙ゴミを減らせるかをシミュレーションすることです。

この研究ではさまざまな学問が必要になります。たとえば、宇宙ゴミが衝突するときにどんな破片がどのくらい生じるかをモデル化するには「破壊工学」、破片が衝突する確率を出すには「統計学」、さらに破片は軌道に乗って地球の周りを回っているため「軌道学」の知識も必要です。みなさんが高校の物理で習う「ケプラーの法則」「ニュートン力学（運動の法則）」「万有引力の法則」、数学の「二次曲線」の知識なども応用します。それらの学問を組み合わせて、100年後、200年後の宇宙をシミュレーションしていくわけです。

❖最小のコストで、最大限の効果を

まだ実現には至っていませんが、宇宙ゴミを除去するためにさまざまな方法が考えられています。たとえばＪＡＸＡが提案しているのは、「導電性テザー」という電流を流すことでローレンツ力を発生させ、その力で宇宙ゴミの軌道を下げていき、大気圏で燃やすという方法です。

大量の宇宙ゴミを除去していくためには、近いうちに衝突しそうなものからランクづけし、優先的に対応していかなければなりません。燃料を節約しながら効果を最大限にできるような方法も考える必要があります。そういったことがこの分野のこれからの課題になります。

医学

「医学」は人体のしくみや病気について学び、医師の資格取得をめざすための学問です。新しい病気の原因究明や予防法、治療法の開発も重要な研究テーマとなっています。医学研究は「生命科学」をベースとしていますが、「遺伝子工学」「生物化学」「薬学」「行動科学」などさまざまな学問領域の研究成果にも大きく支えられています。

どんな学問ですか？

誰でも病院や診療所で医師の診察を受けたことがあるでしょう。ひどいケガや重い病気を治してもらった人もいるでしょう。そんなとき「自分も大人になったら医者になって、苦しんでいる人たちを助けたい」と思った人もいるはずです。そんな気持ちを持ち続けている人のための学問が「医学」です。医師になるためには、大学の医学部で学び、医師国家試験に合格しなければなりません。

「医学」は、人体の構造や生理機能について学び、病気の治療法や予防法を研究・修得することを目的とした学問です。

こんなカリキュラムで勉強します

1～2年生

教養科目
医学の前提となる自然科学や教養科目を学びます。

一方で、幅広い知識だけでなく、医療の倫理や道徳面について学ぶことも重視されています。人間性も含め、総合的に卓越した医師になることが、医学部で学ぶ目的なのです。

医学部では、医師として必要な知識や技術を6年間で習得していきます。専門科目は、大別すると「基礎医学」「社会医学」「臨床医学」に分けられます。

◎基礎医学

医師として患者を診察し、治療を行うために必要な基礎知識を学ぶ分野です。たとえば、人体の機能を学ぶ「生理学」や病気のメカニズムを学ぶ「病理学」、身体の器官について学ぶ「解剖学」、薬の特性を学ぶ「薬理学」、人間の免疫機能を学ぶ「免疫学」などがあります。専門分野ごとに学ぶのではなく、各分野を結合させた総合的なカリキュラムを組んで授業を行う大学もあります。

◎社会医学

職業や経済状況などの社会的要因と病気との関係を研究し、人々の健康向上を考える分野です。病気になりにくい生活や社会をめざす「公衆衛生学」、寄生虫と宿主の関係について研究する「寄生虫学」、犯罪の解明や親子鑑定などで活用される「法医学」などがあります。

◎臨床医学

実際に患者を診察し、治療するための分野です。「内科学」「外科学」「整形外

2～4年生	5～6年生	6年生2月
専門科目 基礎医学・社会医学・臨床医学などの専門科目を学びます。 **全国共用試験** 4年生で共用試験を受験し、合格すると病院での実習が始まります。共用試験はCBT（知識）とOSCE（技術・態度）の2種類からなります。	**病院実習** おもに大学付属病院で実際の診断、治療を見ながら学んでいきます。内科・外科・小児科など各診療科での実習を体験します。	**医師国家試験** 国家試験合格後、2年間の臨床研修を経て、晴れて「医師」となります。

科学」「皮膚科学」「眼科学」「耳鼻咽喉科学」「産婦人科学」「小児科学」「神経精神科学」「放射線医学」「脳神経外科学」「麻酔学」などを学びます。これらは、将来、どの診療科目に進みたいかに関わらず、すべてを履修することになっています。大学によっては、臓器別・疾患別区分にしたがって「消化器系」「循環器系」といった区分で勉強するところもあります。

そこが知りたいQ&A

Q1 医学に向いているのはどんな人ですか？

A 医学は、人体の構造・機能にかぎらず、社会環境や倫理問題とも関係があります。最近では工学系など他の学問との関係も深くなっています。その意味で、医学はどんなことにも興味をもてる柔軟な思考をもった人に向いていると言えるでしょう。また、医師は患者と直接、向き合う職業であり、チーム医療においては周囲のスタッフと協力しなければなりませんから、コミュニケーション能力も求められます。さらに、学ぶことが多岐にわたり勉強時間が長いため忍耐力が必要ですし、医師の仕事は激務ですから体力も必要です。

このように考えてみると、医師を志すためのハードルはとても高いよう

ひとことコラム

解決なるか!?
医療の地域格差

医療の地域格差が問題となっています。都市に暮らす人々にとっては病院まで徒歩10分ほどでも、地方に住む人はクルマで1時間以上かかることがあるのです。症状や場所によっては、船やヘリコプターが必要なこともあります。

今後、少子高齢化による医療需要の増大ともからんで早急な対応が必要とされており、医学部の入試においては、定員増や、大学のある地域の病院で一定期間勤務することを入学条件とした「地域枠」の拡大が進められています。また、GIS（59ページ参照）やデータベースを利用してどこにどれだけの病院や医師が必要かを可視化する研究、政府による医師の勤務時間や社会保障制度の改善も進められています。

ですが、いちばん大切なことが「医者になりたい」「苦しんでいる人を助けたい」という強い意志であることは間違いありません。

Q2 「医学部はお金がかかる」と言われますが、どれくらい必要ですか？

A 国公立大学の学費はどの学部でも同じですから、6年間で350万円くらいです。私立大学の場合は、平均すると3200万円くらいですが、大学によって1800万円〜4800万円と、かなり差があります。ただし、私立大学であっても学費貸与の制度があるところや、成績上位者に対して学費の一部を免除する制度を設けている大学もあります。最近は地域枠を設けるところも増えてきています。

Q3 臨床研修制度について教えてください。

A 医師国家試験に合格後、臨床研修指定病院で2年間、研修医として勤務することになります。どこで勤務するかについては自分で希望できますが、最終的には「マッチング」という方法で決まります。

一般に、学生は6年次の6〜8月に各病院の説明会に参加したり、実際に見学に行ったりして、9〜10月中旬、希望する病院に優先順位をつけ

専門用語を知っているかな？

新型出生前検査
妊婦の血液によって胎児の三つの病気（「パトー症候群」「エドワーズ症候群」「ダウン症」）の可能性を調べる検査のこと。陰性なら99％の確率で病気はないとされ、流産などのリスクがある羊水検査をせずにすむ点がメリットです。女性の出産選択の権利が重要視される一方、陽性の場合に90％以上が人工妊娠中絶を選んでいることから、「命の選別」との批判や、「産む前の選別があたりまえの社会になる」と危ぶむ声もあります。

QOL（Quality of Life）
「生活の質」のこと。当初は癌患者の支援のために使われた言葉ですが、最近では幅広

た希望順位表を提出します。病院側も、面接や筆記試験などの選考結果を参考にして、採用したい学生に優先順位をつけます。それらをコンピュータ処理することによって、10月下旬に組み合わせが決まります。研修先では各診療科目をローテーションしながら、担当指導医のもと、入院患者の診察や外来患者の予診、各種検査や手術助手などを体験し、必要な知識や技術の修得をめざします。

最近の研究テーマは？

現在、日本だけでも重度の視覚障がい者は20万人近くにのぼります。多くの場合、有効な治療法がないため、視覚機能の回復は困難だと言われています。そこで注目されているのが、特殊なＣＣＤカメラで撮影した映像を電気信号に変換し、失明した人の網膜や脳などに埋め込んだ電極に送って視覚機能の回復をめざす「人工視覚システム」です。これまでに網膜を刺激する方法、視神経を刺激する方法、脳を刺激する方法などが研究されてきましたが、最近では電気信号のかわりに神経伝達物質を使って刺激する方法も試みられるようになりました。すでに実際の手術に取り入れられている例もあります。

視覚情報の認識に関してはまだ謎の部分が多いため、課題の多い分野ですが、

く解釈されるようになり、心理的・社会的な豊かさや、人間らしい充実した生活のレベルを表す際にも使われています。たとえば1日3回服用しなければならなかった薬が1回ですむようになれば、それも「QOLの向上」と言えます。

テーラーメード医療（オーダーメード医療）
病気の種類や程度に応じて決まった治療をするのではなく、個人の体質や環境に応じて治療法を決定していくこと。将来的には、遺伝子の個人差に応じた治療法の選択が可能となるように、遺伝子診断の研究が行われています。

ポリクリ／クリクラ
おもに医学部生の間で使われる言葉。「ポリクリ」はpoliklinik（ドイツ語で「総合病院」）の略。「クリクラ」はclinical clerkship（英語で「臨床実習」）の略で、5～6年次に経験する病院実習

視覚障がいに苦しむ人々にとっては一筋の光明でしょう。

卒業後の進路は？

医師国家試験に合格し、2年間の研修を修了した人は、勤務医として病院で働いたり、開業したりします。厚生労働省や保健所に就職したり、産業医として企業などに就職して社員の健康管理に携わる人もいます。

医学研究者をめざす場合は、大学院の博士課程に進んで、さらに4年間学びます。その後、大学や研究所で遺伝子や免疫など基礎医学分野の研究を深める人もいれば、すぐれた医師を育てるために医学部の教員となる人もいます。

また、少数ではありますが、医学の知識を活かして弁護士やコンサルタントになる人、製薬会社や保険会社などの民間企業、医療系のベンチャー企業に就職する人もいます。どの進路を選ぶにせよ、医師免許を取得しておくと武器になります。

のことです。大学によっては ポリクリを見学中心の実習、クリクラを実践中心の実習としているところもあります。

たくさんの命を救うために

❖臨床から研究の道へ

私は慶應義塾大学医学部を卒業したあと、内科医として、特に白血病などの治療を行う「血液内科」を専門に働いていました。しかし、現場では、治せない病気が山ほどあるということがよくわかりました。治せる病気だけを治すのではなく、治らない病気で困っている人たちを助けるためには、研究が必要ということを身にしみて感じ、医学研究の道に進みました。白血病は血液細胞の癌《がん》ですし、血液は免疫と密接な関係にあります。そこで私は米国に渡り「癌《がん》」と「免疫」の研究に取り組みました。

❖「癌《がん》」と「免疫」の関係の理解と「癌免疫療法」の開発

癌《がん》は、細胞に遺伝子異常が起こり、コントロールの効かない異常細胞がどんどん増えて身体が破壊されてしまう病気ですが、実は、日本人の2人に1人がかかる非常に多い病気です。

癌《がん》の治療では、①外科手術、②抗癌《がん》剤を使用する化学療法や分子標的治療、③放射線治療が「三大標準治療」と呼ばれてきました。しかし実際には、約半数の患者さんが標準治療では完治できません。そこで、第4の治療法とも言われるのが、私たちの研究

慶應義塾大学　名誉教授
河上　裕 先生

自分の好きなもの、やっていて苦にならないものを見つけましょう。それがみなさんの素質や才能です。そして、好きなものを見つけたら、一生懸命、努力して、世界に飛び出しましょう！　そのためには、カタコトで構わないので、英語が話せるとよいですね。世界に出れば、面白いことがたくさんあります！　みなさんの人生が広がります！

している「免疫療法」です。

人間の身体には、細菌やウイルスを排除する「免疫防御」という仕組みがあり、インフルエンザなどの予防接種もこれを利用したものです。私たちは、長年、「免疫細胞（特にTリンパ球）は癌細胞をどうやって見分けるのか？」「どうやって癌細胞を排除できるのか？」「癌細胞はどうやって免疫防御から逃避するのか？」という疑問を解くため、患者さんからいただいた貴重な血液や癌細胞などを用いて研究してきました。そして最近、「免疫チェックポイント阻害剤」と「培養T細胞を用いる養子免疫療法」という二つの免疫療法が、癌を攻撃するTリンパ球を活性化させ、進行した癌にも強力な治療効果を示すことがわかりました。

2018年度のノーベル生理学・医学賞は、免疫チェックポイント阻害薬の基礎となる研究をされた京都大学の本庶佑教授とテキサス大学のジェームズ・アリソン教授が受賞されました。基礎研究の成果が患者さんに貢献できた良い例です。

しかし、まだ効果の出ない患者さんも多く、私たちは癌免疫療法の改良のために、コンピュータを用いたマルチオミックス解析などの新技術を駆使して、癌の免疫病態の解明とその制御法の開発のために、日々努力しています。

❖医学研究は医者だけではできない

医学の発展には、他分野との協力が欠かせません。例えば、「バイオインフォーマティックス」と呼ばれる統計解析には数学の知識が必須ですし、「ロボット手術」の開発には機械・電気・通信の知識が不可欠です。臨床試験の実施においては社会科学の知識も必要です。ですから文科系の人も含めて、あらゆる人が医学に直結した仕事に就くことができます。ぜひ知っておいてください。

歯学

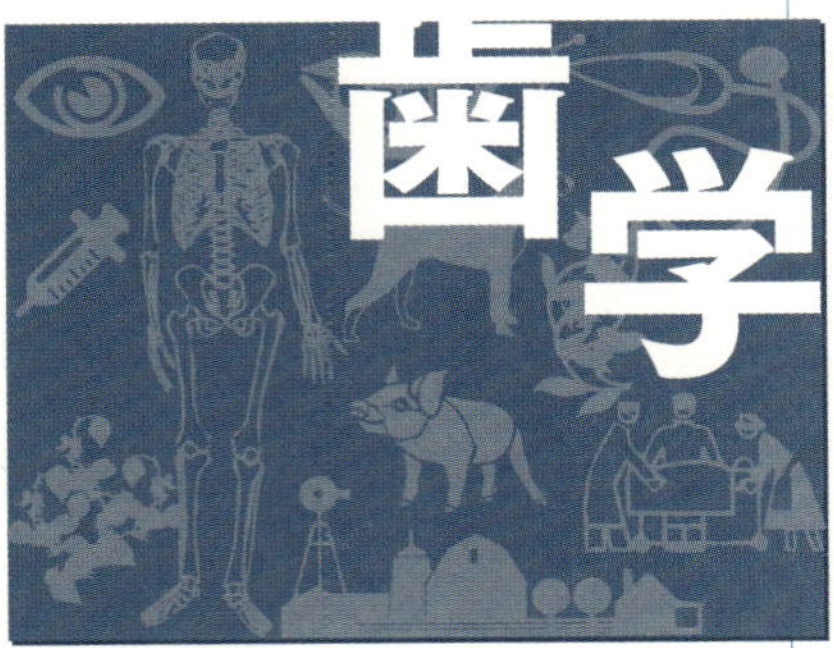

歯科医師をめざすための学問ですが、歯科医師の仕事は虫歯の治療だけではありません。口の内部全体の健康や機能回復のすべてが対象であり、最近では「QOL（クオリティ・オブ・ライフ＝生活の質）」の向上まで視野に入れた、総合医療としての性格が強くなっています。「歯学」の研究分野も広がり、遺伝子組換え技術から脳科学までが含まれます。

どんな学問ですか？

「歯学」と言うと、虫歯の治療をしたり、入れ歯をつくるなど技術中心の医療というイメージをもつ人がいるかもしれません。しかし最近の歯学研究や歯科診療は、そういったイメージとは大きく異なっています。

歯は口の内部、専門的に言えば「口腔*」にあります。そして口は、食べたり、話したり、呼吸をしたり……、私たちの身体のなかでもとくに多くの機能を担っています。さらに、歯周病が狭心症や心筋梗塞などの心疾患と関連するという研究結果が出るなど、口腔の健康状態が身体に影響することもあります。

専門用語を知っているかな？

口腔*

口から喉にかけての部分（唇や頬なども含む）をまとめて口腔と呼びます。顔の3分の1を占め、機能的に非常に重要な場所です。食べ物を噛むだけでなく、発声についてもつまり、歯科医師は虫歯を治療するだけでなく、「口」のお医者さんであり、全身の健康を守る役割も担っているのです。そんな歯科医師になるための学問が、現代の歯学です。

歯科医師になるためには、歯学科で6年間学ぶ必要があります。1～4年生で教養科目や基礎歯科学を勉強した後、その応用として4年生から臨床歯科学を履修します。一連の流れを見ていきましょう。

◎教養科目（1～2年生）

教養科目や「医学概論」「歯科医学史」などの基礎科目を学びます。

◎基礎歯学課程（2～4年生）

歯学医療の基礎となる医学領域を扱う学問です。「口腔解剖学」「口腔病理学」「口腔細菌学」「口腔生理学」「歯科薬理学」「歯科材料学」などの分野があります。口腔内に関わる知識だけでなく、生命科学系の知識や人体の構造・機能についても学びます。

◎臨床歯学課程（4～6年生）

歯科医師としての治療に直接、関係する知識を身につけます。「予防歯科学」「歯科保存学」「口腔治療学」「口腔外科学」「小児歯科学」「歯科矯正学」「歯科麻酔学」などの分野があります。

5年生からは、付属の大学病院で実際に診療を行う「臨床実習」が始まりま

重要な役割をもっています。本来は「こうこう」と読みますが、医学用語としては「こうくう」と読みます。

ひとことコラム

歯医者さんの新しい役割とは？

みなさんは、どんなときに歯医者さんに行きますか？ 多くの人は「歯が痛くなったとき」ではないでしょうか。歯が痛くなる主な原因は虫歯と歯周病です。虫歯も歯周病も自覚症状のない時期から始まり、歯や歯茎を溶かしてしまいます。歯や歯茎には再生能力がないため、溶けてしまうと二度と元には戻りません。日本人の7割は歯周病にかかっていると言われます

す。6年生の2月には歯科医師国家試験があります。国家試験合格後も、1年間の臨床研修が必要です。

現在、歯学部をもつ大学は全国に29校あり（2023年5月現在）、なかには歯科衛生士や歯科技工士の養成を目的とする「口腔保健学科」や「口腔生命福祉学科」（4年制）を設置している大学もありますが、ほとんどの歯学部は歯科医養成のための「歯学科」のみです。

そこが知りたい Q&A

Q1 最近では歯医者さんが多過ぎると言われますが、ほんとうですか？

A 患者の数に比べて、相対的に歯科医の数が多くなっているのは事実です。全国の歯科医院の数はコンビニの数より多いというデータもあるくらいです。このような状況のなかで開業医をめざそうとすれば、当然、経営センスも問われてくるでしょう。しかし、いくら経営がうまくても、肝心の技術が劣っていたり、診療時の対応が悪かったり、歯科医自身の人柄に問題があったりすれば、患者は離れていきます。歯科医には経営センス、専門技術、コミュニケーション能力などさまざまな能力が求めら

が、痛くなってから治療をしても遅いのです。

大切なのは「予防」です。歯が悪くなってから治療するのではなく、悪くなるのを防ぐのです。そうすることで、医療費を抑えながら健康を維持することができます。「予防歯科」や「口腔ケア」は、今、歯学で注目されている分野です。

専門用語を知っているかな？

インプラント
歯の失われた場所に人工歯根を埋め込み、その上に人工の歯を取り付ける方法。歯根から埋め込むため安定感があり、しっかり噛むことができるというメリットがある反面、手術が必要、入れ歯と比べると費用が高いといったデメリットもあります。

れる時代となりました。

Q2 不器用でも歯科医になれますか?

A 上手な歯科医は手先が器用だと言われます。なにしろ歯科医の仕事は狭い口腔内に並んだ小さな歯の治療が中心ですから、職人芸にも似た繊細で高度な技術が求められるのです。しかし、不器用だから国家試験に落ちるということはありません。また不器用な人でも、努力しだいで高い技術を身につけることは可能です。知識や経験によってカバーすることもできます。手先が器用であることは、必ずしも歯科医の必要条件ではなく、あくまで「有利な要素となる」くらいに考えておけばよいでしょう。もちろん研究者をめざすのであれば、手先の器用さはほとんど関係ありません。

最近の研究テーマは?

「歯医者さん」と聞くと、「痛くていやだな」と思う人は多いでしょう。でも、「歯のバンソウコウ」があることを知っていますか? これは、歯や骨の主成分

歯科助手
器具の管理や受付などの業務を行う人です。歯科衛生士や歯科技工士とは異なり、国家資格ではなく民間の資格になりますが、この資格をもっていなくても歯科助手として働くことはできます。ただし患者に触れる医療行為はできません。

脱灰(だっかい)/再石灰化(さいせっかいか)
脱灰とは口の中の細菌が出す酸により歯が溶けること、再石灰化とは唾液などの働きにより溶けた成分がもとに戻ることを言います。口の中ではこの脱灰と再石灰化が繰り返されています。脱灰のスピードが再石灰化のスピードを上回ってしまうと、虫歯のはじまりとなるのです。

である「ハイドロキシアパタイト」の薄い膜を歯の複雑な形に合わせて加工し、歯をすっぽり覆うように付着させる技術です。近年、日本の研究チームが開発に成功しました。この技術は、知覚過敏症の治療、歯の修復や保護、歯の汚れを落として白くする審美治療などへの応用が期待されています。削るだけではない、新しい歯の治療法も、歯学の研究対象の一つなのです。

卒業後の進路は？

多くの学生は、卒後臨床研修が修了した後、歯科医師として歯科医院や病院に勤務します。将来、開業医をめざす人も、最初はどこかの歯科医院で働きながら治療や運営のノウハウを身につけるのが普通です。

大学院に進む場合は、自分の専門分野を決め、学位（博士号）や学会が分野ごとに認定する専門医の資格取得をめざします。研究内容はさまざまであり、最新の医療に関するものの他、「生命科学」や「歯型による個人の識別」など、直接、歯の治療には関係しないテーマも選択できます。大学院卒業後は、それぞれの専門性を活かせる職場に就職したり、厚生労働省などの行政機関に進んだりします。もちろん大学に残って研究を続ける人もいます。

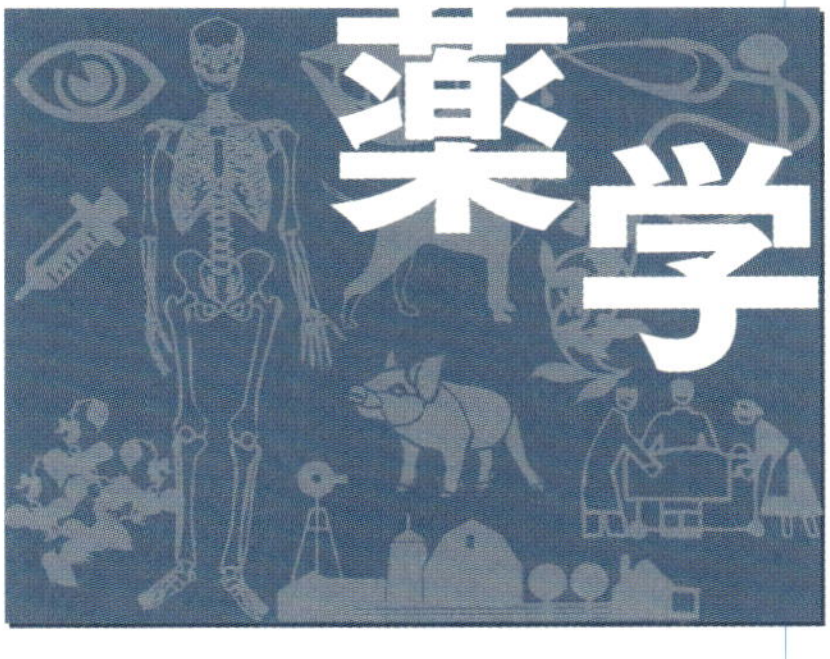

「薬学」の大きな目的は「人間の病気を治療する薬の研究」ですが、対象は病気の予防や原因となる物質の研究、動物や病害虫に作用する薬、さらには化粧品や洗剤などの日用品にまで及びます。また、地域の保健衛生など、私たちの健康に関する多くの分野にも関連しています。このように、薬学は「化学物質と生物体との関わりを学ぶ学問」と考えることができます。高齢化や社会環境の変化にともない、薬学に対する期待はさらに高まっています。

どんな学問ですか？

「薬学」とは、化学や生物学の研究をもとに、医学や看護学などと連携して、「薬」という観点から医療に貢献する学問のことです。

薬学の研究領域には、大きく分けて三つの系統があります。また、後に詳しく説明するように、薬学部には4年制と6年制があり、薬剤師をめざすためには6年制コースを履修したうえで、国家試験に合格しなければなりません。

ひとことコラム

「薬」が私たちに届くまで

薬の開発が始まってから世に出るまでには10年以上の歳月がかかります。薬は人の命に直接関わるものなので、研究開発は大変慎重に行われます。

◎**創薬学系**
病気の原因や実態を明らかにし、治療につながる新薬の開発をめざします。癌《がん》など死亡率の高い病気や新しい病気に対する治療薬の開発は重要な課題の一つです。薬の安全性や効率的な生産方法、副作用についても研究します。

◎**衛生薬学系**
人の生命・健康維持をめざす分野です。栄養素、添加物、細菌・ウイルス、中毒、免疫、遺伝子などをテーマに研究を行います。また、病気を発症させない「健全な環境づくり」も研究テーマとなります。

◎**医療薬学系**
薬学の知識を臨床現場に活かす分野です。具体的には、病気に対する薬の働きや副作用を分析し、極力、副作用の少ない使用法を研究します。ここで学んだ知識が、病院や薬局で「薬剤師」として働くための基礎となります。

なお、大学の授業では実験や実習も重視されます。分野によって違いはありますが、最先端の顕微鏡を使ったり動物を使った実験、調剤実習、服薬指導の実習、薬局・病院での実務実習などがあります。

ここでは、一つの薬ができるまでの過程を見ていきましょう。

❶ **候補物質（シーズ）の作製**
生物学や有機化学を用いて、動植物などからの成分抽出や化学合成で化合物を作り出します。

❷ **スクリーニング**
候補物質から有望なものを選び出し、薬として最適なものに改良します。

❸ **前臨床**
動物を使って試験を行います。

❹ **臨床実験（治験）**
実際に人に投与して効果と安全性を確認します。

❺ **厚生労働省の審査**

以上、五つの段階を経て「候補物質」は「薬」としてみなさんの手に届きます。薬の開発は、時間と労力がとてもかかるものです。しかし、一つの薬を開発することで多くの人を助けることができる、それも薬学の魅力です。

そこが知りたい Q&A

Q1 薬学に向いているのはどんな人ですか？

A 薬の創造は、開発のむずかしさと人命に関わる厳しさを併せ持つたいへんな仕事です。薬の調合や創薬にはきわめて正確な作業が必要ですから、几帳面で集中力のある人が向いています。チーム医療においては医師や看護師と治療方針を話し合う必要がありますし、薬剤師として働く場合にも患者さんに薬の服用方法や副作用について的確にわかりやすく説明しなければなりません。したがって、コミュニケーション能力も不可欠なものとなります。探究心と責任感が強く、人間に対するやさしさのある人が薬学にはぴったりです。

Q2 薬学部には4年制と6年制がありますが、何が違うのですか？

A 4年制では「研究者の養成」を目的とし、薬学の基礎を学んだあと、研究室に所属して専門分野の研究を行います。製薬企業や研究機関で新薬の開発などに携わっていくような人材を育成します。

専門用語を知っているかな？

共用試験
薬剤師養成をめざす6年制学科・コースでは、5年生で医療実習の前に共用試験に合格しなければなりません。共用試験はCBT（コンピュータを活用し、知識の評価・思考力・問題解決能力を評価するもの）とOSCE（診察技能・態度を客観的に評価する臨床能力試験）に分けられます。

ジェネリック医薬品
新しい効能の有効性や安全性が認証された医薬品は、先発医薬品として20～25年間特許に守られ、開発したメーカーが独占的に販売できます。しかし、特許期間が満了すると、薬の有効成分は国民共有の財産とされ、厚生労働省の承認を得れば開発メーカー以外で一方、6年制では「薬剤師の養成」を目的とし、専門性の向上、チーム医療の一員としてのスキルアップのため、薬学の基礎を学んだあと、病院や薬局で半年間の実習を行うなどのカリキュラムが組まれます。薬剤師になりたい人は6年制の薬学部をめざしてください。なかには、入学前に4年制・6年制が分かれておらず、入学後に進路を決められる大学もありますが、数はごくわずかです。

最近の研究テーマは？

薬を生成するには、多数の化学反応を経るため、ときには有害な溶剤などが必要となったり、生成後に大量の廃棄物が出たりすることがありました。

そこで近年、注目されているのが「グリーン・ケミストリー」。環境にやさしい合成化学の分野です。実際に研究・開発が進められているのが、再生可能エネルギーであるバイオマスを使った合成法や、水・イオン性液体・フッ素などを使った合成法、エネルギー効率や資源効率がよりよい物質を使った合成法、回収リサイクル可能な有機分子触媒を利用した合成法などです。地球と共生していくことが課題となった現代において、今後も期待される分野です。

も製造・販売が可能になります。こうした医薬品をジェネリック医薬品（後発医薬品）と言います。新薬に比べて安価であることから、患者の医療費負担を軽減できる薬として注目されています。

専門用語を知っているかな？

MR＊
Medical Representativeの略語。医薬情報担当者のこと。製薬会社に所属し、医薬品に関する効能などの情報を提供

1 人文科学系
2 社会科学系
3 自然科学系
4 総合系

卒業後の進路は？

薬剤師を志す人がほとんどです。人気なのは病院勤務ですが、採用枠がかぎられるため、実際には薬局勤務がトップ。それに次ぐのが病院・診療所勤務です。製薬会社に就職する人もいます。しかし企業の採用状況を見ると、開発部門に就けるケースは全体の1割ほどで、多くはＭＲ＊（医薬情報担当者）として活躍することになります。

研究職養成をめざす4年制コースの卒業生の多くは大学院に進み、薬についてさらに知識を深めたうえで、大学や製薬会社で新薬開発や研究に携わるようです。その他には、食品産業や化粧品産業、行政機関に進む人もいます。

し、使用後の情報収集を行う人のことです。ＭＲのいちばんの仕事は、医師から伝えられた副作用情報をほかの医師や製薬会社にフィードバックすることにより、薬剤の安全性を高めることです。

ＭＳＬ

Medical Science Liaisonの略。製薬企業などにおいて、販売促進を目的とせずに、医学的・科学的な面から専門医に情報提供を行ったり、製品の適正使用の推進や製品価値の至適化（してきか）を支援したりする職種。ＭＲと似ていますが、ＭＲには自社製品の営業活動があるのに対し、ＭＳＬは営業・マーケティング部門から独立し、宣伝や営業活動をいっさい行いません。ＭＲは文系出身者もいますが、ＭＳＬは医学・薬学に関連する博士・修士等の学位取得者が望ましいとされています。

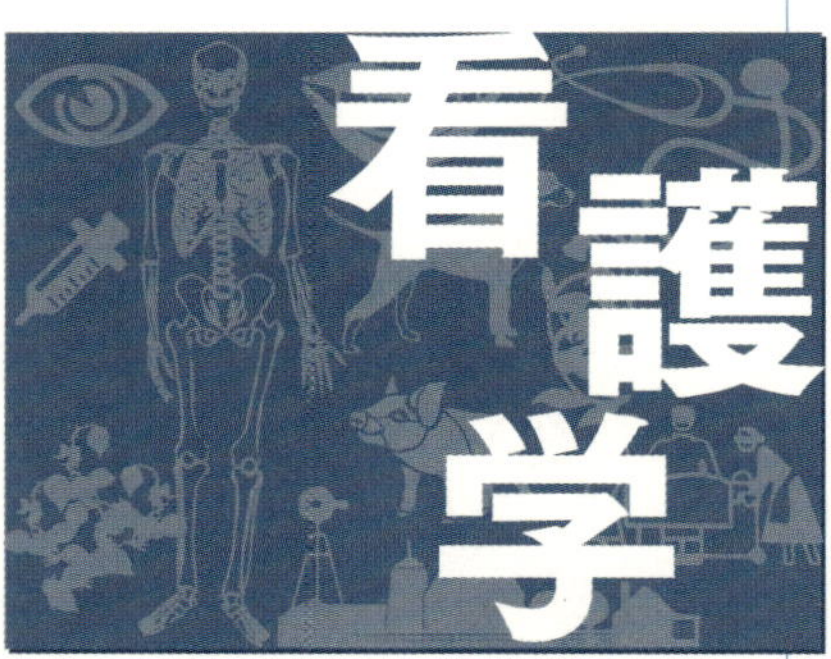

「看護学」では看護師になるために必要な技術や理論を学びます。「看護」においては医療技術だけでなく、患者を精神的にケアするための素養も欠かせません。そのため看護学科では「心理学」や「倫理学」など幅広い教養科目を学んだうえで専門科目を学びます。看護学を学び、国家試験に合格した人が看護師になれるのです。

どんな学問ですか?

医療分野において、医師が「病気やケガの診断と治療」にいちばん詳しく、薬剤師が「薬」にいちばん詳しいとすれば、看護師は「一人ひとりの患者の状態」にもっとも詳しいスペシャリストです。

看護師には、患者の検温や採血などを行って医師をサポートするほか、患者一人ひとりの状態を医師に正確に伝達するという重要な役割があります。そのためには、会話や世話を通して患者の状態を正確に把握しなければなりません。ベッドを清潔に保つなど、患者が快適に休める環境を整えて、患者本人がもっている

「自己治癒力（自分の身体を自分で治す力）」を最大限、引き出すのも看護師の仕事です。また、患者にとってはいちばん身近な存在であるため、精神面でのケアも求められます。このように、医療現場の最前線でいくつもの重要な役割を担っているのが看護師であり、その看護師を養成するための学問が「看護学」です。

看護学科で学ぶ内容は、おもに三つに分けられます。

◎**基礎分野**

「英語」「哲学」「社会学」「コンピュータ」など、他の学部の学生が教養科目として学ぶ内容とほぼ同じです。看護の対象である「人」を心理的・社会面から学び、情報収集・分析する能力を身につけることで、社会人として広い視野をもって働けるようになります。

◎**専門基礎分野**

看護を行ううえで必要となる医学知識を学んでいきます。人体のしくみを理解し、さまざまな病気とその治療法、看護に関する基礎理論、また「公衆衛生学」や「栄養学」についても学んでいきます。

◎**専門分野**

実際に看護をするための理論や技術を学びます。看護対象ごと、それぞれの身体や心の特徴と看護方法を学ぶ「小児看護学」「成人看護学」「老年看護学」「母性看護学」、心の健康を保つ方法や患者との関わり方を学ぶ「精神看護学」、看護

専門用語を知っているかな？

インフォームド・コンセント
患者は自分の病気やこれから受ける医療行為について「説明を受ける権利」と、治療方法を選択する「自己決定権」をもっているという概念に基づく「（医療に関する十分な）説明と同意」などと訳されています。

ターミナルケア
治癒が難しい病気を抱えている患者に対して行うケアのこと。悔いのない余生を送るために、無理な延命治療は行わず、痛みなどの不快な症状を取り除くことを目的とした治療です。また、患者やその家族の精神的な支えとなり、病気や死に対する不安を取り除くことも重要となります。医

と地域の関わり方や在宅看護のあり方を学ぶ「地域看護学」「在宅看護学」などがあります。３、４年生になると、提携している病院で看護実習を行い、現場ですぐに活躍できる力を身につけていきます。

そこが知りたい Q&A

Q1 看護学に向いているのはどんな人ですか？

A 病気やケガで苦しむ人たちと向かい合う仕事なので、つらい状況に置かれることも少なくありません。乗り切るためには、「看護師として人の役に立ちたい」という強い意志と、「この人にふさわしい看護はどんなものだろう」などと自分から主体的に考える能力が必要です。また、患者やその家族と接するときに、相手の話をしっかり聞き、相手の立場になって考える心配りも必要でしょう。

Q2 大学の看護学科と専門学校の看護学科はどう違うのですか？

A 大学を卒業しても、専門学校を卒業しても、国家試験に合格しなければ看護師の資格を取得できない点では同じです。ただし、専門学校では履修期間が3年なのに対し、大学では4年間学びます。

療関係者だけでなく、カウンセラーや社会福祉士などがチームを組み、患者のＱＯＬ向上に向けて協力しています。

認定看護師と専門看護師

看護師の仕事、とくに高度な技術や知識が必要とされる分野について、質の高いケアを行うための資格認定制度です。

認定看護師は「救急看護」「皮膚・排泄ケア」「集中ケア」「緩和ケア」「透析看護」などの高い技術が必要な分野で、実際に質の高いケアを行います。

専門看護師は「癌《がん》看護」「精神看護」「地域看護」「老人看護」「小児看護」「母性看護」などの分野全体を研究し、高い技術のケアを実践したり、ほかの看護師へ教育を行ったりします。

医療の高度化や専門化にともない、認定看護師も専門看護師も対象分野が広がりつつあります。

専門学校では、卒業後に即戦力として活躍できるよう看護技術の習得に力を入れており、実習が多いカリキュラムとなっています。一方、大学では、医療の高度化・多様化に対応できるように基礎から理論をしっかりと学び、専門性を身につけることを重視しています。一般教養科目も充実しており、幅広く学べます。また、ほとんどの大学で保健師、一部の大学では助産師などの国家試験受験資格を取得することができます。

最近の研究テーマは？

日本では高齢化が急速に進んでいます。高齢の患者は長期にわたって入院することが多いため、医療費が高くなったり、病院のベッド数が足りなくなったりという問題が生じてきます。そこで、在院日数を短縮するため多くの病院で活用されているのが「クリニカル・パス」というシステムです。入院から退院までの治療計画をあらかじめスケジュール表にまとめて患者に提示するもので、医療内容を説明しやすい、効率よく治療を行えるなどのメリットがあります。

しかし、前もってすべての治療内容を提示することは、患者に「クリニカル・パスどおりに進まないと、自分の症状は深刻なのではないか」などと不安にさせ

ひとことコラム

保健師・助産師になるには？

看護学を学ぶことで取得できる資格としては、看護師のほかに「保健師」や「助産師」があります。

保健師になるためには、看護師と同じく国家試験を受けなければなりません。受験資格を得るには、大学で看護学の必修科目のほかに定められた科目を履修する必要がありますが、ほぼすべての4年制大学の看護学科で卒業と同時に看護師と保健師の受験資格を得ることができます。したがって、保健師をめざすなら短大や専門学校ではなく、4年制大学の看護学科で学ぶほうがよいでしょう。

助産師の場合も、大学で看護学の必修科目のほか、「助産

るという意見もあります。医療を行う側のメリットだけでなく、患者一人ひとりに合わせたシステムをつくれるよう、日々、研究が進められています。

卒業後の進路は？

看護学は看護師を養成する学部ですから、ほぼ全員が看護師をめざします。看護師の資格を得るには、大学卒業前の2、3月に行われる国家試験を受け、合格しなければなりません。したがって、学生は国家試験の勉強をしながら、就職試験を受けることになります。

看護師の勤務先としては病院がもっとも多く、全体の70％を占めています。続いて、診療所、介護保健施設・社会福祉施設、訪問看護ステーションという状況です。そのほか、市町村役場、保健所、企業内の看護師として働く人もいます。

女性の場合、結婚しても仕事を続ける人が多いのも看護師の特徴です。家事や子育てのため一時的に職場を離れた人でも、後に復帰することがよくあります。また、最近では男性看護師も体力の必要な救急や介護現場などで活躍しています。

学」など特定の科目を履修した後、国家試験に合格する必要があります。ただし、受験資格を得られる大学はかぎられていますから、あらかじめ調べてから受験してください。

1 人文科学系
2 社会科学系
3 自然科学系
4 総合系

保健衛生学

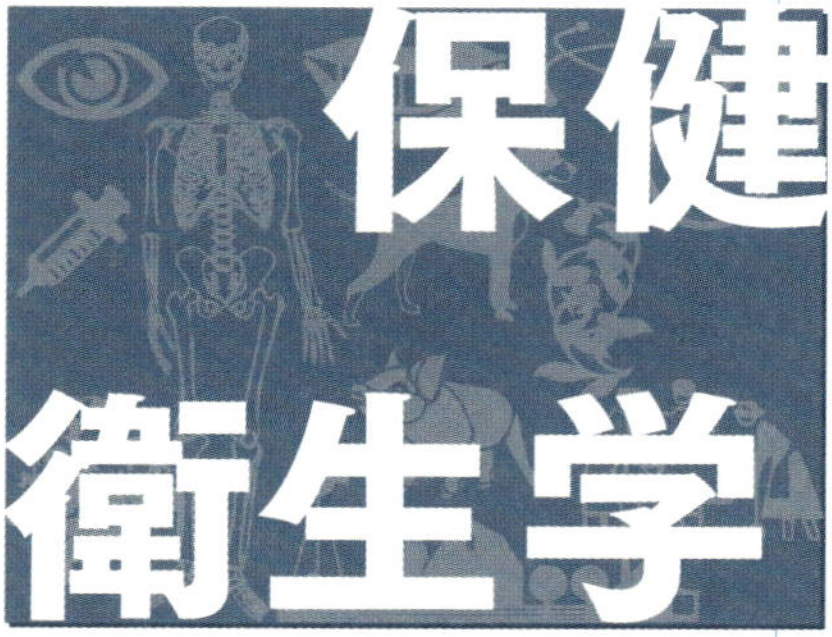

医療の現場では、医師や看護師が各分野の医療スタッフと協力して治療を行います。そのような医療スタッフを養成するのが、保健衛生系の学科です。医療の高度化にともない、医療スタッフにも高い専門性が求められるようになりました。その影響を受けて、ここ数年、各大学でも保健衛生系の学科が相次いで新設されています。

どんな学問ですか?

医療の現場で活躍しているのは、医師や薬剤師、看護師だけではありません。病院や診療所ではみな同じような白衣を着ているので目立ちませんが、専門の検査や治療を担当する医療スタッフがたくさん働いています。彼らは「コメディカルスタッフ*」と呼ばれることもあります。

保健衛生学では、どの学科にも共通する分野として、人間の身体や心のしくみ

専門用語を知っているかな?

コメディカルスタッフ*
「コ（co-)」は「共同の」「相互の」などの意味をもつ接頭語です。コメディカルスタッフとは、「相互に医療に関わ

なども学びます。

しかし、専門科目の内容は学科によって大きく異なります。どの学科でも、将来、実際に医療スタッフとして働く際に必要な専門知識や技術の習得に重点を置き、分野別のスペシャリストを育てるための教育を行っているからです。

代表的な三つの「学科」を紹介しましょう。

1臨床検査学科

「臨床検査技師」を養成する学科です。臨床検査技師は、特別な機器を使って心電図や脳波などを測定する検査や、採血、検尿、検便などの検査を行うことで、医師の仕事をサポートします。具体的な検査方法を学ぶ「遺伝子検査学」や「微生物検査学」、検査の対象となる人間の身体を詳しく知るための「組織細胞学」、検査機器の操作方法を学ぶ「検査機器学」などの分野があります。

2臨床工学科

「臨床工学技士」を養成する学科です。重症の患者のなかには人工呼吸器を外せない人がいますし、外科手術では人工心肺装置などを使います。これら生命維持管理装置を操作したり、安全に使用できるよう点検整備を行うのが臨床工学技士の仕事です。そのため、機械とシステム制御のしくみや、機器の操作法、管理・点検法などを中心に学びます。


るスタッフ」という意味で、医師以外の、医療に携わるスタッフのことです。具体的には、看護師・薬剤師のほか保健師・助産師・臨床検査技師・理学療法士・作業療法士などが含まれます。

現在の医療は、医師だけに任せておくには量・内容ともに負担が大きすぎるため、専門分野のスタッフが協力する形になったのです。

3 理学療法学科

「理学療法士」を養成する学科です。理学療法士は、身体の障がいがどんな原因で起こっているのかを把握し、体操やマッサージによる「運動療法」や、温めたり冷やしたり電気刺激を加えたりする「物理療法」によって、患者の身体機能の回復をめざす治療を行います。スポーツ選手のトレーニングやリハビリ*を担当することもあります。

以上のほかにも、レントゲン撮影や放射線治療を担当する「診療放射線技師」、手作業を通してリハビリを行う「作業療法士」、音声・言語・聴覚機能のリハビリを行う「言語聴覚士」、主に眼科の検査を行う「視能訓練士」、義足やギプスなどをつくる「義肢装具士」、そして「救急救命士」をめざす学科やコースがあります。

また最近では「専門職連携教育（ＩＰＥ）」を導入する大学も増えています。各分野の学生が一緒に学ぶことで、互いの分野を理解し、現場でのコミュニケーションを深めようとするシステムです。

専門用語を知っているかな？

リハビリテーション（リハビリ）＊
事故や病気の直後に施される緊急の治療が終わった後、社会に復帰するまでの間で実施される機能回復訓練のこと。リハビリテーションは一般に時間がかかることや、介護・福祉の分野でも必要とされることが多くなってきたことから、現在は「治療」という医療の分野から独立し、「リハビリテーション医療」という新たな分野として考えられています。今後、さらなる発展が期待されている分野です。

そこが知りたい

Q&A

Q1 保健衛生学に向いているのはどんな人ですか?

A「人の役に立ちたい」という意志をもっていることはもちろんですが、一つの専門分野に打ち込んで日頃からコツコツと勉強できる人、知識や技術をしっかり磨いていける人であることが重要です。医師や看護師をはじめ、大勢の医療スタッフと協力し、話し合いを重ねて治療や訓練に当たるため、コミュニケーション能力も必要でしょう。

Q2 理学療法士と作業療法士はどう違うのですか?

A いずれも「リハビリテーションの専門職」とされますが、それぞれの目的には次のような違いがあります。

理学療法士は「動かない身体機能をいかにして動くように改善するか」、すなわち座る、立つ、歩くといった基本的な動作能力の回復をめざします。一方、作業療法士は「残された能力や身体機能をいかに使って自立した生活を送れるようにするか」、つまり日常生活に関わる応用的な動作能力や社会的な適応能力の増幅をめざします。

たとえば、事故で手首を骨折した場合、折れた骨を修復するのが医師の仕事。次に、手首の基本機能を回復させるために運動療法や物理療法を駆使するのが理学療法士の仕事。そして、手首がよりスムーズに動くように手芸、編み物、織物、陶芸、園芸などの作業種目を用いるのが作業療法士の仕事です。

最近の研究テーマは？

病気や怪我で身体が動かなくなった人でも、頭で考えるだけで自分の身体や周りの電子機器を動かすことができたらすばらしいですね。それを可能にするのが「ブレイン・マシン・インターフェイス」という技術です。

患者は頭にヘッドセットを、身体に電動装置をつけます。そして「指をこう動かしたい」などと考えます。そこで発生した脳波をヘッドセットが解析し、電気信号に変換して筋肉に送ることで、思ったとおり指を動かすことができるのです。電気信号を筋肉ではなく電子機器につなげれば、「テレビを観たい」と思ったときにテレビを、「暑い」と思ったときにエアコンをつけることができます。

また、装置を使って脳と筋肉をくり返し動かすことで、脳の活動が正常な状態に近づき、筋肉と連動するようになります。身体の動きを助けるだけでなく、身体の本来の機能を取り戻すという面でも効果が期待されているのです。

この技術を実用化するためには、技術面だけでなく、安全性やコスト、社会制度の整備などの課題もありますが、現在、各分野の専門家が研究を進めています。

卒業後の進路は？

各学科ともスペシャリストを養成することが目的ですが、いずれの場合にも医療現場で活躍するためには、毎年2、3月に行われる国家試験に合格しなければなりません。大学卒業後の具体的な進路は、学科や資格によって異なります。

◎臨床検査技師・診療放射線技師・臨床工学技士

おもに病院や診療所、研究・検査機関などで働くことになります。臨床検査技師の場合は、製薬会社や食品会社などに就職して、実験や検査を担当することもあります。

◎理学療法士・作業療法士・言語聴覚士・視能訓練士

リハビリテーションに携わるこれらのスペシャリストは、病院・診療所のほか、老人や身体障がい者のための福祉施設にも就職しています。リハビリテーションは医療現場だけでなく高齢者介護などの現場でも取り入れられるようになっていますから、今後、需要はますます広がっていくでしょう。

これがチーム医療だ！

医療現場では、様々なスタッフが協力し合いながら働いています。
チーム医療の流れを見てみましょう。

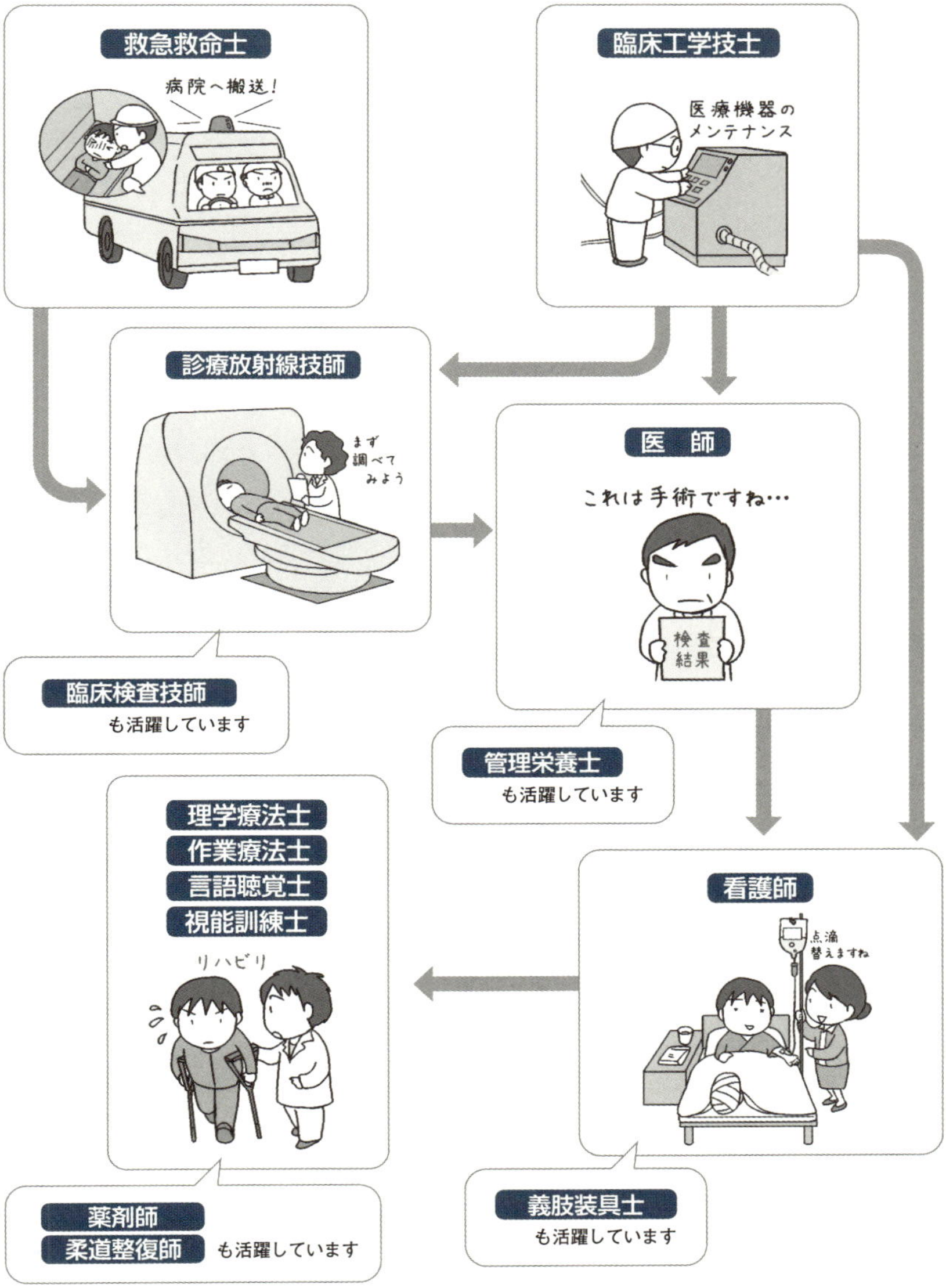

農学

「農学」とは、ひとことで言えば「食と環境、私たちの生命を考える学問」です。農学系統の学問の柱となりるのは農林業、畜産業、水産業など広い分野にわたります。園芸学や造園学も含まれますが、最近では多くの大学がバイオテクノロジーや環境問題に力を入れています。「21世紀は農学の時代」とも言われるように、人類の将来を左右する学問として世界的に注目されています。

どんな学問ですか？

私たちの生命維持に必要な「食糧」。農学では、昔からこのテーマを探求し続けてきました。現在、貧困や干ばつ、冷害などの天災により、食糧の供給が十分でない国があります。遠くない未来には、爆発的な人口増加によって、世界中で食糧危機が起こるとも予想されています。私たちには、食糧の生産性を高めていく必要があるのです。しかし反面、化学肥料の大量使用などによって土地が枯れてしまうこともあり、「環境」への影響も考えていかなければなりません。

これからの社会にとってきわめて重大な「食糧問題」と「環境問題」、それをさまざまな角度から考えていくのが「農学」という学問です。

農学の研究領域は、この「食」と「環境」に分類できます。それぞれの分野を詳しく見ていきましょう。

◎「食」に関する分野

「食」は農学における中心的なテーマであり、その内容は多岐にわたります。ここでは、さらに三つの分野に分けて紹介していきます。

①食糧となる「作物」

効率よい食糧生産をめざして、「植物の生体機能」「病害虫の発生要因」「微生物との関連」などに重点を置いて、植物個体を研究します。なかでもよく耳にする「遺伝子組換え技術」は、特定の栄養価の高い作物や病害虫に強い作物などの生産を可能にします。また「旨味成分」「栄養価」「醸造」に関する研究など、生産後の食糧についても研究されています。

②作物の「生育環境」

植物の生長には、土、水、光、大気など多くの周辺環境が関わっています。たとえば「土壌学」では、土の最適な固さ、土がどれだけの水を保持できるか、水に不純物が混じっていないかなどを研究します。「施設栽培学」はビニールハウスなどの栽培環境を想定したもので、ハウス内の温度、光、空気中の水分量な

こんなところでも学べます

「食」に関する分野を学べる学科例

生物生産科学科
栄養学科
醸造科学科
農業経済学科
食料環境システム学科
バイオサイエンス学科　など

「環境」に関する分野を学べる学科例

森林科学科
造園科学科
緑地環境学科
生物環境科学科
海洋生物科学科
資源生物科学科　など

ど、あらゆる環境要素を考え、栽培する植物に最適な条件を探ります。

③農業に関わる「経済」「流通」「政策」

ここでは「農業経済」「フードシステム」などがキーワードとなります。たとえば、農家の経済状態の分析、農家を支援して農村を活性化する政策、途上国への農業支援、安全で良質な食糧の流通システムなど、農業の発展に必要なテーマについて学んでいきます。文系分野が多いことも特徴です。

◎「環境」に関する分野

自然環境や環境問題を扱います。「緑地科学」「森林科学」「海洋環境科学」では、自然環境のもつ機能や、それを環境問題解決に応用する方法について研究しています。たとえば、屋上緑化や壁面緑化によって部屋の温度を下げて、エアコンの使用を抑制する、などが身近な例です。また、「造園学」「ランドスケープ学」では、自然環境を活かした建築物の設計、都市における自然環境の配置などを研究します。石油資源の代わりとして、バイオマス*の利用を考える研究もあります。

そのほか、化学との関係が深い「農業化学」では農薬の開発、工学部との関わりの深い「農業工学」では農作物ロボットの開発などが進められています。また、生物学分野の「生態学」「応用生物学」「生物工学」と協力して研究を進める分

専門用語を知っているかな？

バイオマス＊
再生可能エネルギーの一種で、生物由来の資源のこと。具体的には、生物の死骸・廃棄油・廃棄食品・余った作物・木材などを指します。バイオマスを燃料として燃やしたときに発生する二酸化炭素は、もともと空気中にあった二酸化炭素が吸収されたもの、つまり石油や石炭などの化石燃料と違って新たな二酸化炭素は作り出しません。そのため地球温暖化防止につながることが期待され、利用が進められています。

グリーン・ツーリズム
都市に住む人々が休暇を農村地域で過ごし、自然や文化、人々との交流を楽しむこと。田植えや農作物の収穫を体験する、その地域の特産品を味わうなど交流の形もさまざま

野、バイオテクノロジー技術を利用する分野などがあります。

そこが知りたい Q&A

Q1 農学に向いているのはどんな人でしょうか?

A 「食」「環境」「生命」といったキーワードに関心のある人、また海や山、植物など「自然」に興味のある人なら向いていると言えるでしょう。さらに、化学や生物学、地学を基盤とした学問なので、これらに興味をもっている人、これらの技術を生活に役立たせたいと考えている人にもお勧めです。

Q2 農学部の受験科目について教えてください。

A 学科によってさまざまなパターンがあります。私立の場合、基本的には理系科目での受験となりますが、国語(現代文+古文)で受験できる大学や学科もあります。農業経済関連の学科では、地歴や政治経済で受験できることもあり、農学が対象とするフィールドの広さが感じられます。「文系だけれど自然科学に興味がある」人も選択肢の一つとして考えら

です。個人同士というよりは地方公共団体などが主体となり、地域ぐるみで交流が行われるという特徴もあります。つまり、都市の人々にも地方の文化のよさを知ってもらうことで、農業人口が減っている農村地域を活性化させるといった目的もあるのです。

れるでしょう。

最近の研究テーマは？

◎「不可能」の象徴とされていた「青いバラ」の誕生

現在、生物の遺伝情報である「ゲノム」の解析技術が飛躍的に進歩し、生物がもつ「遺伝子」の働きがさかんに研究されています。さらに遺伝子組換え技術により、目的の生物に本来もたない性質をもたせることも可能になりました。園芸家の悲願とも言われていた「青いバラ」の誕生もその一例です。

花の色は色素の種類で決まります。遺伝子の組合せによってさまざまな種類の色素がつくられるため、私たちもさまざまな色の花を楽しむことができます。しかし、どんなに栽培・交配をくり返しても、青いバラをつくることはできませんでした。バラにはデルフィニジンと呼ばれる青い色素をつくる遺伝子が存在しないためです。

長い研究の末、パンジーから得た遺伝子をある種のバラに組み込んだところ、みごとに青色の花をつけました。今では一般にも販売されています。さらに、その技術を応用して、同じく青い色素をつくる遺伝子をもたないキクについても、青い花を咲かせる試みが注目を集めています。バイオテクノロジーは、まさに

「不可能」を「可能」にする技術と言えますね。

卒業後の進路は？

農学は学ぶフィールドが広い分、専攻によって就職先もさまざまです。公務員志望が多いことが特徴的で、農林水産省をはじめとする官公庁や、都道府県庁、市町村役場で農林系、環境系の専門職に就きます。

一般企業では製造業や卸・小売業、とくに大学で学んだ専門知識が活かせる食品関連会社への就職が多いようです。他にバイオテクノロジー技術などの研究職、環境関連の調査・研究機関、製薬会社、化粧品会社、造園会社、植物関連会社などもあります。

大学院へ進学して研究する人も多く、専攻分野の研究をさらに深めていきます。

1 人文科学系
2 社会科学系
3 自然科学系
4 総合系

獣医・畜産学

「獣医学」は家畜の病気予防や治療、「畜産学」は畜産物の生産性向上や安全な食糧生産を目的として始まりました。しかし現在では、野生動物やペットなども研究対象になり、学問領域は拡大しています。動物との共存、環境汚染、食糧問題など、さまざまな分野の研究に携わることができます。農学部のなかに設置されている場合もあります。

どんな学問ですか？

「獣医・畜産学」とは、ひとことで言うと「動物とうまくつき合っていくための学問」です。イヌ、ネコ、小鳥などのペットから、ウシ、ブタといった家畜まで、動物は私たち人間にとってかけがえのないパートナーです。そんな動物たちの健康維持や飼育方法を学ぶのが獣医・畜産学です。

研究目的の違いから獣医・畜産学それぞれの特徴を見てみましょう。

◎獣医学

獣医師をめざす人たちが、動物の病気の診断、治療方法や予防法を研究するのが「獣医学」です。ペットや家畜などの動物は、私たちの社会生活や個人生活にも大きく関わっています。たとえば口蹄疫や狂牛病（BSE）、鳥インフルエンザなどの病気は、私たちの食生活や食のブランドを脅かします。そうした恐ろしい病気のメカニズムや予防・治療方法を研究し、家畜の健康を守る努力は、私たちの食生活や健康に直結しているのです。

もちろんペットの健康を守ることも大切な役割です。最近はペットのイヌやネコも、従来の病気だけでなく高齢化や肥満、ストレスといった現代病を抱えています。また、ペットを失ったショックから心身の健康を損ねてしまう「ペットロス症候群」という人間サイドの問題も出てきています。

あらゆる動物の病気を研究し、治療法や予防法を学ぶためには、医学や薬学、生物学を基礎として実験や実習を重ねる必要があります。具体的には、動物から人間に感染するウイルスの研究から、希少動物の保護・繁殖、食品の衛生検査、医薬品の研究開発における動物実験*、そしてペットの社会的役割の考察まで、幅広い研究を行います。

獣医学科は6年制です。教育課程の特徴は、ほとんどが必修科目で、実習が多いことです。1、2年次では「獣医解剖学」や「獣医生理学」など基礎的な知識を学びます。3、4、5年次では「臨床獣医学」や「公衆衛生学」など医学的な科目を学びます。実習用動物を使った実験や実習がカリキュラムに組み込まれてき

専門用語を知っているかな？

動物実験*
薬などの効果を試すため、動物を用いて行う実験です。動物実験の是非に関してはさまざまな議論がなされています。反対派の意見として、動物では人の病気に対する治療の安全性が確認できない（思わぬ副作用が現れることもある）、動物たちの苦しみが本当に有益なのか、などの意見があります。

ます。6年次になるとそれぞれの研究テーマを定め、卒業論文を書いたり、病院実習を体験したりします。
卒業前の2、3月に獣医師国家試験を受け、合格すると晴れて獣医師として活躍できるようになります。

◎畜産学

「畜産学」は、ウシやブタ、ニワトリなどの家畜を中心に、繁殖・飼育方法を学びます。また、家畜の生態や生殖機能を解明し、肉や乳製品など私たちの食生活に欠かすことのできない食糧を、いかに効率よく、安全に生産するかといった研究も行います。
畜産学の学問領域は、他の学問とも深く結びついています。たとえば家畜の病気を研究するためには獣医学の知識が不可欠ですし、エサの改良や家畜の品種改良には「農芸化学」「生物工学」分野のバイオテクノロジーが助けとなります。コンピュータを用いた家畜管理、酪農経営では、「情報工学」「経営情報学」との連携も必要です。現在の畜産学は最先端科学を結集した学問なのです。

専門用語を知っているかな？

コンパニオンアニマル
人間と共に暮らす仲間としての動物という意味です。「伴侶動物」と訳すこともあります。ペットを単なる愛玩動物としてではなく、人の精神活動や社会生活に深く関わる存在として、また人と対等な交友関係を結べる存在として認めた言い方です。欧米を中心に広がった言葉で、日本でも1980年代から普及し始めました。

そこが知りたいQ&A

Q1 獣医・畜産学に向いているのはどんな人ですか？

A 単に「動物が好き」というだけで獣医・畜産学を選ぶのは考えものです。出産に立ち会って生命の神秘に触れたり、研究対象の動物たちと心を通わせたりという感動的な体験もありますが、ときには動物を使って実験したり、解剖実習を行うこともあるのです。「動物が好き」だからこそショックを受けることもあるでしょう。

もちろん動物たちに強い関心をもち、生命を尊重する心をもっていることは大切ですが、それ以上に求められるのは、人と動物の関係について、また将来のあるべき姿について、より深く学びたいという姿勢です。獣医・畜産学の研究を通して社会に貢献したいと考える人にはもっとも向いている学問です。

Q2 大学選びで気をつけることはありますか？

A まず、獣医・畜産学を学べる学科・コースを設置している大学がとても少ないことに注意しなければなりません。とくに獣医学科を設置している私立大学は8校しかありません（2023年5月現在）。

入試形態にも注意が必要です。農学部一括で募集し、入学後に学科に振り分ける大学もあるので、募集方法についても事前に調べておきましょう。

大学附属の施設についてもチェックしておく必要があります。獣医・畜産学の研究は実習や実験が中心となります。そのため、各大学が牧場や実習施設をもっていますが、どこまで設備が整っているかは大学によって違います。パンフレットを読むだけでなく、オープンキャンパスなど、実際に足を運んで確認するのがいちばんよいでしょう。

最近の研究テーマは？

獣医学と畜産学の分野で注目されている研究を一つずつ紹介しましょう。

◎絶滅危惧種を救え!!（獣医学）

絶滅の危機に瀕している動物（絶滅危惧種）は世界各国に存在します。たとえば動物園でよく見るゾウも絶滅危惧種です。原因としてはゾウの牙（象牙《ぞうげ》）が印鑑や箸の高級素材として人気になり、密猟が相次いだことが挙げられます。それらの動物を絶滅から守るため、減少の原因解明や生息に必要な環境の回復、感染症の予防・治療、人と野生動物との共存方法などを研究している人々がいます。動物たちには国境がないため、時には国籍を超えた協力も必要です。バイオテクノロジーを駆使した繁殖の研究も期待されています。

◎遺伝子技術を駆使してよりよい品種を！（畜産学）

たとえば、肉質のよさや成長の速さに関与する遺伝子を明らかにし、良質な品種をかけ合わせて商品価値の高い肉用牛を生み出したり、異なる品種を交配して新しい品種を生み出したりする研究が進められています。

沖縄では、在来種であるアグー豚のうち、良質な遺伝子をもつ精液を凍結保存して、繁殖に応用するといった試みも進められています。

卒業後の進路は？

獣医学科の場合は、やはり学科での勉強を活かして獣医師になる人が多いようですが、官公庁や自治体の畜産部門や試験研究機関、農業協同組合などの農業団体、製薬会社や食品開発関連会社に就職する人もいます。

畜産学科の卒業生は、大半が食品・飼料関係の企業やペットフードのメーカーに就職します。いずれの場合にも、バイオ技術を応用できる専門家としての役割が期待されています。その他の進路としては、動物園や動物訓練所、動物や農業の関連団体、農場や牧場で働く人もいます。

専門用語を知っているかな？

バイオエシックス（Bioethics、生命倫理）

生命科学や医療技術の発達にともない、自然な生命体の根源に手を加えることができるようになり、生と死に関わる簡単には結論が出せない問題が出てきています。体外受精・着床前診断を含む出生前診断などの生殖医療、医療及び畜産分野でのクローン技術、遺伝子組換えのようなバイオテクノロジーなどさまざまな問題に関与します。

プロの目から 7

フィールドワークから「野生動物」の魅力に迫る

❖「大型獣」の研究

「獣医学」のおもな研究対象は、犬・猫などのペット動物、牛・豚などの家畜動物、マウス・ラットなどの実験動物でしょう。しかし、私が対象としているのは少し違った「野生動物」、なかでもクマ・シカ・ゾウ・アザラシなど「大型獣」です。

「野生動物」には未知の領域が多いので、それを探求し、彼らが放つ魅力や神秘を知るのが面白いところです。

よくテレビや映画で動物たちの綺麗な映像が流れていますが、実際の研究はそんなイメージとは違うかもしれません。山を歩いて泥まみれになり、動物の出現を長時間待ち、1日中成果がないときも多く、地道な観察を続けていくのです。

私はフィールドワークをすることが多いのですが、人によっては飼育されているクマを研究したり、実験室から全く外に出ないなど、研究方法はさまざまです。

❖生命の神秘。感動。

今一番力を入れているのは、クマの冬眠と繁殖の生理機構の研究です。ヤマネやリスなどいくつかの小さい動物は、冬は眠

北海道大学大学院　獣医学研究院

坪田　敏男 先生

獣医学に必要なのは、タフな精神力と体力。それを鍛えてください。大学は合格したら終わりではなく、入ってからが勝負。大学にはみなさんの期待に応えられるだけの面白いもの、未知なものがあります。だから期待してほしい。そして、与えられるだけではなくて、自分でどんどん求めて、自分で開拓していってほしいと思います。

って過ごします。しかし大型でありながら冬眠する動物は、クマ以外にいないでしょう。クマが冬眠する理由や冬眠のメカニズムは、ほとんどわかっていません。世界で誰も研究していないことを探る魅力があります。

さらにそのメカニズムや現象を解明し、人間の医療に応用することで、手術や骨粗しょう症治療に応用できるかもしれません。

実際の研究では、自然の中でクマを捕まえて、麻酔をかけます。血液などのサンプルを採り、発信機をつけて行動を追跡する。そこからクマの生活や行動圏、熊どうしの関係などが見えてくるのです。

発信機は2年ほどで電池が切れてしまいますが、うまくすれば冬眠中にクマのところまで行って交換することも可能です。また、クマは冬眠している間に子どもを産むので、3月頃に行くと子どもを連れているんですよ。自然のなかで子孫をつなぐ動物の姿は神秘的で、感動する瞬間です。

❖獣医学部の幅広い進路

獣医学部を卒業した人はほぼ全員、獣医師の免許をとります。免許をもったうえで、さまざまな職に就くんですね。昔は鎖につないで飼っていたペットが今は家族の一員ですから、獣医療も人々の期待に応じてどんどん発展しています。CTやMRIを使った検査や、糖尿病の治療も行います。

今一番困っているのは、公衆衛生分野でしょう。食肉検査をするのも、保健所で野良犬や野良猫を処分するのも獣医師の仕事なんです。

ほかには大学や民間の研究所で研究を続ける道や、公務員になる道もあります。獣医学部を卒業した人はほぼ100%就職できていますし、職業選択の幅が広いところが魅力だと思います。

4

総合系

- 教育学
- 環境学
- 情報学
- 人間科学
- スポーツ科学
- 福祉学
- 家政学・生活科学
- 芸術学
- 教養学

従来の学問系統を横断しながら、学際的・総合的な視点で研究する新時代の学問系統です。

「人文科学系」「社会科学系」「自然科学系」のいずれにも分類することのできない学問や、従来の学問の壁を超えた取り組みがなされている学際的な学問を、この本では「総合系」として紹介しています。

たとえば教育学部では、国語の先生になりたい人も、数学や理科の先生になりたい人も、一緒に学びます。「家政学」は理系の印象が薄いかもしれませんが、「栄養学」などは自然科学系の学問ですし、「家庭経済学」や「家族福祉学」は社会科学系の学問です。また、スポーツ科学では、スポーツを「生理学」や「医学」といった自然科学的な面と社会科学的な面の双方から研究していきます。

比較的、新しい学問が多いのも総合系の特徴です。その代表が注目の「環境学」と「情報学」でしょう。いずれも誕生した経緯からして、一つの学問領域に押し込めることはできません。

これらの学問は、理系の人にも文系の人にも門戸が開かれています。各大学の受験科目も、理系・文系に関係なく挑戦できるよう組まれています。

少し前までは、大学が新しい学部・学科をどんどん作り出していて、猫も杓子も「環境」「情報」という感じでしたが、現在はさすがに落ち着いてきました。

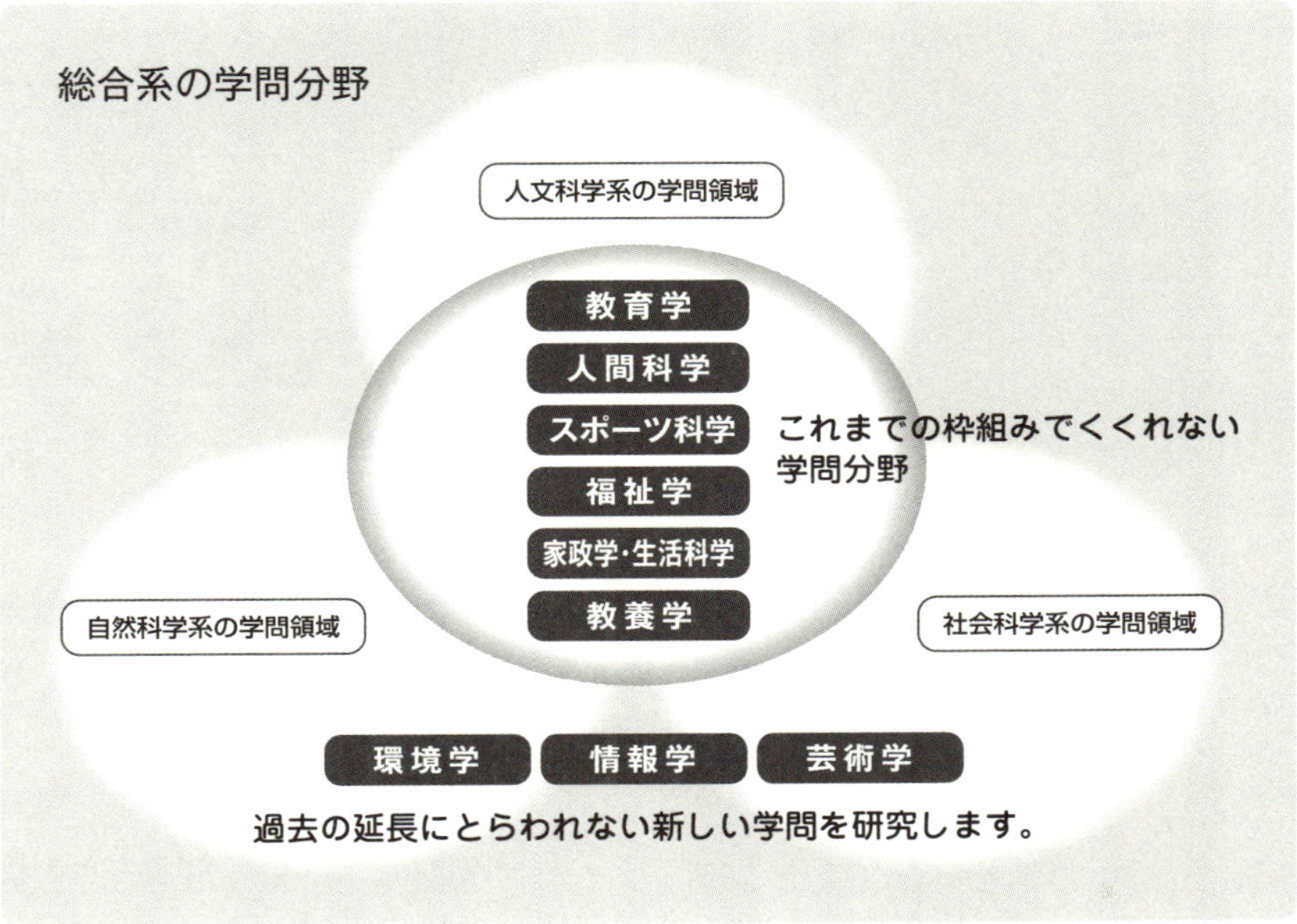

新しい学問領域であるということは、「前例・お手本がない」ということです。たとえば「環境学」では、時代の変遷とともに「経済学」や「法学」などを融合した研究がさかんになる一方、リサイクルや代替燃料など、従来有力な解決法と目されていたものが、かえって環境に負荷をかけているといった否定的な見解が生まれているのです。

既存の学問領域での成果を総合し、新たな課題に対して解決策を模索するのが総合系の学問です。

そこでは、その学問を志すあなたがた一人ひとりの「発想力」によって、新しい学問がつくられていきます。それは、これまでの勉強とはまったく違った、新しい喜びを与えてくれるでしょう。

教育学

「教員を育てるための学問」と思われるかもしれませんが、教員養成はあくまで要素の1つにすぎません。「教育学」とは、「教育」の目的や本質、制度などを理論的、体系的に考える学問です。地域の図書館や博物館といった社会教育施設や、家庭教育、企業内教育までが研究対象となるので、幅広い知識と能力を身につける必要があります。

どんな学問ですか?

「教育」と聞くと学校を思い浮かべるかもしれませんが、教育の場は学校のみではありません。家庭では両親や祖父母、兄弟から教えられ、友だちから刺激を受け、旅行をして広い世界を知るなど、学びの場はいたるところにあります。学校という場所を中心に据えながら、教育の視点から「人間」について考えていくのが「教育学」です。

教育学では、教育に関わる事象のすべてが研究対象となります。学校はもちろんのこと、図書館や公民館などの社会教育施設から、先生と生徒、生徒どうしといった人間関係、さらには「人間はなぜ学ぶのか」「教育はどうあるべきか」といった理論についてまで、その領域には限りがありません。

研究の切り口もさまざまです。「哲学」「心理学」「社会学」「政治学」「文化人類学」などの視点からも考える必要があります。したがって、「教育学」は複数の学問を内に含んだ総合的な学問だと言えます。教育学は、大きく教育学系、教員養成系、総合科学系の三つに分類することができます。

◎教育学系

「教育とは何か」「教育はどうあるべきか」など、教育そのものを多角的に学んでいきます。たとえば「学校教育学」という科目では、学校が抱えるさまざまな問題の原因と解決方法を学びます。具体的には大きな問題となっている「いじめ」の原因と解決方法、いじめの起こらない教育現場をつくるにはどうすればよいか、などを考えます。

◎教員養成系

学校の先生になることを目的として学んでいきます。教員免許の取得が卒業の条件となっている大学・学科（コース）が多く、「教育学」や「教育心理学」など基礎的な科目を学んだうえで、教科別の指導法や学級経営法などを学びます。

教員免許を取得するには、教育実習を受ける必要があります。教育実習は、自分の母校や大学付属校、協力校などで行います。担当の先生の指導のもと、実際

専門用語を知っているかな？

教職大学院
より高度な指導力や授業展開力をもった教員の養成を目的とした専門職大学院。理論だけでなく、実践にも重きを置いたカリキュラムが特徴です。大学を卒業し、これから教員になろうとする人はもちろん、すでに教員として働いている人も通うことができます。

に教壇に立って授業を行うだけでなく、給食や掃除、部活動、行事などに参加することもあり、貴重な体験となるでしょう。

◎総合科学系

芸術、スポーツ、国際関係、情報、地域社会など、多岐にわたる分野について総合的に学びます。近年は教育の視点から環境を考える「環境教育」などの分野もあります。

なお、この分野では教員免許を取得しなくても卒業できるため、「ゼロ免許課程」と呼ばれることもあります。しかし近年は、クラス定員の少人数化や団塊世代の退職などで教員が不足していることもあり、ゼロ免許課程を廃止し、教員養成課程のみにする大学も増えています。

そこが知りたい Q&A

Q1 教育学に向いているのはどんな人ですか？

A 教員になりたいという夢をもっている人にとって、教育学は最適な学問です。教師としての心構えから教科の教え方まで、現場で必要とされる知識や技術を身につけることができるでしょう。しかし、もし教員にならなくても、教育に携わる場面はたくさんあります。「会社で部下を育

専門用語を知っているかな？

教育格差
育つ環境によって、子どもの学力に格差が生まれること。たとえば、親の所得格差が原因で、進学塾に通える子どもと通えない子ども、大学に通える子どもと通えない子どもなどの間で、学ぶ機会や量に差が出てしまうことが挙げられます。学ぶ地域によって学力に差が出ることも指摘されています。

アクティブ・ラーニング
2012年に文部科学省によって定義された言葉。受動的ではなく能動的な姿勢で学ぶことによって、能力・知識・教養・経験の育成を図る学習方法。最近では、大学だけでなく小・中・高等学校でも、生徒が「能動的に」学び、生徒同士で「学び合う」ことが重視されています。しかし、

てるにはどうしたらいいのか」「育児にとって好ましい環境とはどのようなものなのか」など、人間に関わっていく限り、「教育」はいつも身近なところにあるのです。その意味で、教育学は「人間が好きな人」に向いていると言えるかもしれません。

Q2 教員になるためには教育学部を卒業しなければなりませんか？

A 教員免許制度がある大学・学部であれば、他学部でも、特定教科の教員免許を取得することができます。たとえば、理工学系では理科や数学、法律・政治学系では社会科の教員になれます。
ただし、教職課程を取り教育理論を学ぶ必要があります。他学部で学んだ専門科目に関する深い知識や、教科を超える幅広い教養は、魅力的な授業を展開するのに役立つでしょう。
一方、教育学部で学ぶメリットとしては、生徒と関われる機会が多いことや、実際に教員になった先輩や専門家から教員採用試験に関するアドバイスやサポートを得られることなどが挙げられます。ただし、教育学系でも取得できる科目が限定される場合があるので注意が必要です。

その具体的な方法はまだ手探りの状態です。アクティブ・ラーニングを実現するためにどんな授業ができるのか、研究と実践が重ねられています。

中1ギャップ
中1ギャップとも言われ、不登校、いじめ、学習意欲の低下などの精神的・学力的問題が、中1～中2の生徒にとくに顕著に見られること。はっきりした原因はわかっていませんが、中学校に進学して環境が変化したことによる不安や、小学校と中学校との授業形態の差についていけないこと、それらいくつかの理由が合わさって起こる現象だと考えられます。

1 人文科学系
2 社会科学系
3 自然科学系
4 総合系

最近の研究テーマは？

日本に滞在する外国人が増えるにしたがい、日本国内の学校で学ぶ外国人児童も増えています。小さい頃に日本にやって来た子どもたちは、半年足らずで日本語を覚えます。クラスの仲間と日本語で何不自由なく話し、笑い合う姿を見て、教師は「大丈夫、この子はクラスに溶け込んだ」と安心するでしょう。

しかし、日常会話は覚えても、授業中に教師が説明する論理的な内容や教科書に書かれた文章を理解できていないことがあります。その結果、教師が気づかないまま学習が遅れてしまうこともあります。また、ものごとを考えたり理解したりするうえで背景となる文化の違いは想像以上に大きく、ひそかに疎外感を抱く子どもも少なくありません。

日本では、増え続ける外国人子女をサポートするための体制がまだまだ不十分です。外国人子女教育の研究や制度の整備が早急に求められています。

教員採用までの道

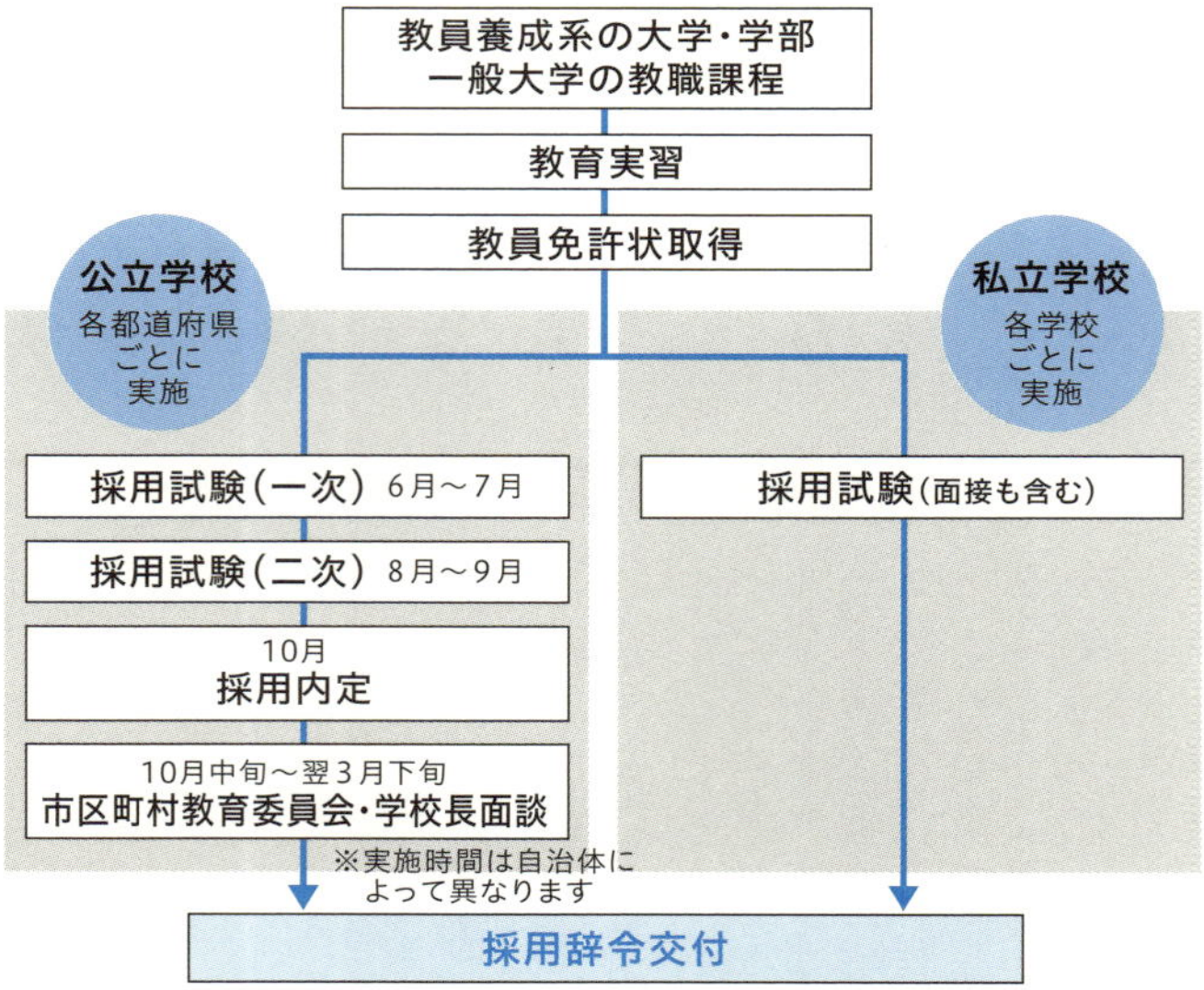

卒業後の進路は？

教員養成系では、教員をめざす人がほとんどです。しかし、教員採用試験の倍率は、都道府県や教員の種類によって大きく異なります。教員の募集人数はけっして多くありませんが、大都市を中心として教員増員の動きが見られます。学童保育指導員や特殊学校の介助員、産休・病休代用のための臨時採用教員などで経験を積みつつ、今後の採用試験に備える人も多くいるようです。

その他の進路としては、一般企業、官公庁への就職や大学院への進学が多くなっています。

令和4年度公立学校教員採用選考試験の実施状況 （文部科学省資料より）

受験者数、採用者数、競争率（採用倍率）

区分	受験者数		採用者数		競争率
		女性（内数）		女性（内数）	（採用倍率）
小学校	40,636	16,019	16,152	8,170	2.5
中学校	42,587	11,354	9,140	3,475	4.7
高等学校	23,991	5,358	4,479	1,393	5.4
特別支援学校	8,529	3,245	3,063	1,611	2.8
養護教諭	9,051	1,169	1,263	1,067	7.2
栄養教諭	1,597	1,169	177	153	9.0
計	126,391	38,314	34,274	15,869	3.7

（注）1.採用者数は、令和4年4月1日から6月1日までに採用された数である（以下同じ）。2.小学校と中学校の試験区分を一部分けずに採用選考を行っている県市の受験者数は、中学校の受験者数に含んでいる。（以下同じ）。3.中学校と高等学校の試験区分を（一部）分けずに選考を行っている県市の受験者数は、中学校の受験者数に含んでいる。（以下同じ）。4.特別支援学校の受験者数は、「特別支援学校」の区分で採用選考を実施している 県市の数値のみを集計したものである。（以下同じ）。5.女性（内数）は、受験者・採用者の男女別内訳を把握している県市の数値のみを 集計したものである（以下同じ）。6.競争率（採用倍率）は、受験者数÷採用者数である。

プロの目から 8

「よりよい学び」を追求する新領域

❖東工大で教育の研究？

私は今、学部で教職科目を担当し、大学院で教育工学の研究指導をしています。学生時代には私も数学の先生をめざして教職科目を履修したのですが、3年生のときに「卒業研究で教育の研究はできないか」と教職の先生に相談し、今に至ります。

「教育」と「工学」って、どう考えても結びつかない感じかもしれません。それは「工学＝モノを生産するための学問」という先入観念があるから。でも、工学の基本は「問題解決」です。問題をうまく解決するには設計や計画が大事で、何かを実現するために「もっとよい方法はないか」を考え、それを定式化していくことで、設計や計画を支援する学問になるのです。

❖「教授活動ゲーム」で生徒と先生を育てる

私が今、おもに研究しているのは「教授活動ゲーム」です。

みなさんは、勉強は机に向かってやるもの、人から教わるものと思っていませんか？　でも、遊ぶとき、テレビを観るとき、友だちと話すとき、どこにでも学ぶ機会はあります。そんな、日常のなかにある「学び」を、「対話」という形でゲーム化し、学び

東京工業大学　リベラルアーツ研究教育院
松田　稔樹 先生

今の若い人は、「みんなと同じ」という側に比重を置き過ぎている気がします。でも、社会で役立つには「人と違う強み」をもち、「これができるのは君しかいない」と思われることが大事です。自分の「個性」を発見し、それを活かす努力や訓練は、将来、みなさんが教師になって、子どもたちの能力を発見し、伸ばすためにも大事です。

の過程を収集したデータをもとに、「どんな対話がよりよい学びを導くか」を研究しています。そこから「思考力」や「課題解決力」を高めるためにはどんな働きかけをすればよいのかを定式化して、先生の養成に活かしていくのです。

授業シミュレーションで、先生が「こういうふうに教える」を選択すると、「おもしろい」「わかんない」など個々の生徒の反応が返ってきます。そのようなやりとりを通して、先生自身が自分の「授業力」をチェックしたり、鍛えたりできるシミュレーション・システムを研究しているのです。

❖人を育てるのは、あくまでも人

私の関心は「教育の本質とは何か?」です。人を育てるのは、あくまでも人です。だから、「この程度のことならシステム化できますよ」という範囲を示すことで、「人にしかできない教育とは何か」「先生は何をどう教えるべきか」を追求したいのです。

私が思う「人にしかできない教育」の一つは、「勉強がいかにおもしろいか」「いかに役に立つか」を教えることです。勉強することで自分が向上した実感をもてなければ、いくら勉強したって楽しくないでしょう。勉強は大学に入るためでも就職するためのものでもありません。「自分は社会の役に立つ」ということを証明するためのものだと思うのです。

だから、「この勉強は何の役に立つのか?」を人に問うだけでなく、「学んだことをどう活かすか」を、つねに意識してほしい。学びの場は日常生活のどこにでもありますから、つねに「問題解決」を意識して、「もっといい方法はないか」を考えてほしい。そうすれば、学校で学んだことと生活のなかで学んだことが結びついて、何に役立つのかが自ずと見えてきます。そういう経験は、教師になろうとする人にとってはとくに大切です。

環境学

「環境」は、住環境や都市環境などの身近なものから地球環境までも含む、非常に大きなカテゴリーをもっています。このような広い意味での環境と人間が共存するにはどうすればよいかを学ぶ学問が「環境学」です。自然環境を研究する分野と社会環境を扱う分野とがありますが、いずれの場合にも学際的、総合的なアプローチが必要となります。

どんな学問ですか?

「環境学」を学ぶ目的は、人間と環境の共生、そして人間にとって快適な環境のあり方を追求することにあります。

とくに最近は環境問題が複雑化しています。「自動車」一つを例にとって考えてみても、排気ガスに含まれる二酸化炭素は地球温暖化を加速させ、窒素酸化物は大気汚染を引き起こします。動力に使用するガソリンや電気はエネルギー問題につながり、土壌汚染や水質汚染などの問題も挙げられます。そして、使えなくなったクルマの処理はゴミ問題につながります。

このような環境問題の発見・分析・解決を総合的に考えていくことが環境学の大きな目的です。ここでは環境問題を軸に、環境学を三つに分けて見ていきましょう。

◎環境問題の発見・分析に関わる分野

環境問題の発見・分析には、各分野の高度な専門知識が必要です。水質汚染や大気汚染では「化学」、地球温暖化なら「気象学」、生態系に関する問題は「生物学」というように、理系の学問が中心となります。「環境化学」「生態学」「地球科学」「環境植物学」などの知識も必要です。もちろん、問題の発見・分析に関わった専門家は、問題の改善や解決策にも深く関わっていきます。

◎環境問題の改善・解決に関わる分野（文系的な側面）

環境を守るためには、社会のルール、枠組みといった視点が必要になってきます。たとえば、コンビニやスーパーで使われるようになった「マイバッグ」。プラスチック製のレジ袋の使用を減らし、ゴミ問題を解決する方法の一つとして、私たちの日常生活に浸透しつつあります。社会の枠組みから環境問題をとらえて解決法を考える「環境社会学」は、この分野で求められる学問です。

また、地球温暖化など環境問題のなかには国境と無関係のものが多いため、必然的に「国際法」や「国際政治」と関係してきます。さらに、環境問題は経済活動の結果によるものだという見方もあるため、「政治学」「財政学」の面からも考えていく必要があります。他には、環境保護をめざした教育を行う「環境教育学」などもあります。

◎**環境問題の改善・解決に関わる分野（理系的な側面）**

人間の生活が地球環境に与える負担の軽減をめざす技術を「環境テクノロジー」と呼びます。汚染物質の排出が少ない「クリーンエネルギー」や「燃料電池自動車（FCV）」の開発、資源を再利用する「リサイクル技術」の開発などがこれに当たります。コストなどの面で実用性が求められるので、経済や政治などについても幅広い知識が必要となります。

そこが知りたい Q&A

Q1 どのような人が環境学に向いていますか？

A 環境を改善したいという目的意識をもった人です。研究の分野や方法論ではなく、「環境を改善する」という目的によって定義される学問なので、この目的意識さえもっていれば誰でも取り組むことが可能ですし、どんな適性をもつ人でも貢献できます。

Q2 環境学を学ぶには、どんな学部・学科に進めばよいでしょうか？

専門用語を知っているかな？

ISO14001
簡単に言うと、「環境に配慮している会社」ということを認証する国際的な規格です。その企業の活動内容は環境に配慮したものになっていて、実行後も見直し・改善がなされている（＝環境マネジメントシステム）か、外部機関の審査を経て認証を取得できます。認証を得たことで特別な優遇があるわけではありませんが、「環境に配慮している企業」として信頼を得ることができます。

温室効果ガス（Greenhouse gas）
地球温暖化の主な原因である温室効果を起こす気体の総称。このうち、地球温暖化対策でよく話題に上がるのは二酸化炭素とメタンです。その

A 最近では、多くの大学が「環境」という名前のつく学科を設置しています。環境系で一つの学部を設置している大学もあります。文理を問わず幅広く学ぶ場合が多いため、「環境に関わる研究をしたいけれど、どんな分野を専門にするかはまだ決まっていない」という場合は、そうした学部・学科を選ぶのも一つの選択肢です。学習科目や内容は大学によって異なりますので、各大学の学部紹介などを詳しく比較して、自分に合ったところを選ぶようにしましょう。環境問題は非常に広い分野をカバーするため、各分野のエキスパートが活躍する場もたくさんあります。どういう形で環境問題に関わっていきたいかによって、学部・学科選びも大きく変わってきます。

最近の研究テーマは？

「地球温暖化」を例にとり、「環境学」の各分野が実際にはどのような形で解決に関わっているかを簡単に紹介しましょう。

◎地球温暖化問題の発見・分析

19世紀前半から20世紀半ばにかけて、多くの物理学者や気象学者によって、大

ほかには、水蒸気・フロン・亜酸化窒素（笑気ガス）などが含まれます。

環境アセスメント（環境影響評価）
道路やダム、発電所などを開発することで、私たちの生活はどんどん便利になっています。反面、その開発事業が環境に悪影響を及ぼすこともあります。それを防ぐため、その事業が環境に及ぼす影響を事業者自らが調査・予測・評価し、改善を加えて事業内容を決定する——これを環境アセスメントと言います。利益の追求だけではなく、環境保全についても考えようという大事な活動です。

環境税（Eco tax）
環境に悪影響を与える活動（化石燃料の燃焼、産業廃棄物・汚染物質の排出など）に税金を課すこと。結果として、環境に悪影響の少ない技術が

気中の二酸化炭素濃度と地球の気温が関係している可能性の高いことが指摘されました。現在は、国際的な科学者のグループなどが地球温暖化の分析を専門的に行っています。

◎地球温暖化改善に向けた法的・経済的・政治的なアプローチ

１９９２年、「地球サミット」と呼ばれる国際会議において、大気中の温室効果ガス濃度の安定化を目標とする「気候変動枠組条約」が採択されました。その締約国が年に1回集まり、温室効果ガス排出削減などについて協議する会議が「気候変動枠組条約締約国会議（ＣＯＰ）」です。２０１５年のＣＯＰ21では、世界の平均気温上昇を産業革命前の摂氏2度未満に抑えることを目標として「パリ協定」が採択され、歴史上初めて世界中のすべての国と地域が参加することになりました。日本は２０３０年までに２０１３年度比で26％の温室効果ガス削減を目標に掲げています。

◎地球温暖化改善に向けた科学技術的アプローチ

人間が排出する二酸化炭素の大部分を占めるのは、石油や石炭など化石燃料の燃焼によるものです。これを削減するため、化石燃料に替わる新たなエネルギーや化石燃料を使用しない技術の開発が進められています。たとえば「電気自動車」や「燃料電池車」などのエコカーは、電力を利用してガソリンの消費を削減します。また、エタノールなどの「バイオ燃料」はガソリンよりも二酸化炭素排出量が少ない燃料です。「太陽光発電」や「風力発電」などのクリーンエネルギ

採用されるなどの効果が期待できます。

再生可能エネルギー（Renewable energy）

クリーンエネルギーの一つで、風力・水力・太陽光・地熱など、人間が使い果たすことのないエネルギー源のこと。もちろん、これらのエネルギー源は太古からありますが、「再生可能エネルギー」という場合には、おもに電力を生み出すエネルギー源として利用するものを指します。

ひとことコラム

〝SDGs〟で「誰ひとり取り残さない」世界を実現する！

２０１５年に開かれた国連サミットで「２０３０年までに達成すべき世界共通の目標」が定められました。Sustain-

ーもあります。これらの「環境テクノロジー」の多くは、より実用性を高めるために、コスト削減など各分野でさらなる研究が進められています。

卒業後の進路は？

環境に関わる仕事に就きたい場合は、まず前述した三つの分野のうち、どの分野で仕事をしたいのかを決める必要があります。理系の場合は専攻や研究テーマによってめざす方向がだいたい決まってくるでしょう。大学院への進学率も高く、就職先としては政府機関や製造業などが挙げられます。

文系の場合は、環境に関する規制を設ける仕事と、規制のもとで効率よく企業運営を行う仕事とに分かれます。前者としては、おもに環境省などの政府機関や各地方自治体の職員など。後者としては製造業や建築業、食品関係などをはじめとして、ほとんどの一般企業が考えられます。教員や学芸員となって環境問題に関する指導を行う人もいます。環境に関する知識や技術は、あらゆる分野で求められていると言っても過言ではないでしょう。

able Development Goals（持続可能な開発目標）の頭文字をとって「SDGs」と呼ばれます。

これは「世界中の誰ひとり取り残さない」ことを理念とし、17の目標と169のターゲット（具体目標）で構成されています。

現在、日本でも政府や自治体、企業、学校などさまざまな機関がSDGsにつながる取組みをしています。みなさんも、SDGsを促進させるために作られたロゴを日常生活のなかで目にすることがあるかもしれませんね。

情報学

「情報学」とは、私たちの生活に欠かすことのできない「情報」を的確に処理し、利用する方法を考えていく学問です。コンピュータの操作方法やプログラミングだけでなく、情報コンテンツ制作や情報処理技術の実生活への応用、情報が社会に与える影響などを学びます。幅広い視点から情報のあり方を考え、情報化社会を支える人材を育成するのが目的です。

どんな学問ですか？

「情報学」というと、コンピュータの操作方法を学ぶ学問というイメージをもつかもしれませんが、それはほんの一面です。情報学は、人間の生活に欠かすことのできない「情報」を的確に利用するための学問です。

コンピュータそのものを発展させて、実社会への応用をめざす「情報科学」や「情報工学」、情報コンテンツ制作やプログラミングなどの「情報処理技術」、そして情報の意味や社会における役割などを考える「社会情報分野」など、幅広い視点から情報のあり方を考えるのが情報学なのです。

この分野を学べる学部・学科例

◎情報科学

情報システム学

情報ネットワーク学

ソフトウェア情報学

数理情報学

こんなところでも学べます

1 人文科学系
2 社会科学系
3 自然科学系
4 総合系

情報学の分野は多岐にわたりますが、大きく次の三つに分けられます。

◎情報科学

現在の情報技術やコンピュータそのものの仕組み、その基本原理となる計算方式などを学び、新たな技術を開発していくことを目的とした分野です。

この分野はさらに、コンピュータの処理速度を左右する集積回路などの「ハードウェア」を扱う分野と、メールやインターネットを管理するプログラムなどの「ソフトウェア」を扱う分野とに分けることができます。

情報学のなかではかなり理系寄りの分野と言えるでしょう。

◎情報工学

情報科学分野で築いたコンピュータ理論をもとに、情報の収集、処理、蓄積、通信などのコンピュータシステムを構築し、実社会への応用をめざす分野です。具体的な研究内容としては、インターネット上のセキュリティ、ネットワーク、人工知能、ロボット開発などが挙げられます。

この分野は「工学」にも分類されます。

◎社会情報学

情報メディアが社会に与える影響を考える分野です。情報学のなかでは文系的な要素の強い分野と言えます。たとえばインターネットは、日本にいながら瞬時にして世界中の人々とコミュニケーションをとることを可能にしました。しかし

コンピュータ理工学　など

◎情報工学
情報理工学
システム工学
知能情報工学
情報ネットワーク工学
電子情報工学
情報通信工学　など

◎社会情報学
情報社会学
総合情報学
メディア社会学
情報コミュニケーション学
経営情報学　など

一方では、コンピュータ・ウィルスやハッカーによるサイバーテロなど、新たな犯罪を生み出しました。このような問題を解決し、よりよい情報化社会を築くことをめざします。また、企業の経営管理やマーケティングへの応用、子どもたちへの情報教育のあり方なども研究テーマとなります。

その他、コンピュータ・グラフィックスや映像処理といった情報コンテンツの制作・加工やプログラミングなど、より専門的な情報処理技術を学ぶ「情報処理技術分野」もあります。

大学によって、どの分野に重点が置かれているかが異なります。学年が上がるにしたがって専門分野を選択していける大学も多くあります。志望する大学のカリキュラムを事前に調べておくとよいでしょう。

そこが知りたい Q&A

Q1 情報学に向いているのはどんな人ですか？

A パソコンを操作するのが好きな人、コンピュータを使いこなして自分でCG作成や映像・音楽の編集処理を行ってみたい人、そして、ソフトウエアの開発に携わってみたい人にはお勧めの学問です。

情報学はまだ新しい学問なので、幅広い知識と技術を身につけて、これ

ひとことコラム

コンピュータは人間を超えられるか!?

コンピュータを相手に将棋などの対戦型ゲームをした経験がある人もいるのではないでしょうか？　ゲームや会話など、コンピュータに人間のような知能をもたせる技術を「人工知能（AI）」と言います。科学技術の進歩により人工知能研究も急速に発達し、現在では音声理解システムや自動翻訳システムなど、さまざまな場面で実用化されています。

さて、このまま科学技術が進歩したら、人工知能によりコンピュータは人間と同じような行動ができるようになるのでしょうか？　この問題は専門家の間でも意見が分かれます。技術の進歩や、チェスの世界チャンピオンがコンピュータに負けたなどの事例から、人工知能が人間を超える日が

からの情報化社会を支えていきたいという強い思いがあれば、社会に大きな貢献ができる分野だと言えます。

Q2 高校の「情報」の授業と大学の「情報学」はどこが違うのですか？

A 高校の授業では、パソコンの基礎的な知識と使い方を身につけるために、インターネットやソフトウェアの使い方や、コンピュータを使ったプレゼンテーションの方法を学びます。

しかし、大学の情報学の授業では、コンピュータのしくみや構造、プログラミングといった、より専門的な知識や、情報技術が社会に与える影響などについても学んでいきます。ただコンピュータを使いこなすだけでなく、情報化社会を支える人材の育成をめざしているのです。

最近の研究テーマは？

家に帰ると電気がつき、部屋も暖まっている。自動車に近づくとドアが開き、自動運転で目的地まで連れて行ってくれる――。そんなSF映画のような世界が、いま現実になろうとしています。

来るという見方もあります。一方、コンピュータは人間の命令にしたがって動くため、人間のように予測不能の事態に柔軟に対応することはできないとも言われます。あなたはどのように考えますか？

専門用語を知っているかな？

サイバーテロ
ネットワーク内のテロリズムのことで、サイバー犯罪の一つ。現在もコンピュータウイルスの大量発信や大規模なハッキングなどが起こっています。ネットワーク上には国境がないため、世界各国が協力して対策を講じていかなければなりません。

それを可能にするのが「ＩｏＴ（Internet of Things）」。身の回りのさまざまなモノをインターネットに接続し、相互に通信できるようにするシステムです。たとえば、部屋の照明にセンサーを取り付けることで家主の帰宅を感知して点灯したり、外から無線通信を通じてエアコンのスイッチを入れたりすることが可能になるのです。

さらにＩｏＴの対象は機械製品だけではありません。たとえば、食品につけることで冷蔵庫に何が残っているかを外から確認し、冷蔵庫にあるもので作れるレシピを検索することもできます。

「スマートスピーカー（ＡＩスピーカー）」の普及により、ＳＦ映画の世界はますます現実に近づいてきました。日常生活を劇的に変えるような影響力をもつ研究がしたいと思う人は、ＩｏＴ分野も考えてみてはいかがでしょうか。

卒業後の進路は？

情報学系学部の卒業後の進路は大学院進学、一般企業への就職、公務員の三つに大きく分けられます。

より深い専門性が問われるようになった背景もあり、とくに理系の学生の間では大学院への進学率が50％を超えています。

一般企業に就職する場合は、情報・通信関係やプログラミング関係の会社が中

情報リテラシー
「リテラシー」とは識字力（文字を読み書きできる能力）のことで、「情報リテラシー」は情報を使いこなす能力のこと。目的に合わせて情報を収集・選択・活用し、自ら発信できる能力を指します。

ビッグデータ
IT社会で蓄積された膨大なデータのこと。これを解析することでユーザーの好みや行動を細かく把握できるようになり、広告制作や商品開発などに活用されます。今後は医療分野などでの活用も期待され、活用範囲やそれに伴う経済効果はさらに大きくなるでしょう。

システムエンジニア(SE)＊
コンピュータシステムの設計、開発に携わる職業の一つです。使用者の意見を聞きながら、どんなシステムをつくるのかを明確にしたうえで開発にあたります。システムの細部をつくるプログラマーに

1 人文科学系
2 社会科学系
3 自然科学系
4 総合系

心で、いわゆるシステムエンジニア（ＳＥ）*やプログラマーとして働きます。これらの職種では、理系・大学院卒業生ばかりでなく、文系・学部卒業生も活躍しています。

また、情報収集や分析などの能力を活かすため、マスコミやコンサルタント業界に就職をする人もいます。

公務員では、一般事務職や図書館司書として就職するケースが目立ちます。

もちろん、どんな職業につく場合にも、情報の収集・分析といった能力は強みになるでしょう。

対して、開発の指示やできあがったシステムに問題がないかどうかのチェックを行ったり、運用に移すまでの開発全体の流れを管理します。

情報格差(デジタルディバイド) インターネットが普及し高度に情報化された現代においては、パソコンなどの機器の操作に習熟していないことや、機器を持っていないことが、社会的に不利になるという意味で使われる言葉です。この問題を解決するため、学校で情報教育のカリキュラムを整えたり、情報インフラの整備を進めたりといった対策が講じられています。

人間科学

「人間」について探求する学問です。「ヒト」「日本人」「男性・女性」「高校生」など、いくつもの顔をもつ「人間」を知るためには、1つの学問分野だけでなく多様な視点から考える必要があります。そのため「人間科学」では「生物学」「心理学」「社会学」などさまざまな学問の方法論を使います。フィールドワークやボランティア活動などの社会参加も積極的に行っています。

どんな学問ですか？

「あなたは何者ですか?」と聞かれたら、あなたは何と答えるでしょう。「日本人です」「男です」「女です」「高校生です」など、いろいろな答えが考えられます。「人間とは何か」を考える切り口は無数にあるのです。

「人間科学」とは、さまざまな顔をもつ人間を、さまざまな立場から探求する学問です。そのため、人間の心や身体、行動だけでなく、人間関係や現代社会など人間をとりまく環境までが研究対象となります。

人間科学で扱う代表的な学問をいくつか挙げてみましょう。

人間科学

◎**心理学**

人の「心の動き」を理解することで、現代社会特有の心の問題や人間関係を考えていきます。研究は、実験・観察・統計などを通じて科学的に行われます。大学によって、「犯罪心理学」「コミュニティ心理学」「児童心理学」などさまざまな心理学を学ぶことができます。

◎**社会学**

人が集まった「社会」に注目します。グローバル化にともない激しく変化する現代社会を理解し、適応することをめざします。研究を進めるうえでは、社会調査やフィールドワークも重視されます。

◎**教育学**

グローバル化・情報化した現代社会では、どのような人間が形成されるか、どのような人間を育むべきか――。人間科学の研究成果を教育に活かすことにより、現代社会で活躍できる人材の育成をめざします。子どもから大人まで、学校から職場、家庭までを広く研究対象とします。

◎**健康福祉学**

人間の「健康」「生涯」「幸福」などをテーマに、より良く生きる方法を考えていきます。さらには、そのような社会をデザインし、実現することもめざします。「医学」や「工学」といった理系分野との関連もある分野です。

人間科学が学べる学科例

人間科学科
人間環境学科
人間関係学科
現代社会学科
人間社会学科
人間発達科学科
人間心理学科
人間情報科学科
人間健康科学科
ライフデザイン学科
ライフマネジメント学科　など

こんなところでも学べます

◎生理学

「脳」や「身動き」など、生物としての人間に注目し、その機能や活動を解明します。顕微鏡や動物を使った実験を行い、コンピュータ・シミュレーションなども用いて研究を進めます。「医学」や「生物学」など理系分野との関連もある分野です。

ほかにも、「情報学」「文化学」「人類学」「哲学」「環境学」なども人間科学のなかで学ぶことがあるでしょう。

研究対象が広いため、実際には大学ごとにテーマを絞ってカリキュラムが組まれています。その大学では何をテーマにして、どんな講座を設置しているかをＨＰなどで調べておきましょう。

研究方法が限定されていないのも人間科学の特徴です。机の前に座って考えるばかりでは「人間」の真の姿は見えません。実社会の問題を肌で感じることもできません。そのため、人間科学では実習や実務、調査、フィールドワーク（現地実習）などを行います。現場で学ぶことが重視される学問なのです。

そこが知りたい Q&A

Q1 人間科学に向いているのはどんな人ですか？

A 何より「人間」に興味がある人です。また、人間科学ではさまざまな分野の知識を応用する必要があるため、好奇心旺盛な人が向いています。さらに、自分にとっていちばん身近な人間は誰かというと、もちろん「自分自身」です。「自分がより良く生きるためにはどうするか」を突き詰めて考えたい人にも向いていると言えるでしょう。

Q2 人間科学は文系ですか、それとも理系の学問ですか？

A 正確には、文系・理系でくくることができません。あらゆる学問を利用しながら「人間」について理解していく学問です。あるときは「社会学」「文化学」「哲学」「心理学」などの文系分野から、またあるときは「脳科学」「認知科学」「行動科学」などの理系分野から研究していきます。つまり、人間科学のいちばんの特徴は、従来の学問領域を超えて総合的な判断をするところにあるのです。したがって、受験科目も文系科目・

専門用語を知っているかな？

カクテルパーティー効果
人ごみの中で自分の名前を呼ばれたときや、電車の中で友だちと会話をしているとき、周囲が騒がしくてもきちんと聞こえるという経験はありませんか？ ところがこのときの周囲の様子を録音してみると、雑音が意外と大きくて自分に聞こえた呼びかけや会話の内容は聞き取りにくいことに気づきます。こうした、注意を向けた情報に対する認知の高まりを「カクテルパーティー効果」と呼びます。

幻肢痛
事故や病気などで切断し、失ったはずの身体の部位が痛むことを言います。原因は明らかになっていませんが、脳に理系科目の両方のパターンがあります。大学によって必須科目も異なりますので、よく調べておきましょう。

Q3 調査や実習ではどのようなことをするのですか？

A 研究テーマや目的によって異なります。たとえば「海外と日本の教育システム」を比較したいときは海外調査を、「福祉の実態」を見たいときは介護施設や障がい者施設で体験や実習を行います。このように、自ら現地に赴いてデータを集める調査のことを「フィールドワーク」と言います。その他、アンケート調査や統計分析、心理実験なども行います。自分が設定した研究テーマに応じて、もっとも適した調査方法を選ぶことが大切です。

最近の研究テーマは？

「人間工学」とは聞き慣れない言葉かもしれませんが、周りを見渡してみると、私たちの周囲には人間工学によって生み出されたモノがたくさんあります。たとえば「疲れにくい」ペン、マウス、椅子、スニーカーなど……。誰かが使っているのを見たことがないでしょうか。最近話題のユニバーサルデザイン（283ペ

残る身体の記憶やイメージが何らかの影響を与えているという説があります。また、痛み以外の感覚が発生することもあり、これらを合わせて「幻肢感覚」と呼びます。

ジェンダーとセクシュアリティ
「ジェンダー」とは生物学的・身体的な尺度ではなく、人間が頭で考える「男らしさ」「女らしさ」のことです。人間が考えたり感じたりするものなので、国・文化圏・時代など、その人が属している社会によって定義は変わります。「セクシュアリティ」は、性別で行動を制限したり勧めたりするのではなく、一人ひとりの性格や行動を総合的に判断したうえで性別について判断していこうという考え方です。

ヒューマンエラー
人の行動が原因で生み出された事故のこと。なかでも、勘違いにより引き起こされたものをミステイク、やり忘れやうっかりミスによるものをス

ージ参照）にも、人間工学の技術が活きています。

人間工学では、「心理学」「生理学」「力学」など複数分野の知識を応用し、人の身体構造や動きを的確にとらえ、使いやすいモノや環境を設計・デザインすることをめざしています。

多くのモノに囲まれ豊かになった現代社会を、より便利で過ごしやすくしてくれるもの、私たちのすぐ身近で活躍している学問が人間工学です。

卒業後の進路は？

もっとも多いのは一般企業への就職です。サービス業、製造業、金融・保険業、マスコミなど、さまざまな業界に進んでいます。人間科学ではさまざまな視点から人間について広く考えるため、興味をもつ分野もそれぞれ異なっているのでしょう。

公務員や教員をめざす人もいます。

福祉学や心理学を中心に学んだ場合は、福祉関連施設で働く人、カウンセラーになる人もいます。国公立大学の場合は大学院に進む人も多く、進学率は全体の4割ほどです。


リップと言います。技術不足や不慣れ、機械設計上のミスは含まれません。現代の大事故の6〜8割は、このヒューマンエラーによるとも言われています。

スポーツ科学

人間の生活を健康で豊かなものにしてくれる「スポーツ」を、あらゆる角度から科学的に研究する学問が「スポーツ科学」です。老若男女それぞれに合った運動のペースや指導法を研究し、体得するほか、人間の身体の構造や動きのメカニズム、スポーツの文化的意義、またスポーツ産業や保健産業のマネジメントなどを学ぶのも研究分野の1つです。

どんな学問ですか？

「スポーツ」は、いまや私たちの生活の一部として切り離せないものとなりました。「スポーツ科学」は、そんなスポーツを「する」面だけでなく、「観る」「教える」「学ぶ」「運営する」など、あらゆる角度から総合的に考え、社会的・文化的な意義まで研究する学問です。

たとえば、「スポーツの政治的・経済的効果」というテーマは「政治学」や「経済学」の要素を、「競技成績と心理状態の関係性」であれば「心理学」の要素を、「スポーツとメディアの相互作用」であれば「社会学」の要素を含みます。

これらは文科系要素の強い分野と言えます。

一方、「トレーニングの原理」というテーマは「医学」や「生理学」の要素を、「スポーツ選手の栄養管理」であれば「栄養学」の要素を含んでいます。これらは理科系要素の強い分野です。

つまり、「スポーツ」を軸に幅広いテーマについて研究する、それが「スポーツ科学」なのです。ここでは主要な分野について、それぞれの特徴を見ていきましょう。

◎生涯スポーツ学・健康福祉学

人々の健康維持をテーマとして研究を行います。子どもや高齢者、障がい者の健康維持、体力向上にも取り組みます。地域社会とスポーツとの関わりや、一人ひとりのライフステージに合った活動の提案なども考えていきます。必要単位を修得することで、社会福祉士の受験資格が得られる大学もあります。

◎体育学・スポーツトレーナー学

自分自身が競技選手として活動していきたい人や、保健体育教師、トレーナーをめざす人のための分野です。後者の場合は「教育学」の要素も含みます。スポーツの理論と競技の両方を重視します。

◎スポーツ経営学

スポーツ団体やスポーツに関連した企業の運営・経営だけでなく、余暇をより

専門用語を知っているかな？

コーチング
相手の目的が達成できるように、相手のもっている能力を引き出していくこと。指導者が一方的に教えてそれを実行させるのではなく、相手の自発的な活動を促す指導方法です。「人を育てる方法」として、スポーツ分野だけでなく、ビジネスや教育の場にも取り入れられています。

ストレングス&コンディショニング
ストレングスは筋力をつけることです。しかしそれだけではなく、筋力を使うための神経を発達させ、筋力を使うべきときに脳からの命令をスムーズに伝達させるためのトレーニングも含まれます。コンディショニングは筋力・瞬発力・持久力といったさまざま

よく過ごし、健康を維持するためにスポーツを活用する方法を学びます。スポーツ産業の収益だけを考えるのではなく、スポーツと人間がよりよい関係を築くにはどうすればよいかを考えていきます。

◎スポーツ心理学

競技選手がより良い成績を残すための心理状態や、スポーツを趣味として行うとき、または観戦するときの心理効果などを研究する分野です。そういったメンタル面を強化する方法も科学的に学びます。

◎スポーツ医科学

「医学」だけでなく「栄養学」や「生理学」など、スポーツと関連があるすべての学問を活用しながら研究を進めます。急なケガや病気にも対応できるよう、救急処置や救急医療についても学ぶため、大学によっては救急救命士の国家試験受験資格が取得できるところもあります。

◎スポーツ栄養学

スポーツに適した身体を維持するために必要な栄養と、その効率よい摂取方法、栄養指導のやり方まで学びます。対象はスポーツ選手にかぎらず、一般の人の健康維持や栄養指導まで行います。

な体力要素を目標の日程に最適の状態へともっていくことです。

ニュースポーツ

老若男女を問わず、幅広い年齢層の人が手軽に楽しめるスポーツのこと。勝敗よりも楽しむことに重点が置かれているため、競技スポーツよりも運動量が少なめで、ルールがわかりやすいというのが特徴です。「スポーツチャンバラ」や「トランポビクス」といったものがあります。

ヘルスプロモーション

自分の健康を自分でコントロールし、改善できるようにする過程のことです。健康は生きるうえでの目的ではなく、より良い生活を送るための条件・手段であると考えられています。公共政策、健康を育むような環境づくり、地域活動など、健康をテーマとした社会的な動きもヘルスプロモーションの一環です。

そこが知りたい Q&A

Q1 スポーツ科学に向いているのはどんな人ですか？

A スポーツが好きなことが第一ですが、必ずしも競技者レベルの人材が求められているわけではありません。
スポーツに関わるイベントを企画したい人、スポーツを教えることが好きな人、自分の健康維持に興味がある人、スポーツ産業に関心がある人など、なんらかの形でスポーツと関わりたい人なら誰でも自分に合った研究テーマを見つけられるでしょう。

Q2 プロのスポーツ選手をめざす人は、大学へは行かないのですか？

A そんなことはありません。大学を卒業してからプロのスポーツ選手として活躍している人もたくさんいます。高校卒業後すぐプロ選手となることで、より早く経験を積める、実力の高い選手のなかで成長できるなどのメリットはありますが、大学に進学するメリットもたくさんあります。
たとえば、試合に出られる機会が多い、大学で実績を残すことがプロデビューのチャンスにつながる、などです。たとえプロ選手と違う道に進むことになったとしても、進路の選択肢が広がります。

大学でスポーツトレーナーの勉強をする、または教員免許を取得すれば、プロ選手を引退してからコーチや体育教師として活躍することも可能になります。大学に進学することでスポーツ以外のことも学べ、視野を広げられるという見方もできるでしょう。

プロ選手をめざすのは価値のあるすばらしいことです。しかし、よい結果を残せないことや、ケガをして引退を余儀なくされることもあります。そうしたときのことも考えて、周りの人のアドバイスも受けながら、広い視野で進路を考えてみてください。

最近の研究テーマは？

近年、「生活習慣病」が社会問題となっています。病原菌ではなく、不健康な生活習慣が原因で発症するのが、心筋梗塞、脳卒中、糖尿病などの生活習慣病です。それらを予防・改善する方法の一つが「運動」。そのためスポーツ科学では、体力測定方法の開発、各運動が生活習慣病防止に及ぼす効果の測定、適度な運動の量の定義など、人々を生活習慣病から守るための研究に力が注がれるようになりました。

現代社会を生きる人々にとって、ひいては急激な高齢化を迎えている日本社会にとって、今後も必要とされる研究分野の一つです。

卒業後の進路は？

プロのスポーツ選手をめざす人は、各協会・チームのプロ・テストに挑戦します。プロ選手になる人は一握りですが、それ以外にもスポーツに関わる仕事で活躍する人はたくさんいます。具体的には、スポーツ施設を運営する企業、スポーツ用品メーカー、保健体育の教員など。スポーツを指導するためのトレーニング指導士という資格もあります。医療・福祉や消防・警察、警備保障会社なども大学で学んだことを活かせる分野でしょう。

一方で、スポーツとは関係ない業界へ就職する人もたくさんいます。建設業、運輸業、製造業などです。少数ではありますが、大学院に進学して、より専門的な研究を行う人もいます。

プロの目から 9

子どもの身体を通して人生の健康を考える

❖子どもの身体から見えてくること

最近は、発育途上にある子どもの身体の変化について研究しています。子どもの体力低下や、ケガの発生率の上昇が目立つという状況を受けて、子どもたちの身体の状態、とくに成長途上での身体の変化を調べる必要が出てきたためです。

具体的には、骨や筋肉や脂肪の量を調べ、成長とともに身体の組成がどのように変化するのか。さらに、そこに運動が加わったときにどのような効果が出てくるのかといったことを定期的に調査しています。

こうした調査から得られたデータは一時的なものではなく、長い目で見て人の健康維持に役立てることができます。「メタボ」という言葉が有名になりましたね。その予防策もあちこちで話題になりましたが、成人の「肥満」には子どもの頃からの肥満が関係しているという考え方が昔からありました。

同じように、年をとってから表面化する「歩けなくなる」「転びやすくなる」といった症状にも、子どもの頃の身体の状態が関係している可能性があります。

早稲田大学　スポーツ科学学術院　スポーツ科学部
鳥居　俊 先生

スポーツ科学は、スポーツ選手のためだけの学問や研究ではありません。多くの人がスポーツを通してどのくらい健康になれるかを研究し、実践させていくための学問です。自分自身の身体を一生、健康な状態に保つためにも、親になって子どもを育てるときにも役立つ知識を得ることができるのです。スポーツ指導者をめざす人だけでなく、多くの人に興味をもってもらいたいですね。

だとすれば、子どもの身体と大人の身体が具体的にどうつながっているのかがわかれば、効果的な予防策をたてることができます。

しかし、子どもの頃の予防策にどの程度の効果があるかを証明するためには、今、調査をしている子どもたちが高齢になるまで追わなければなりません。私がこの研究を始めてもうすぐ10年になりますが、私の世代だけでなく、次の世代にも引き継いでいかなければいけない研究でもあるのです。

❖研究の成果をスポーツの現場に活かす

大学に来る前に、医師の立場として、スポーツのしすぎで自分のしたいスポーツができなくなってしまった選手をたくさん診てきました。それをなんとかして防止してあげないと、選手がかわいそうです。

過剰な運動による弊害をなくすためには、スポーツ医学の立場で解明していくとともに、その成果を現場に伝えることが必要です。研究者が一人で研究して喜んでいてもしょうがありません。

この学部では、卒業してから指導者や教員になる人がいるので、研究した成果がすぐ現場に活きてくるルートが太いと思います。だから、ここで私が教えることはとても有意義だと思っています。

医学部の中ではこんなにスポーツに偏って研究することは難しいですね。整形外科研究の一つがスポーツに関することですが、医学部としてのスポーツ整形外科を指導・研究するのに精一杯で、これからスポーツの指導者になっていこうとする人たちを教育するということは難しいからです。

スポーツの指導を受ける子どもたちがスポーツの悪い面を被ることなく続けていければ、こんなよいことはないと思いますね。

「福祉学」は、みんなが健康で幸せに生きる方法を考える学問です。近年、増加している福祉系の学部・学科は、福祉のエキスパートを育成するとともに、福祉本来の目的である「より良い社会」を実現するためのサービスやシステムの探求を目的としています。高齢者や身体が不自由な人々へのサポートだけでなく、児童福祉や貧困の問題も研究対象となります。

どんな学問ですか？

「福祉」とは「人間が健康で幸せに生きる」こと。誰しもそのように生きたいと願うのですが、人間が健康で幸せに生きるためにはさまざまな障害があるものです。

たとえば、私たち人間はいずれ年をとります。年齢を重ねると、身体が思うように動かなくなります。抵抗力が弱まり、病気にもかかりやすくなります。そうなったとき、どうすれば安心して生きていけるのか、不安になりませんか？　また、何らかの原因で仕事の職を失うことや、さまざまな事情で働けなくなることもあるでしょう。そのようなとき、これまでと同じように健康で不安なく暮らすことができるでしょうか。

「福祉学」は、それらの問題点を乗り越え、みんなが健康で幸せに生きていくにはどうすればよいかを考える学問です。

老人福祉、児童福祉、貧困の問題など、福祉を実現するために考えなければならない問題はたくさんあります。それらの問題を解決するためには、まずは福祉に関する法律や政策、制度など、社会のルールを学ぶ必要があります。

さらに「経済学」「財政学」「社会学」などの知識も重要です。また、人間の心や身体に関する「心理学」や「医学」の知識も関連してくるでしょう。

つまり福祉学は、幅広い分野の知識を総動員して考察する学問なのです。

ただ「考える」だけでなく、考えたアイデアを「実践していく」のも、福祉学のもう一つの側面です。そのため、多くの大学では、高齢者向け施設、児童福祉施設、障がい者福祉施設などの福祉機関で実習を行っています。高齢者や身体が不自由な人の目線に立つために、さまざまな器具を使った疑似体験を行うこともあります。

福祉の視点は「モノづくり」にも応用されています。障がい者や高齢者のために、工学的に支援を行う「福祉工学」という学問もあります。

身体が不自由な人の介助を人間に代わって行う介護ロボットやユニバーサルデ

ひとことコラム

すべての人を包み込む社会
ソーシャルインクルージョン

近年、多くの国が経済的に豊かになるにつれ、社会福祉制度も充実するようになりました。しかし、せっかく充実した制度が、高齢者や児童、障がい者など支援を必要とする人々に届いていないという問題も起きています。

そこで1980年代、ヨーロッパで生まれた理念が「ソーシャルインクルージョン」というもの。これは、生きていくうえで支援が必要な人々が孤立しないように、社会の一員として支え合おうという考え方です。今後はそういった人々を支える社会を確立することが福祉の課題と考えられており、日本でも社会福祉政策の重要なテーマとしてとらえられています。

ザイン商品の開発などは、福祉工学の成果の一つと言えます。

そこが知りたい Q&A

Q1 福祉学に向いているのはどんな人ですか?

A 「福祉学は困っている人の手助けをしたい人に向いている学問だ」というのが一般的なイメージでしょう。もちろんそうした一面もありますが、本来の福祉学はすべての人の幸せについて考える学問です。とくに、現在の日本では少子高齢化が進み、2035年には3人に1人が65歳以上になると予測されています。
また、児童虐待や育児放棄、経済格差の進行にともなう貧困など、社会全体で解決していかなければならない問題が山積みです。
福祉学は「未来をより良いものにしたい」と考えるすべての人に、ぜひ学んでもらいたい学問です。

Q2 福祉系の仕事をするには、どんな資格が必要ですか?

A 職種によって異なります。たとえば介護職では、介護職員初任者研修や実務者研修、「介護福祉士」の資格などを求められることがあります。

専門用語を知っているかな?

ノーマライゼーション
高齢者や障がいのある人々の日常生活を、より自然で不自由の少ないものに近づけていくべきという考え方です。もともと1950年代から1960年代に北欧で広まった考え方ですが、その後、日本でも広く共有されるようになりました。また、近頃は、障がいがあっても、ほかの人々と同じように生活できる社会こそがノーマルな社会であり、そういった社会をめざしていくべきだという意味でも解釈されるようになってきています。

ワーキングプア
「一般的な労働者と同じ程度働いているにもかかわらず、貧困が改善されない人」の意味。マスコミで取り上げられ、話題になった言葉です。ワーキングプアが問題になった背公務員の福祉職では、自治体によっては「社会福祉士」や「精神保健福祉士」などの資格保有を応募条件としているところもあります。ただし、福祉サービス、福祉機器などを扱う一般企業などでは、資格の有無が問われることは少ないでしょう。ひとくちに「福祉」と言っても仕事の幅はとても広いため、まず、どのような形で携わっていきたいかという具体的な目標をもつことが重要です。

Q3 福祉学科では、介護施設や福祉施設での実習が多いというのはほんとうですか?

A そうした実習が多いのは事実ですが、それが必修であるか、選択制であるかは、大学や学部のカリキュラムによって異なります。ただし、「社会福祉士」や「精神保健福祉士」などの資格取得をめざす場合は、介護・福祉関連施設での実習が必須となります。

景には、不安定な非正規雇用(派遣社員、パート・アルバイトなどの雇用)の増加や、低い賃金での労働が考えられます。ワーキングプアは新しい言葉、概念だと思われがちですが、今から100年以上前の時代から、一生懸命働いていても貧しい生活を改善できない人たちはいたと言われています。

最近の研究テーマは？

「災害列島」と呼ばれるとおり、日本は地震や津波、台風などの災害が頻繁に起こる国と言えるでしょう。現実に大きな災害に見舞われて、政府や地方自治体の行政機能が麻痺してしまったとき、近隣に住む人たちだけで高齢者や身体の不自由な人たちを助けられるでしょうか？

こうした災害時の福祉に関する研究が「災害福祉学」です。災害の発生は予測がむずかしいので、いつどんな事態が生じても、近隣の人々で助け合えるサポート体制をつくっておかなければなりません。そのためには、政策面、制度面だけでなく、地域社会における福祉教育を含めた取り組みが必要です。

いざというときに弱い立場の人々をしっかり支えられる準備の整った社会、それこそが、あらゆる人にとっての理想の社会と言えるでしょう。

卒業後の進路は？

福祉学を学んだ学生の進路としてもっとも多いのは、やはり医療・福祉方面です。なかでも、老人、児童、障がい者などを支援する民間福祉施設や病院、保健所などへの就職が目立ちます。福祉サービスや老人ホームの運営や、福祉器具を扱う一般企業に就職する人もいます。

公務員として福祉事務所や児童相談所などで働く人もいます。公務員の場合、「福祉職」という採用枠もありますが、応募にあたり「社会福祉士」などの資格取得が義務づけられていることもあるので注意が必要です。

また、少数ですが、大学院へ進む人もいます。大学院では「社会福祉」を学問的に研究し、社会福祉学の研究者や指導者的な立場の人材育成を目的とします。

プロの目から 10

自閉症・発達障害の支援のために

❖自閉症支援において大切なこと

私の専門分野は、自閉症などの発達障害のあるお子さんへの支援です。みなさんも「自閉症」という言葉は聞いたことがあると思いますし、周りにそういう方がいらっしゃることもあると思いますが、具体的にどんな障害かご存じでしょうか?

自閉症は認知機能の障害です。どんな特性をもっているかは人によりさまざまですが、コミュニケーションが苦手だったり、こだわりが強かったり、聴覚過敏などの感覚過敏があったりします。そのため周囲のことがよくわからなかったり、周りが気づかないところでつらい思いをしていたりします。そうしたなかでつねに努力をしている方々なのです。

そういう子どもたちを支援するうえでまず大切なのは、安心できる環境をつくってあげることです。彼らの症状に合わせて「どんな環境設定をして、どう接すれば安心できるのか」という視点をもつことがいちばん大切だと思います。

そして、もう一つが、本人の意思を尊重することです。たとえば偏食がある場合、本人が克服したいと思っているならそれをサポートするのがいいですが、そうでないときは注意が必要

福島学院大学　福祉学部　福祉心理学科
よこはま発達クリニック院長／よこはま発達相談室代表理事
内山　登紀夫 先生

私は受験に何度も失敗し、結局、二浪して第一志望ではない大学に入りました。当時は回り道をしたように思い、ちょっと落ち込んでいました。プレッシャーに弱い性格なのか、受験生のときは「受験に失敗したらどうしよう」といつも考えていたように思います。受験がすべてではないというあたりまえのことに気づいていなかったのです。受験は長い人生の一部分です。成功しても失敗しても、人生は長いのでやりようはいろいろあると思います。リラックスして淡々と、自分にできること、自分のやりたいことをやっていきましょう。受験生も大学生も社会人も同じです。

です。なかには学校で偏食指導を受けて不登校になってしまった事例もあります。感覚過敏や偏食は、単純に努力で治るものではありません。

❖お互いHappyでいるために

もちろん、支援する側も完璧ではありませんし、自閉症はやさしい障害ではないので、支援がうまくいかないこともあります。私も30年以上、自閉症の方に関わっていますが、日々発見があるくらい奥が深いんですよね。自閉症の子どもたちはもともと環境に左右されやすいので、環境が変わればできることもできないこともある。また、今日できたことが明日もできるとは限りません。

100%をめざさなくていいんです。お互いHappyでいるためには、完璧を求めたり、「〜すべき」と考えたりせず、支援者自身が無理をしすぎないことが大切です。

❖支援の第一歩は正しく知ること

自閉症の特性について知ることで、「不思議な行動にはこんな理由があったのか」「こう対応すればいいのか」とわかるようになってきます。自閉症や発達障害の特性を正しく理解すれば、お互い楽しく一緒に暮らすことができるのです。障害特性は、かならずしも悪いものではありません。強みとして活かしている方もたくさんいます。

支援のゴールは、将来、地域のなかでその子らしく自然体で生きられるようになることだと思います。無理な目標設定をすると、本人も楽しくなくなってしまいます。その子に妥当な目標を設定してあげることが大切です。

自閉症や発達障害が治るという考え方に、現時点で科学的根拠はありません。治すものと捉えるより、「よりQOLの高い生活を送れるように」という考え方で関わっていけるといいと思います。

家政学・生活科学

かつての「家政学」は、女性が家庭のなかで「良き妻、良き母」になるために裁縫や料理を学ぶものでした。しかし現在の家政学は違います。日常生活を過ごすうえで起こる現象や問題を科学的に検証し、「より良く暮らすためにはどうすればよいか」を考え、実践する学問です。最近では「生活科学」という名称でも呼ばれるようになりました。

どんな学問ですか?

「今より良い生活を送りたい」と願う人はたくさんいます。「家政学・生活科学」は、その願いを実現するために「衣・食・住」の実態を検証していく学問です。

家政学・生活科学の学問分野は大きく四つに分かれ、それぞれがまったく異なる視点から「生活」そのものを研究します。

◎食物学

「食べ物」と「食べること」について研究します。たとえば、世界中の食品やその性質、健康への影響、調理方法などを研究する「栄養学」もこの分野に入ります。調理実習が多いと思われがちですが、講義や実験にも多くの時間をとり、「食」を科学的に検証していきます。

◎被服学

「被服」は身体を保護するだけでなく、自分を表現する手段でもあります。「被服学」では、衣服のデザインや制作の知識、技術、素材や機能、管理方法、流通、消費、服飾の文化や歴史など、さまざまな角度から被服について研究します。自分が作った衣装をファッション・ショーで披露することもあります。

◎住居学

人間の住むところ、つまり「住居」を考察する学問です。自然科学系の「建築学」が建築物の構造や設計方法について学ぶのに対し、「住居学」では住居全体をより快適に、より暮らしやすい空間にするためにはどうしたらよいかを研究します。建築学同様、街づくりの方法なども研究対象となります。

◎児童学

「児童学」では、その名のとおり「子ども」について学びます。子どもの身体と心の発達過程や教育環境のあり方を研究し、音楽、体育、工作、本の読み聞かせなど、実際の保育において求められる技能を身につけます。「保育士」や「幼稚園教諭」の資格取得をめざすところが多いのですが、大学により取得できる資

こんなところでも学べます

家政学は「ライフデザイン学科」「生産デザイン学科」「環境デザイン学科」などで学ぶことができます。そのほかに「デザイン」「環境」「文化」も共通するキーワードと言えるでしょう。

児童学は「教育学」や「人間科学」でも学べます。「子ども」「児童」などがキーワードとなるでしょう。住居学は「工学」や「環境学」、芸術系の学部・学科で学べる大学もあり、その際は「空間」や「インテリア」がキーワードとなります。食物学・栄養学については、学部・学科に「栄養」とつくところや、「農学」でも学べることがあります。

格が異なるので注意しましょう。

これらのほかに、日常生活にともなうお金の流れや、家族の役割分担について研究する「生活経営学」という分野もあります。近年では、女性が家庭内だけでなく社会のさまざまな分野で活躍するようになりました。女性が家事に費やす時間や、子育てと仕事の両立を考えるうえでも注目されている研究分野です。

そこが知りたい Q&A

Q1 家政学・生活科学に向いているのはどんな人ですか？

A 「身近な生活をよりよいものにしたい」と考えている人に向いています。どの分野も日常生活に直結した事柄だからです。大人になって独立したとき、家政学や生活科学で学んだことが役に立ち、必ず生活の質を高めてくれるでしょう。もちろん「インテリアデザインを学びたい」とか「保育士になりたい」など、明確な目的をもっている人にもお勧めです。

Q2 栄養士と管理栄養士では仕事の内容が違うのですか？

A 「栄養士」は、栄養士を育成する大学で必要な単位を修めれば、卒業と

専門用語を知っているかな？

保育所・幼稚園

どちらも小学校に上がる前の子どもを預かる施設ですが、保育所は「福祉施設」、幼稚園は「学校」という違いがあります。保育所は、親が仕事で日中の子育てができないような状況を補う施設ですから、0歳児から比較的長い時間預かります。幼稚園は小学校の前の基礎教育を行う学校なので、3歳以上が対象で教育時間は4時間です。

最近は、保育所と幼稚園の壁をなくそうという動きが見られます。保育所では待機児童問題がある一方で、幼稚園は少子化により定員割れしているためです。たとえば、幼稚園でも教育時間外に子どもを預かる(アフタースクール)、保育所でも幼稚園の教育内容を意識した保育を行うといった取り組みが行われていま

同時に取得できる資格です。病院や学校、工場などで栄養指導を行うほか、自ら調理も行います。一方、「管理栄養士」の資格は、栄養士の資格を得た後、国家試験に合格しなければ取得できません。栄養士よりも高度な知識や技術が求められるかわりに仕事の幅も広がり、健康セミナーの企画運営や栄養士への指導も行います。病院では、管理栄養士がチーム医療の一員として病院食の献立を考案し、患者の健康回復を支えています。栄養士と管理栄養士の資格取得に関しては、大学、学部、学科によって条件が違いますから、事前によく調べてください。

最近の研究テーマは？

家政学・生活科学では、日頃、家庭で使っている家電製品も研究対象となります。ひとくちに「家庭」と言っても、一人暮らし世帯から小さな子どものいる世帯、高齢者だけで暮らしている世帯まで、さまざまな形態があります。それぞれの暮らし方によって、家電製品の「使いやすさ」も違ってきます。たとえば、若い人には「たくさんの機能があって便利」と思える商品も、高齢者は「操作ボタンが多すぎて使いにくい」と感じるというアンケート結果もあるのです。

す。

保育所と幼稚園の機能をまとめた「認定こども園」という施設も増えています。資格については、保育所では「保育士」、幼稚園では「幼稚園教諭」が必要でしたが、2015年に「保育教諭」という資格ができました。しばらくは保育士と幼稚園教諭の両方の資格を持っていることで保育教諭となることができます。今後、大学では、保育士と幼稚園教諭の両方の資格（つまり保育教諭にあたる資格）を取れるところが増えると思われます。

ユニバーサルデザイン
バリアフリーが「障がい者のために」設計されたデザインであるのに対して、ユニバーサルデザインは「（障がい者も含む）どんな人にでも使いやすいように」考案されたデザインです。たとえば、シャンプーのボトルについているそこで家政学・生活科学では「どんな人にはどんな機能をもった商品が使いやすいか」を知るため、使用者を対象にアンケート調査を行ったり、実際に使ってみたりして、安全性、機能性、操作性、デザイン性などの研究をしています。

卒業後の進路は?

家政学・生活科学を学ぶと取得できる資格は多く、就職先もバラエティに富んでいます。「保育学科」以外でも家庭科の教員免許を取得できることから、教員をめざす人も多いようです。「学科別」のおもな進路について簡単に紹介しておきましょう。

◎食物学……「管理栄養士」の国家試験受験資格や「栄養士」の資格が取得できます。資格を得た後は、給食会社や病院・診療所、福祉施設などに就職し、栄養指導や食事の献立計画を指導します。そのほか、「栄養教諭」として教員になる人もいます。「食品衛生監視員」の資格を取得して公務員になったり、「食品衛生管理者」の資格を取得して食品メーカーに就職する人もいます。

◎被服学……家庭科の教員になるほか、さまざまな職種・業種の企業に就職しています。「衣料管理士」の資格を取得して、アパレルメーカーやショップのスタッフとして働いたり、デザイナーや企画スタッフとして、衣服の製作に関わったりすることもできます。

溝。触ると目を閉じていてもリンスとの区別がつくので、目の不自由な人でなくても髪を洗うときに重宝します。

◎**住居学**……卒業後に「建築士」の資格を取得できる場合があります。「インテリアコーディネーター」やデザイナーをめざす人もいます。一般企業への就職では、建設会社や設計事務所、住宅や家具のメーカー・販売業などが多いのが特徴です。

◎**児童学**……「保育士」や「幼稚園教諭」の資格を取得して、保育園・幼稚園に就職する人が多いようです。そのほか、児童センターや児童福祉施設に就職する人もいます。最近は女性も子育てを行いながら働くケースが増えたため、延長保育や夜間保育を行う保育所、病院やデパート内の一時託児所なども増えています。保育士の就職先はますます広がっていくことでしょう。

「芸術学」とは、高校まで学んでいた「美術」「音楽」「書道」などのほか、マスコミ、芸能など「ものを表現する」ことについて研究する学問です。研究分野は大学ごとに異なり、それぞれ特色ある学科を設けています。多くの学科では専門分野の実技や作品制作を重視しますが、「芸術学科」のように「芸術」そのものを研究する学科もあります。

どんな学問ですか?

あらためて「芸術」などと言うと、なにかとても高尚なもののようですが、じつは私たちの生活の身近なところにいくらでも見つけられます。美術館で開かれる展覧会や、劇場でのコンサートなどはもちろん、街中で見かける建物の形や看板・ポスターのデザイン、本の装丁、カレンダーの写真、そして携帯電話の着信音まで、すべてが「芸術作品」なのです。

「芸術学」とは、それらの芸術作品の研究や創作を通して、表現力や発想力を身につけていく学問です。研究対象となる分野は大学や学部によって異なりますが、1年次から理論や歴史の講義と並行して、実技の授業を行う大学が多いことが特徴です。4年次には、4年間の研究の総まとめとして卒業制作を行い、発表します。

芸術学は、研究対象によって大きく「美術」「デザイン・工芸」「音楽」の三つに分けられます。

◎美術分野

おもに高校までの「美術」で学習した分野を学んでいきます。「日本画」「洋画」「油絵」「版画」「彫刻」などが対象になります。多くの場合、まずは制作の基本となるデッサンを学び、自由制作を通して高度な技法を習得します。4年次の卒業制作では、大学生活の集大成としての作品制作に取り組みます。

◎デザイン・工芸分野

芸術学のなかでも、日常生活にもっとも身近な分野と言えるでしょう。たとえば「写真」「映像」「広告」「テレビCM」「コンピュータグラフィックス（CG＊）」などの情報分野から、「陶芸」「木工」「金工」「染織」といった工芸品、「インテリア」「建築」などの住環境分野までが含まれます。工業製品をデザインする「工業デザイン」は、主に工学部に設置されています。4年次には卒業論文の執筆やオリジナル作品の制作に取り組みます。

ひとことコラム

アートと地域のコラボレーション

近年、大学の地域貢献・産学連携の動きが高まっていますが、芸術系の大学も例外ではありません。大学生と自治体や企業が、授業・課外活動を問わず協力している例がいくつもあります。大学と市・区などの自治体とが提携を結んでいる場合もあります。自治体や企業にとっては斬新な感性を取り入れられますし、学生にとっては貴重な実践の場となるでしょう。

例
- 商店街のイベントに合わせた創作みこしの奉納
- 小児病棟内の壁画制作
- 公共施設やイベントのシンボルマーク作成
- 地元の伝統工芸企業と協

◎**音楽分野**

「声楽」「器楽」「指揮」「作曲」などの分野でプロの音楽家をめざす学科と、学問として音楽を研究する「音楽史」や「音楽民俗学」などの学科に分けられます。学科によっては学生一人ひとりに担当講師がつく個人レッスンが中心となることもあります。学内オーケストラに参加する機会も与えられます。

◎**その他の芸術分野**

その他、大学によっては、文学作品を通じて文章を学び、実際に編集・出版の作業を体験して作家や編集者をめざす「文芸」分野や、演劇・映画・テレビ番組などの演出方法や照明、音響、制作システムを学ぶ分野、役者やダンサーをめざす人のために演技や舞踏が学べる分野、「放送」「書道」「マンガ」「アニメーション」などを専門に学べるところもあります。また芸術そのものについて論じたり芸術史について研究する分野もあります。

そこが知りたいQ&A

Q1 芸術学に向いているのはどんな人ですか?

A 将来、プロの「芸術家」になりたい人はもちろんですが、芸術そのものに興味のある人や、ものを表現するのが好きな人にも向いています。ま

力した新しいデザインの考案
- 地域の児童への芸術教育
- 市民向けワークショップの開催
- 病院での芸術療法支援
- 景観など、まちづくりに関する調査分析・解決法の提案
- メディアアート技術を使った障がい児療育支援

専門用語を知っているかな?

CG＊
コンピュータグラフィックス(computer graphics)の略です。コンピュータを使って図形、データ、映像を処理する技能のこと。テレビ、映画、ゲームなどで頻繁に使われています。

黄金比
もっともバランスのとれた美

た、日頃から絵画や美術品を見たり、音楽を聴いたりしているときに、「これはどんな意味だろう」「どうしてこういう表現にしたのだろう」「この絵は観る人にどんな影響を与えるのだろう」などと考える人にもお勧めです。

Q2 芸術学科は授業料が高いというイメージがあるのですが……？

A 実技の授業がある学科では、専用の道具や作業用のスペースが必要となるため、授業料をやや高めに設定している大学が多いようです。さらに、オリジナル作品制作のために自分で道具や材料を用意しなければならないこともありますから、実際には授業料以外にもお金がかかると考えておくほうがよいでしょう。

Q3 芸術学部の受験科目について教えてください。

A 国公立・私立ともに科目も科目数もさまざまですが、基本的には文系の受験科目で受けられます。国公立では、美術、デザイン、工芸、音楽分野の学科で実技を必須とするところが多く、面接が必要な大学もあります。その他の芸術分野の学科や私立大学では、実技、面接、小論文などが課されるところがあります。早めに志望校の受験科目を確認しておき

しい長方形の縦と横の比率、「$1:\frac{1+\sqrt{5}}{2}$」を黄金比と呼びます。もとは数学の世界で生まれたものですが、古代ギリシャ時代から芸術の世界にも取り入れられました。有名なものでは、パルテノン神殿やミロのヴィーナス、ピラミッドなどに利用されているという説もあります。

ソルフェージュ
譜面を読んだり、音を聴き取ったりする音楽の基礎を養う訓練の総称です。聴いたメロディーをその場で正確に音名（ドレミ……のこと）で歌ったり、譜面に書いたりする方法があります。

ビエンナーレ
もともとは2年に1度行われる国際的美術展のことを指し、ヴェネチア、サンパウロ、パリなどのものが有名です。また、3年に1度行われるものは「トリエンナーレ」と言

ましょう。

最近の研究テーマは？

ルネサンス時代から４００年以上の歴史をもつと言われる「美術解剖学」は、人間の身体のしくみを理解し、その知識を美術分野に応用する学問です。人体の筋肉や骨格の構造を正確に把握することで、人間の身体を描くときに人間らしい躍動感を表現できるため、絵画、彫刻、デザイン分野で活用されています。また、空想上の生物をリアルに作り上げることもできるため、ＣＧ分野にも取り入れられています。実際に講義や実技演習を受けられる大学もあるので、みなさんも芸術作品を制作するときに取り入れることができるかもしれません。

卒業後の進路は？

プロの演奏家や画家をめざす人は、楽団やオーケストラの入団試験を受けたり、展覧会に作品を出品したりして、プロデビューをめざします。しかし、その道のプロとして活躍できる人は一握りです。

多くの学生は一般企業に就職します。音楽分野では楽器製造会社、レコード会

い、ミラノのものがよく知られています。日本でもBIWAKOビエンナーレや横浜トリエンナーレなどが開催されています。

社、音響会社、美術分野ではデザイン関連会社、マスコミ業界など。デザイン・工芸分野では設計・製作事務所、建築・住宅メーカー、自動車メーカー、企業内で商品デザインを担当するなど仕事の内容はさまざまです。

学校教員や講師、博物館や美術館の学芸員になる人もいます。研究者として専門の研究を続けたい場合は大学院に進みます。

次世代デザインがよりよい日常をつくる

❖「0円携帯」のデザインをめぐる実態に疑問

私は大学卒業後、電機メーカーのデザイン部署で、携帯電話のデザインを担当していました。当時は「0円携帯」といって、無料で機種変更できる仕組みがあり、まだ十分に使える携帯電話が次々に廃棄されていく現状がありました。

自分が精魂込めてデザインしたものが、簡単に廃棄されていく現実……。機能は変わらないのに、売るために見た目だけを変えるモデルチェンジに、自分のデザインが利用されていることに疑問を持つようになりました。

私は会社を退職し、大学に戻って、エコデザイン・サステナブルデザインの研究を始めました。デザイン自体は、世のなかをよくするために、今後も必要です。ただし、以前のような使い捨ての提案は通用しなくなり、環境に配慮した次世代のデザイン提案が主流になると考えたためです。

❖持続可能なデザインとは？

デザインのなかでも、私の専門領域は「プロダクトデザイン」といって、自動車や電気製品、文具、玩具、家具など、すべての

日本大学　芸術学部　デザイン学科
佐藤　徹 先生

世のなかのさまざまなことに興味をもってください。デザインのいちばん最初のきっかけとなるのは「人が気づきにくい小さな不便」の発見です。これを見つけ出す「問題発見能力」はとても大切な能力です。絵が好きな人なら、自己表現を追求する芸術家・アーティストをめざす道もありますが、表現能力を活かして世のなかを少しでもよくする、楽しくするデザイナーという道もあることを、ぜひ知っておいてください。

立体物が対象となります。近年この分野では、一般にイメージされるような色や形のデザインだけでなく、新しい仕組みやシステムなどの考案まで行うようになりました。

そのプロダクトデザインを行ううえで、モノ（製品・商品）を製造する場面から、流通、廃棄まで、すべての場面において持続可能性を考えていくというのが、サステナブルデザインです。プラスティックに代わる新素材や、地球に負担をかけない製造法、リサイクルしやすい製品の構造の研究なども、ここに含まれます。

❖デザインは、世のなかを変える「小さな発明」

デザインはそもそも「広告」「製品」「建築」などの分野と共通し、世のなかに直接的に影響を与えられるという点で、とてもおもしろいものだと私は思っています。

逆に言うと、それだけ責任も伴います。たとえば、乗り物や危険度の高い工具などは、デザインが失敗すれば、最悪の場合、使用者が命を落としてしまうことさえあるのです。

しかし、自分のデザインで少しでも世のなかをよりよくできるチャンスがあるということは、デザイナーにとってとても大きな魅力です。

デザイナーたちは、世のなかを少しでもよくしたい、楽しくしたいと考えてデザインしているのです。ですから、「デザイン＝小さな発明」と考えてもらってもいいかもしれません。

日常を観察して、「ここをこうしたら、もっとよくなるのに…」などと、少しでも感じることがあったら、じつはそれがデザインの源です。ただ単に「これはいやだなあ」でもかまいません。「いやなこと」「不便なこと」をどう解決するかを考えること、それがデザインなのです。

教養学

「教養学」は、地球規模で複合化した社会問題の解決をめざして発展した、現代ならではの学問です。目的は、いろいろなものの見方や価値観の違いに触れ、多様な要素がからみ合った問題を解決する能力を身につけること。そのため、学問の枠にとらわれず複数の分野を幅広く学ぶことが特徴で、異なる分野の学問をつなぎ合わせて新しい研究分野を開拓することもあります。

どんな学問ですか？

現代社会の問題は、地球規模で複合化しています。たとえば、「二酸化炭素を削減する」という問題。これは、「二酸化炭素の増加」という現象に目を向ければ「自然科学」の研究テーマですし、「二酸化炭素の削減」という取り組みに重点を置けば「環境学」の研究テーマとなります。さらに、この問題を解決する過程では、石油に依存した工業システムや、自然環境よりも経済が優先されてきた社会情勢などにも目を向けなければなりません。

複雑化した現代社会の問題を解決するためには、各分野の専門家がばらばらに

1 人文科学系
2 社会科学系
3 自然科学系
4 総合系

研究するのではなく、協力し合うことが必要です。そのため、「教養学」で扱う研究領域は、「文学」「言語学」「哲学」「芸術学」「法学」「政治学」「経済学」「国際関係学」「物理学」「化学」「生物学」「数学」など、広範囲に及びます。

つまり、学問の枠にとらわれず、複数の分野を幅広く学んでいくのが教養学なのです。そして、いろいろなモノの見方や価値観の違いに触れること、多様な要素が複雑にからみ合った問題を解決する思考力を養うこと、異なる分野の学問をつなぎ合わせて新しい研究分野を開拓することなどを目的としています。

また、大学のカリキュラムにも特徴があり、入学時には専門分野を定めず、さまざまな分野の学問に触れていくなかで、2年生または3年生に上がる前に専門分野を一つか二つ選んでいくことになります。入学後に進路を決められるという理由で教養学部に進学する生徒も少なくありませんが、多種多様な学問に触れられる分、しっかりした目的意識をもつことが必要です。

そこが知りたい Q&A

Q1 教養学部のように、複数の学問を組み合わせて研究できる学部・学科は、ほかにもありますか？

ひとことコラム

教養学の歴史

教養学は教養課程や一般教養とも言われ、基礎学力や基礎知能を得るという目的もあります。日本では戦後、各大学に教養部や教養課程などと呼ばれるものがあり、現在の教養学部のように多くの学問に触れる機会を与えていました。しかし、教養は高校生までに身につけるべきという声や、早くから専門的な研究に取り組みたい、取り組ませたいという需要が高くなったことなどにより、教養部や教養課程を専門的な学部の低学年次カリキュラムに組み込む形になっていったのです。しかし、最近はまた、状況が変化しているようです。高校生の中には、なかなか学部を選択できない生徒がいます。また、社会が複雑になり、ある専門

A 大学によって名称は異なりますが、「総合政策学」「共創学」「環境情報学」「人間科学」などが挙げられます。総合政策学は問題を解決することに重点を置いており、視野を広げて多くの学問に触れることで、より有効な解決案を模索するのが特徴です。共創学では、文理を超えてさまざまな立場の人と関わり合いながら問題を解決し、新しい価値を創り上げることをめざします。環境情報学は都市環境や自然環境、人間環境などの環境問題の発見・解決を目的として学問を横断的に学びます。人間科学はさまざまな側面をもつ人間を探求するために、多くの学問の視点や研究方法を用います。手法は似ているようですが、目的やアプローチの方法は少しずつ異なりますから、自分に合った研究方法や研究分野はどれなのか、しっかり比較検討するべきでしょう。

Q2 入学してから「文系」「理系」を選択することはできますか？

A 大学によってしくみが異なり、大きく三つのパターンがあります。第一は、入試の段階で受験科目が文系と理系に分かれていて、基本的には入学後もその枠を越えられないところ。第二は、文系・理系関係なく同じ受験問題で受験し、入学後に文系か理系を選択できるところ。第三は、受験科目が文系科目中心で、理系志望の生徒には向かないところです。

分野のみを学んでいては全体像がつかみにくくなってきています。このようななかで、自分の人生設計について考える学部や、広く物事を見て総合的に課題を解決する方法を学ぶ学部が再度、注目されているのです。

専門用語を知っているかな？

リベラルアーツ／アーツ・サイエンス

「教養学」という言葉の英語名だと考えてもらえればよく、内容は教養学部と同じです。カテゴリーにこだわらずさまざまな分野の学問に触れることによって、多様な価値

Q3 専門的に学びたい分野が見つかったら、自由に研究できますか？

A 大学によって定員などの制限を設けている場合もありますが、自分の関心のある分野を見極めることができれば、比較的、自由に研究することができます。ただし、専門的な分野に向かう前に、あらかじめ広い分野にわたる基礎的な知識と、課題や問題を探求し続けようとする行動力を身につけておく必要があります。

最近の研究テーマは？

他学部のカリキュラムでは両立しにくい科目や分野を複数組み合わせて深めていくことも、教養学部なら可能です。

たとえば、将来、スポーツに関連した職業に就きたければ、メジャー*（専攻科目）として「スポーツ科学」を、マイナー*（副専攻科目）として「経営学」を一つずつ選ぶことができます。また、二つのメジャーを両立させていく「ダブル・メジャー」という履修方法もあります。たとえば、社会学の教員をめざす人なら「歴史学」と「教育学」、国際政治学に興味があるなら「国際関係学」と「政治

観を理解したり、他者との比較を通じて自分とは何かを発見したり、自分の道を自分で切り開いていく判断力を養う教育のことです。この教育は、欧米の大学では一般的に行われています。日本でも最近設立された教養学部（学科）では、外国語表記をするところが増えてきています。

メジャーとマイナー＊

メジャーは「主専攻」とも呼ばれ、卒業まで深く専門的に取り組む学問のことです。一方マイナーは「副専攻」とも呼ばれるように、メジャーよりは低い比重で継続的に取り組む学問のことを指します。通常はメジャーを一つ専攻して研究を深めたり、メジャーとマイナーを一つずつ選んで履修することになります。また、学ぶ量や時間が増える大変さはありますが、二つのメジャーを両立させていくダブルメジャーもあります。

学」を両方メジャーとして学ぶことができるのです。他学部のように進むべき分野がいくつか用意されているなかから選択するのではなく、自分で自由に組み合わせて、独自の研究分野を開拓できるところも、教養学部の魅力と言えるでしょう。

卒業後の進路は？

製造業や小売業、金融業、不動産業、サービス業、マスコミ、公務員など、さまざまな業界・業種に就職していますます。最初から進みたい仕事を意識して専門分野を選ぶ人もいますし、結果的に自分が選んだ専門分野と関連のある業種に就く人もいます。少数ですが、大学院に進学して、さらに研究を深めていく学生もいます。

各学問の卒業論文例

学問	卒業論文テーマ	学科・専攻
政治学	政治資金問題について ――なぜ同じような事件が起こるのか	政治学
	地方自治体の独自課税に関する考察	行政学
	環境問題と行政について 〜各地方自治体の取り組み〜	
	インターネットのインフラ整備 〜日本と他国との比較〜	比較政治学
	日本の国際貢献における NGO の役割	国際政治学
国際関係学	政府による NGO 支援策の現状	
	イスラム原理主義台頭の要因について	
	ODA がアジア諸国におよぼした影響を考察する	
	冷戦終結後の国連の役割と21世紀へむけての問題	
	日・米における女性の社会進出の歩みに関する比較と検証	
経済学・経営学・商学	平成不況後の日本経済	経済学
	雇用流動と労働市場政策	
	発泡酒を事例とした主要ビール企業の経営戦略	経営学・商学
	市場調査と新商品企画	
	ヒット商品の要因分析	
社会学	「お笑い」の社会史 ――戦後「お笑い」文化をめぐる社会学的考察	文化社会学
	男性にとっての美人像の歴史的変遷	ジェンダー論
	インターネットコミュニティ分析 〜「Facebook」を参考に〜	メディア社会学
	においを消すことの意味	コミュニケーション論
	人間はなぜ占いを信じるのか	社会心理学
理学	フーリエ変換の高速化と並列化	数学
	Java による波動方程式の数値解析	
	暗黒物質の問題と素粒子論	物理学
	X線強度変動を用いた質量成長中の巨大ブラックホールの探索	
	特異構造を持つ有機分子の設計	化学
	ナノパーティクルの調製と物性	
	細胞の癌化に伴って発現する遺伝子の解析	生物学
	マウスのうま味識別に関する伝導路の解析	
	GPS 観測による神津島周辺域における地殻変動と火山活動の研究	地学
	黒瀬川構造帯周辺の重力低異常と地下密度構造	
工学	低騒音タイヤの研究	機械工学
	人間社会で動作する移動ロボットの開発	
	移動体通信システム用アンテナの研究	電気・電子工学
	顔画像認識の高精度化に関する研究	
	Web 環境による模擬試験システムの開発	情報工学
	乳幼児の泣声の意味を理解するための音声解析システム	
	自然エネルギー利用住宅に関する研究	建築学・土木工学
	へこみ損傷をもつ既設パイプラインの疲労寿命推定	

☞ P301へ続く

各学問の卒業論文例①

学問	卒業論文テーマ	学科・専攻
文学	日本人の地獄観について　～中世・中古の文学作品からの考察～	日本文学
	言葉遊びと翻訳　～英語のダジャレを中心に～	英米文学
	演劇史にみる中国文学	中国文学
	グリム・メルヒェンにおける魔女について	ドイツ文学
	宝塚におけるフランス文学とフランス文化	フランス文学
語学	英語コーパスの英語教育への応用	英語学
	ネーミング　～商品の日仏比較～	フランス語学
	中国のボディランゲージ研究	中国語学
	言葉のユニバーサルデザインに関する考察	言語学
	少女マンガに見られる表現　～文末表現、外来語を中心に～	日本語学
歴史学・地理学	古代における女帝即位の歴史的背景について	日本史学
	フランス絶対王政期の貴族文化に関する考察	西洋史学
	装飾古墳壁画における方位の研究	考古学
	離島地域における人口移動とその要因　～島根県隠岐群島・知夫里を事例として～	人文地理学
	バリ島におけるリゾートホテルの立地	地誌学
心理学	小学生のテレビゲームによる遊びとコミュニケーション機能の発達	発達心理学
	血液型ステレオタイプに関する心理学的考察	社会心理学
	ストレスと心身疾患の関係性に関する生理心理学的考察	生理心理学
	しゃぼん玉が及ぼす心理的効果　～プレイセラピーにおけるしゃぼん玉の有効性～	臨床心理学
	国語教育における発達段階に応じた動機付けとその学習効果	教育心理学
哲学	J・S・ミルの『自由論』について	西洋哲学
	『源氏物語』に見る「もののあはれ」	東洋哲学
	医療における生と死の考察	倫理学
	『新約聖書』における愛の解釈について	キリスト教学
	現代アートの哲学　～アンディー・ウォーホルを事例に～	美学
文化学	クレオール文化研究　～アメリカルイジアナ州を参考に～	地域文化学
	日米におけるフリーターについての考察	比較文化学
	モンゴルの家族観に関する人類学的考察	文化人類学
	山岳信仰に見る民俗史	民俗学
	日本人における「お辞儀」の意味と歴史	民族学
法律学	裁判長期化の問題点	
	ストーカー犯罪と個人情報の保護について	
	裁判員制度と日本人の法意識	
	コンピュータ犯罪と司法機関の対策に関する研究	
	少年犯罪と情報公開について	

学問	卒業論文テーマ	学科・専攻
スポーツ科学	プロサッカー選手のセカンドキャリア	
	高校運動部集団における主将のリーダーシップ機能と影響	
	ペットと健康の関連性について	
	中・高年者のエネルギーバランスと栄養及び食生活との関連	
	生活習慣病予防のための運動療法	
環境学	横浜市鶴見区矢向における土壌汚染の現状	
	日本海側の気候変動の特性について	
	グリーンコンシューマー活動における行政の役割	
	北欧諸国の環境政策　～スウェーデン「持続可能な開発省」を一例に～	
	ライフサイクルエンジニアリングに関する基礎的研究	
情報学	ニューラルネットによる巡回セールスマン問題の解法	情報科学
	3DCG によるコンテンツ制作	情報工学
	Java による将棋ゲーム製作	
	インターネット広告の現在と未来	社会情報学
福祉学	障がい者雇用について　～障がい者トライアル雇用と企業の社会的責任を考える～	
	高齢者の居場所について　～家族と同居する高齢者サポートの視点から～	
	未来型福祉のかたち　～社会の成熟とともに変化する福祉的ニーズ～	
	21世紀の街づくりー福祉工学の視点から	
	日本の所得格差と救済措置の歴史的変遷	
家政学・生活科学	豆腐製造過程におけるイソフラボン分析	食物学
	園庭におけるお母さんごっこの特性	児童学
	住宅トイレ実態調査および世代別のトイレ理想像に関する研究	住居学
	ウェディングドレス作製	被服学
	親子間における金銭の移動　～パラサイトシングルの経済事情～	生活経営学
芸術学	若者と音楽　～Mr.Children を参考に～	音楽分野
	トヨタのカーデザインを考察する	デザイン分野
	シネマコンプレックス　～新しい映画館の形を考察する～	映像・映画分野
	卒業作品制作（絵画・彫刻・映像・エッセイ・シナリオ・パッケージデザイン・ピアノ独奏・ソプラノ独唱など）	全分野
教養学	スポーツとメディア　～スター選手はテレビによって作られる～	
	都市部における身近な遊び場について　～これからの街区公園の在り方に関する考察～	
	国内産小麦産業の展開　～埼玉県学校給食の事例～	
	日本における持続可能なグリーンツーリズム	
	新人アルバイト向け「トレーニングフォーマット」の研究 ～あるファーストフード店の OJTを事例として～	

各学問の卒業論文例②

☞ P298より

学問	卒業論文テーマ	学科・専攻
工学	地下汚染修復に関する研究	材料工学・資源工学
	流動性を向上させた環境負荷低減型セメント	
	宇宙におけるロボットの機構と制御の研究	航空・宇宙工学
	衛星通信回線における電波受信システムの改良と降雨減衰量の抽出	
	魚型ロボットを用いた弾性振動翼推進の検討	船舶・海洋工学
	顔の向きを考慮した上半身画像からの目の検出	画像・光工学
	QFD（品質機能展開）における多変量解析の適用	経営工学
薬学	体によいと言われているドリンク剤の成分と作用について	
	環境ホルモンの選択的定量	
	高齢者介護における薬剤師の役割を考察する	
	活性酸素による殺菌の化学的解明	
	体内時計を利用した薬の服用	
看護学・保健衛生学	ICU に緊急入院した患者の配偶者に関する研究	看護学
	養護教諭としての福祉教育に関する研究	
	自宅運動療法プログラムの効果と実践に関する研究	理療法学
	統合失調症患者の支援に対する作業療法士の役割	作業療法学
	X線 CT 技術の原点を探る	診療放射線学
農学	作物の光合成と物質生産、植物の作物としての開発	
	東北地方における気温の経年変化に関する考察	
	遺伝子組換えによる植物改良の功罪	
	戦後日本農村の変動とその要因	
	東南アジアにおける大豆発酵食品に関する研究	
獣医・畜産学	高病原性鳥インフルエンザウイルスの研究	獣医学
	馬の胃潰瘍における胃粘膜病変の組織学的研究	
	加齢ハムスターにおける妊娠初期の卵巣機能の変化	畜産学
	動物園と水族館の動物展示の分析的評価比較	
教育学	中学受験の小学生への影響と今後の小学校教育のあり方	教育学系
	中学校・高等学校における不登校生徒の進路と今後の課題	
	子どもの主体的な学びを支える教師の支援	教員養成系
	「総合学習の時間」の一考察	
	子どもたちの環境意識について	総合科学系
人間科学	香りの生理的効果　～脳波と皮膚温度の同時計測法による検討～	
	摂食障害メカニズムの脳科学的考察	
	アロマテラピーの癒し効果についての分析	
	出生順位と性格との関連性に関する考察	
	ライフサイクルと中年危機	

■四谷学院（よつやがくいん）

「誰でも才能をもっている」を理念に、勉強が楽しくなる教材の開発・指導の研究、実践を行う。2023年5月現在、大学受験予備校は全国32校舎。科目別能力別授業と55段階個別指導のダブル教育で、行ける大学ではなく行きたい大学をめざす。一人ひとりと緊密なコミュニケーションをとりながら展開される学習指導・進路指導が特徴。生徒全員に進学指導の専門職である受験コンサルタントがつき、大学情報の提供をはじめ大学や学部・学科選びをサポートする。受験コンサルタントは55段階個別指導の学習結果をもとに、データ解析の55Naviシステムを使って学習プランのアドバイスも行う。

［連絡先］
四谷学院四谷本校
〒160－0004　東京都新宿区四谷1－1－1　四谷学院ビル
TEL.03－3357－8081　FAX.03－3357－8999
http://www.yotsuyagakuin.com/
資料請求　0120－428255

改訂6版
大学の学部・学科が一番よくわかる本

2007年 9月10日　初版発行
2021年 9月25日　改訂6版発行
2023年 6月20日　第3刷発行

■編著者　四谷学院進学指導部
■発行者　川口　渉
■発行所　株式会社アーク出版
〒102-0072　東京都千代田区飯田橋2-3-1
東京フジビル3F
TEL.03-5357-1511　FAX.03-5212-3900
ホームページ　http://www.ark-pub.com/
■印刷・製本所　新灯印刷株式会社

ISBN978-4-86059-223-3